미래를 만드는 기업은
어떻게 일하는가

미래를 만드는 기업은
어떻게 일하는가

일하는 방식을 바꾸는 8가지 혁신 키워드

김동준 지음

갈매나무

차례

Part 2 **일하는 방식을 바꾸는 8가지 혁신 키워드**

3 __ **올바른 문제를 올바르게 푸는 것이 중요하다** – 문제 해결

4 __ **모두가 'Thinker'이자 'Doer'가 되어야 한다** – 개인 역량(–ship)

일하는 방식을 바꾸는 것이 혁신이다

2015년 2월 23일 삼성전자가 9년 연속 글로벌 TV 시장 1위를 달성한 것을 알리는 기사가 눈에 띄었습니다. 그것도 매출 점유율이 29.2%로 역대 최고를 기록하면서 달성한 것이었죠. 2위와 3위의 기록이 각각 16.7%, 7.9%인 것을 고려하면 정말 대단한 기록입니다. 어느 한 회사 혹은 제품이 10년 가까이 1위를 달성한다는 것은 주목할 만하다고 봅니다. 이 대단한 기록을 접할 때 저는 10년 전 프로젝트 하나가 떠올랐습니다. 바로 보르도 TV 프로젝트입니다.

삼성전자가 9년 연속 1위를 차지하게 된 역사의 시작은 2006년 3사분기에 LCD TV, 평판 TV, 그리고 TV 전체에서 1등을 차지하면서부터입니다. 그것도 판매량과 판매액, 두 분야에 걸쳐 얻은 기록입니다. 당시 CEO였던 윤종용 부회장의 표현대로 '삼성전자 32년 역사의 쾌거'였습니다. 저는 이러한 기록은 2005년 6월 27일 하나의 혁신협업팀이 만들어지면서 시작되었다고 봅니다. 당시 삼성전자 TV는 프로젝션 TV의 판매 호조 이후 큰 대안이 없어서 다시 위기론이 돌고 있었습니다. 게다가 가전의 명가였던 소니가 과거 트리니트론 TV의 영광을 다시 재현하겠다고 하면서 브라비아 TV를 출시한다고 선언한 해였습니다.

이러한 위기의 순간에 시장지향적 기업(market-driven company)으로 거듭나기 위한 일군의 프로젝트들이 글로벌마케팅실(GMO)의 주관으로 시작되었습니다. 그중에서 영상사업부는 밀리언셀러를 목표로 한 프로젝트를 출범하였는데, 그 프로젝트명이 바로 '보르도'였습니다.

결과적으로 보르도 TV 프로젝트는 연간 100만 대 판매를 목표로 시작됐고, 2006년 4월 출시 후 9개월의 판매 기간 동안 250만 대의 TV를 판매합니다. 참고로 당시 영상사업부가 2006년 한 해 동안 650만 대의 TV를 판매했습니다.

그러나 이렇게 놀라운 성과를 거둔 프로젝트의 시작은 거창하지 않았습니다. 이러한 혁신협업 상품기획 프로젝트에 모인 인원은 총 열명 정도였습니다. 영상사업부에서는 상품 기획자, 디자이너, 전략 담당자, 기구 엔지니어, 회로 엔지니어, 소프트웨어 엔지니어, 마켓 리서처 등 총 일곱 명이 동원되었고, 이를 지원하는 주관 부서인 글로벌마케팅실 담당자 두 명, 그리고 혁신협업 프로그램을 책임질 가치혁신프로그램센터(VIP센터)의 저와 제 파트너까지 총 열한 명이 혁신을 위한 다기능협업팀(CFT)의 상주 멤버였습니다.

이들의 꿈과 비전은 인류 최초로 연간 100만 대가 팔리는 평판 TV를 생각해보자는 것이었습니다. 그런데 처음부터 이러한 비전을 가지게 된 것은 아닙니다. 이렇게 전사적 차원의 위기 탈출 TF 업무가 시작되면, 많은 경우 어떻게 이 순간을 잘 피해 갈 수 있을까 하는 궁리를 하지, 정말 이 위기를 내가 돌파해봐야겠다고 결심하는 사람은 많지 않습니다. 보르도 TV 프로젝트도 마찬가지였습니다. 마케팅 주관인 상품기획 프로젝트에 그렇게 많은 개발자를 한두 명도 아니고 그것도 최고 전문가들인 수석급으로 각 분야에서 뽑아서, 하루 이틀도 아니고 거의 두 달 가까이 일을 전담하게 하는 것이 옳은 것인지에 대한 문제부터 제기되었습니다. 당연히 마케팅과 디자인 부서에서도 주장을 하고 나섰습니다. 당시 상품 기획자와 디자이너는 동시에 적어도 2~4개의 프로젝트를 담당하고 있었는데, 혁신협업 프로젝트라고 해서 몇 명 되지 않는 전담 상품 기획자와 디자이너 중 한 명을 한 프로젝트 전담으로 두 달 동안 열외시킨다는 것은 현업을 마비시키는 수준이라는 것이 상식이었기 때문입니다.

그렇습니다. 항상 그렇듯이 대단한 일을 하기 전에는 엄청난 저항의 물결이 있기 마련입니다. 그 당시 얘기만 엮어도 책 한 권은 족히 될 것 같으니, 그 얘기는 미루고 다음의 인용으로, 하고 싶은 말을 대신하고자 합니다. 혁신협업 프로젝트를 20여 년 해오면서 항상 옳다고 느끼는 명언으로, 난관을 아주 간단하고 적절하게 표현한 포드Henry Ford의 말입니다.

모이면 시작, 같이 있으면 발전, 함께 일하면 성공한 것이다.
(Coming together is a beginning. Keeping together is progress. Working together is success.)

대부분 혁신은 다른 그 무엇보다 함께together 하는 협업에 의해서 이루어집니다. 일 자체를 바꿀 수 없을 때는 많지만, 일하는 방법은 항상 바꿀 수 있습니다. 혁신은 무엇보다 새로운 방식으로 일할 때 일어납니다. 그런데 가장 효과적인 새로운 방법은 함께 일하는 것입니다. 결론적으로 '혁신innovation은 새로운 방법new ways으로 일하는 것'입니다.

부연해서 설명하면, 일한다는 것은 생각하고 행동한다는 것입니다. 생각과 행동에 격차가 생기면 혁신이 어려워집니다. 혁신은 함께 생각한 대로 함께 행동하는 것이기 때문입니다.

생각을 반복하면 태도가 됩니다. 태도는 행동을 결정합니다. 태도가 결정한 행동을 반복하면 문화가 됩니다. 그리고 문화는 생각을 지배합니다. 결과적으로 생각과 행동에 차이가 생기면 조직은 혼돈에 빠지게 될 수밖에 없습니다. 이러한 혼돈에서 벗어날 수 있는 방법 중 하나는 수단, 즉 일하는 방법을 변화시키는 것입니다. 보르도 TV 프로젝트는 일하는 방법을 변화시켜서 성공한 경우입니다.

이제는 이미 많은 기업이 시도하고 있는 관찰만 해도 그렇습니다. 보르도 혁신협업팀 멤버들은 밀리언 셀러 TV를 상품기획하기 위해 강남의 고급 가구 거리를 헤맸습니다. 아주 고급스런 가구 매장은 개인 출입이 불가하여 디자인팀의 이름으로 출입하기도 했습니다. 아니면 대형할인마트에서 장보는 아주머니의 장바구니 속 품목에도 주목했습니다. 상품 기획자나 디자이너들만 이러한 관찰을 한 것이 아니라 엔지니어들과 함께 모두 같이 보고, 생각하고, 토론했습니다. 하루 이틀도 아니고 하루 여덟 시간, 주 5일, 두 달 내내 했습니다. 이러한 종류의 프로젝트는 2015년 현재도 많지 않을 것 같은데, 보르도 TV 프로젝트는 이러한 일을 10년 전인 2005년에 한 것입니다. 이 정도면 일하는 방법에 변화가 없었다고 하시는 분은 없을 것 같습니다.

왜 이렇게 무모할 정도로 일하는 방법을 바꾸었냐고 질문한다면 저는 답변하겠습니다. 혁신의 성공은 각 개인들의 사고 방법과 행동하는 방법의 변화 정도, 그리고 이들 개인의 변화 정도를 연결하는 협업의 방식에 달려 있다고 말입니다. 이를 '혁신의 방정식'이라고 표현한다면 아래와 같을 것입니다.

$$혁신력 = 협업력 \times 사고력 \times 행동력$$

보르도 TV가 성공한 이유를 단 하나만 뽑으라고 한다면, 저는 '일하는 방식의 변화'를 택할 것입니다. 보르도 TV가 성공한 것은 기존의 방식으로 일하지 않고 기존과는 다른 방식으로 일했기 때문입니다. 이 답변이 모든 비즈니스에 적용될 수 있다고 주장하는 것은 아닙니다. 그렇지만 혁신에서는 아직까지 유효하다고 저는 확신합니다. '혁신은 일하는 방법의 변화'이기 때문입니다.

이 책에는 이러한 '일하는 방법의 변화'를 위한 제언을 담았습니다. 이 제언들은 소위 스마트 시대라고 일컬어지는 오늘날에도 유효한 것들입니다. 시대의 진화와 혁신의 진화에도 불구하고 당분간 변치 않을 것이라 확신하는 혁신의 원칙과 방법을 담은 이 책을, 혁신의 여정에 가이드라인으로 활용하시길 진심으로 바랍니다.

2015년 여름 홍제천에서
innoCatalyst 김동준

2010년 전후로 시작된 '스마트 시대'란 용어는 이미 친숙한 경지를 넘어서 일상화되어가고 있습니다. 그래서인지 벌써 '스마트 시대' 다음엔 어떤 시대가 올지를 궁금해하는 사람들도 있습니다. 그렇지만 '시대'란 것이 몇 년 지나면 사라지는 것이 아니라는 것을 상기할 필요가 있습니다. 디지털 시대 다음이 인터넷 시대이고 그 다음이 스마트 시대인 것처럼 말할 수도 있지만, 인류가 살아온 전부를 아날로그 시대와 디지털 시대로 양분한다면, 디지털 시대는 아직 도입부도 지나지 못했다고 생각합니다. 그런 디지털 시대 중에서 특별히 스마트 시대라고 명명할 시대를 우리는 지금 살고 있으므로 '스마트 시대'가 무엇인지 그 의미를 음미해보려는 시도는 뜻깊은 일일 것입니다.

특히 이 책에서는 혁신이 시대 안에서 어떻게 변화되고 진화해가는지에 대한 저의 견해를 밝히고자 하므로 스마트 시대 이전과 스마트 시대를 구별하는 진화적 변화가 무엇인지에 대해 먼저 언급하려고 합니다. 합리적 이성만을 중시했던 시대에 비해 중요한 의미를 지니는 '느낌'이라는 개념에서부터, 전략론으로부터 벗어나 하나의 방법론으로 독립하려고 하는 비즈니스 모델에 이르기까지 여덟 개의 개념을 두 개씩 쌍으로 하여 살펴보겠습니다. 이러한 진화적 변화의 개념이 이 책이 가장 주목하고 있는 '혁신'과는 어떻게 연결되는지에 대해 Part 2에서 다루기 위하여 Part 1에서는 혁신이 가지는 속성 여섯 가지를 다룹니다. 혁신의 정의, 패턴, 불연속성, 임계점, 역동성 및 순환적 진화의 속성을 이해한다면 Part 2에서 본격적으로 다룰 내용, 즉 스마트 시대의 혁신의 진화를 실천하기 위해 알아야 할 여덟 가지에 대한 준비가 끝났다고 할 수 있을 것입니다. 그럼 지금부터 스마트 시대의 혁신의 진화를 느껴보도록 하겠습니다.

Part 1

혁신을 혁신하라

1

'스마트 시대'의 혁신은
무엇이 다른가

디지털 시대가 시작되고 인터넷 혁명이 일어난 후, 디지털 정보들을 생산하는 가격은 엄청나게 낮아지고, 그 생산 속도도 빨라졌습니다. 이에 기업들은 다양한 사용자의 경험을 개별적으로 대응할 수 있는 방법을 찾기 시작했습니다. 이것은 스마트 시대로 진입하기 시작했다는 의미이며, 동시에 개인화의 시대가 시작되었다는 의미이기도 합니다.

기계가 인간에 적응하는
시대가 왔다

_____ 2015년 현재 우리가 '스마트 시대'에 살고 있지 않다고 하는 사람이 몇 명이나 될까요? 제 주변에 물어본 결과로는 별로 없는 것 같습니다. 이제 '디지털 시대'보다는 '스마트 시대'란 표현이 더 일반적으로 사용된다고 해도 과언이 아닙니다. 이제는 우리에게 너무나 친숙해진 '스마트'란 이 단어의 의미는 과연 무엇일까요? 이 질문에 대해서도 명확한 답을 하기는 어려워 보입니다. 그래서 스마트 시대에 대해 찾아본 결과 아래와 같은 의견을 발견할 수 있었습니다.

스마트 시대라는 용어는 사실 엄밀한 학문적 용어는 아니며, 스마트폰 등장 이후 모바일에서 이용자가 향유할 수 있는 서비스가 증가하면서 일반화된 용어[1]

정보통신기술을 통해 단순히 소비자들을 연결하고, 무선인터넷으로 웹서핑을 하는 활용 차원을 넘어서는 새로운 가치를 창출하며, 대용량의 멀티미디어 소비뿐만 아니라 지식 정보의 대중화 환경을 제공하여 소비자들이 콘텐츠를 자체 생산하고 공유하며 참여하는 진정한 스마트 라이프를 경험하고 있는 시대[2]

스마트 시대로의 변화는 새로운 산업혁명[3]

2011년, 우리는 스마트 시대의 한가운데에 있다. 스마트폰에서 출발한 스마트 열풍은 스마트 패드, 스마트 TV, 스마트카 등 각종 기기에 쓰이는 유행어가 되었고, 스마트 정부, 스마트 시티 등 사회 전 분야로 확산…….[4]

위의 의견들 모두 '스마트 시대'를 한마디로 정의하고 있지는 못한 것 같습니다. 그러나 '스마트 시대'가 우리의 라이프스타일을 변화시키고 있는 중이며, 우리에게 새로운 가치를 제공하려 한다는 것을 말해줍니다. 그리고 그 범위는 단순히 스마트 기기에 머물지 않고, 기술과 경제 분야, 나아가 사회와 정치에까지 영향을 미칠 것입니다. 단지 그 모습이 어떤 것일지 정확하게 알기가 어려울 뿐입니다.

이러한 세상이 올 것이라는 예측이 2010년대에 시작된 것은 아닙니다. 1994년에 돈 노먼Donald A. Norman은 《*Things That Make Us Smart: Defending Human Attribute in the Age of the Machine*》[5]이라는 책을 썼습니다. 번역하면 제목은 '우리를 스마트하게 만드는 것들'이고, 부제는 '기계의 시대에 인간의 속성을 지키기'입니다. 바로 '스마트 시대'에 우리에게 필요한 것이 아닌가 싶습니다. 과거 산업혁명 덕에 기계 문명이 발전하기 시작했습니다. 더불어 소위 문명도 함께 발전했습니다. 그렇지만 기계의 발전 때문에 기계를 사용하는 방법은 점점 더 복잡해졌습니다. 그래서 우리는 기계의 사용법을 배워야 했습니다. 기계를 잘 다룰수록 더 능력 있는 전문가로 불리게 되었습니다. 대학교

수도 잘 다루지 못하는 비디오 테이프 예약 프로그램을 초등학생이 아주 잘 다루는 것을 보면서 많은 지식인들이 비탄에 빠지기도 했습니다. 이러한 현상은 비단 '기계 시대'에만 나타났던 것이 아닙니다. '디지털 시대'에도 같은 일이 반복되었습니다. 예를 들어 워드프로세서, 엑셀, 파워포인트 등의 사무용 프로그램을 잘 다루지 못하는 사람들은 아날로그 시대의 유물 취급을 받았습니다. 인터넷 세상이 열리면서 이메일과 인터넷을 활용할 줄 모르면 미개인 취급을 받기도 했습니다. 기술은 점점 더 기하급수적으로 발전했습니다. 그러한 기술을 활용할 줄 모르는 사람들은 점점 더 원시인이 되어가던 21세기 어느 날부터 세상이 바뀌기 시작했습니다. 이제 사람이 더 이상 기계에 적응하지 않아도, 기계가 알아서 해주는 시대로 바뀌기 시작한 것입니다. 다시 말해서 더 이상 기계가 무엇을 하는지 몰라도 바보 취급을 받지 않는 시대가 열리기 시작했다는 것입니다. 결론적으로 제가 생각하는 '스마트 시대'의 정의는 다음과 같습니다.

　　스마트 시대는 사람이 기계에 적응해야 하는 것이 아닌 기계가 사람에게 적응하는 시대이다.

스마트 시대는 다름 아닌 '기계가 인간에 적응하는 시대'입니다. 이러한 진화가 기술은 물론이고 정치, 경제, 사회, 그리고 문화에 끼칠 영향력이 얼마나 클 것인지에 대해서는 굳이 언급할 필요가 없겠습니다. 그렇지만 이러한 변화가 지니는 의미는 잠시 생각해볼 필요가 있겠습니다.

트렌드나 게임의 법칙을
바꾸고 싶다면

- 스마트 시대의 키워드: 느낌 & 경험

_____ 스마트 시대로의 진화가 가져온 가장 큰 변화는 무엇보다도 기술이 사람을 중요하게 고려하기 시작했다는 것입니다. 다시 말해서 사람이 어떻게 반응할 것인지 예측하려고 할 뿐만이 아니라 사람이 반응하지 않아도 사람을 자동으로 인식하려고 노력한다는 것입니다. 이를 위해서 센싱이라는 기술이 도입되었다는 것도 중요하지만, 더 중요한 점은 기계가 사람의 느낌을 인지 혹은 인식하여 만족시키려고 한다는 것입니다. 이제 막 시작된 스마트 시대에는 사람의 느낌을 다루지 않고, 단순히 기술의 발전만을 다루는 것은 가치 없는 일이 될 수 있습니다. 결국 기술은 사람을 위한 것이며, 기술을 쓰는 주체가 사람이기 때문입니다. 이로 인해 발생할 변화를 지금 당장 예측하기는 어렵지만, 어떤 이슈 혹은 키워드들을 다뤄야 할지에 대해서 생각해볼 수는 있습니다. 지금부터 스마트 시대의 몇 가지 키워드들을 생각해보도록 하겠습니다. 첫 번째로 느낌과 경험입니다.

최근 경험에 대한 논의가 많지만, 경험 중에서도 느낌을 중요한 키워드로 꼽고 싶습니다. 느낌의 영역을 비즈니스에서 다루기 시작한 것은 '행동경제학' 혹은 '체험경제'를 인정하기 시작한 후부터라고 할 수 있으므로 사실 그렇게 오래된 일이 아니라고 할 수 있을 것입니다. 그래서 아직도 경험을 어떻게 다루거나 디자인해야 할지 모르는 비즈니스 전문가들도 많습니다.

사실 기계가 인간의 느낌을 인식하고 이해하는 것은 아직 너무도 어려운 일입니다. 기계가 구구단 문제와 같은 논리적 연산 문제를 맞히기는 쉽습니다. 그런데 언쟁이 있는 방에 누군가 들어가는 상황을 가정해봅시다. 그 방에 들어간 사람은 언쟁하는 소리를 듣지 못했다고 해도 분위기상 잘못 들어왔다고 느끼는 데에는 몇 초 걸리지 않을 것입니다. 그러나 기계에게 이러한 사실을 인지시키는 것은 현재의 기술로는 그리 쉽지 않을 것입니다. '스마트 시대'에는 느낌의 문제를 해결해야 그 가치를 인정받을 수 있습니다. 지금 당장은 많은 부분을 기계가 아닌 사람들이 하겠지만, 점점 더 많은 상품과 서비스에서 기계가 사람을 대체하게 될 것입니다.

▌ 본능, 행동 그리고 사고

사람이든 기계든 사람의 느낌을 다루기 위해서는 크게 본능적, 행동적, 그리고 사고적 정보처리의 3단계[6]를 고려해야 합니다. 먼저 본능을 충족시키지 않으면 만족스런 느낌을 갖기 어렵습니다. 예를 들어 냉장고 문을 열 때, 손끝에 닿은 느낌이 좋지 않다면 그 냉장고는 프리미엄 냉장고가 되기는 어려울 것입니다. 문을 여닫을 때 귀에 거슬리는 소리가 나는 자동차는 프리미엄 자동차가 되기 어렵습니다. 즉, 시각, 청각, 후각, 미각, 촉각 등 감각적 입력에 대해 무의식적이고 직관적인 느낌을 제대로 다루지 못한다면 '스마트 시대'의 진화에 편승하기 어려워집니다.

오늘날 이와 같은 감각에 대한 혁신은 점점 더 많은 기업에서도 행해지고 있습니다. 예를 들어 자동차 산업에서는 소리에 대해서도 혁신적 노력을 합니다. '아우디Audi'는 사운드 스튜디오에서 오디오 엔지니어, 오디오 디자이너들이 자동차에서 나는 여러 가지 소리를 연구합니다. 엔진 소리는 물론이고, 인텔 인사이드Intel Inside와 같이 사운드 로고도 만듭니다. 뿐만 아니라 글로브 박스의 여닫는 소리까지 녹음해서 분석하여 그 소리를 만들어냅니다.

과거 '렉서스Lexus'에서는 실내가 조용한 자동차를 만들기 위하여, 차 문을 닫을 때 소음이 밖으로 새어나가는 듯한 소리를 설계하기 위하여 바닥에 흡음제를 사용했을 뿐만 아니라 문의 구조도 세심하게 설계했다고 합니다. 엔진 소리가 차의 실내로 들어오지 못하게 흡음제 등을 활용해도 에어컨 등 송·배기를 위한 구멍을 통하여 들어오는 소리까지 막기는 어려워지자 엔진 앞에 마이크를 설치했습니다. 그리고 녹음된 소리를 엔진 반대편에 위치시킨 스피커를 통해 $\lambda/4$만큼 지연시킨 소리로 서로 상쇄간섭시켜서 실내를 조용하게 만들었는데, 이 기술의 특허는 아주 유명해졌습니다. 최근에는 전기차의 경우 엔진 소리가 없으므로 이를 보강할 소리의 연구에 박차를 가하고 있습니다. 작곡가까지 통원해서 아우디 특유의 엔진 소리 이상의 소리를 구현하려고 하는 것입니다.

이는 과거 디지털 카메라에서 아날로그적 소리를 구현했던 것과 유사한 현상입니다. 카메라 셔터를 눌렀는데 아무런 소리가 나지 않거나, '딩동댕' 같은 소리가 난다면 카메라 셔터를 누르는 맛이 나지 않습니다. 마찬가지로 운전할 때 소리가 나지 않거나 벨소리 같은 음악이 들리는 차를 좋아하기는 어려울 것입니다.

이렇게 시각이나 청각, 촉각 등과 관련된 무의식적 느낌 외에도 행동에 대한 반응과 관련된 느낌이 있습니다. 예컨대 스피커 버튼을 왼쪽으로 돌리는 행동을 했을 때 소리가 작아지는 것이 아니라 커진다면 우리의 느낌은 상당히 이상하고 어색할 것입니다. 이것이 행동적 느낌에 대한 예입니다.

행동적 느낌은 본능과 같이 잠재의식적이고 지각하지 못한 상태로 경험하게 됩니다. 예를 들어 걸을 때 우리는 걷는 행동에 대해 의식하지 않아도 잘 걸을 수 있습니다. 이는 걷는 것이 어렸을 때부터 수도 없이 넘어지고 일어나면서 자동화되거나 아주 숙련된 행동이기 때문입니다. 습관도 이 행동의 영역에 속합니다. 이렇게 숙련되거나 습관이 된 행동은 바꾸기가 어렵습니다.

스마트 시대에는 이러한 행동이나 습관에 대한 이해와 배려가 없다면 상품이나 서비스의 가치를 인정받거나 새로운 가치를 창출하기가 어렵습니다. 예를 들어 우리는 뭔가 작동하지 않으면 손으로 흔들어보거나, 손에 올려놓고 위아래로 올렸다 내렸다를 반복하는 경향이 있습니다. 이러한 행동의 패턴에 대해 어떤 반응이 나타난다면 사용자는 뭔가 다음 행동을 하겠지만, 이런 행동 패턴에 대해 아무런 반응도 없다면 그 상품이나 서비스가 스마트하지 않다고 느끼게 될 것입니다. 이러한 이유로 상당히 오래전부터 소비자나 사용자의 행동을 관찰하는 방법이 유행했지만, 최근 IT 시대를 거쳐 모바일 시대에 들어서고 과거의 행동 양식인 거동behavior보다는 손안이나 손끝에서 행동하는 미동micro-behavior이 많아지면서 행동을 관찰하기는 더 어려워졌습니다. 그러나 어쨌든 행동이 자연스러울 때 우리는 좋은 느낌을 가지게 됩니다. 반면에 스마트폰의 화면을 확대 또는 축소하거나, 자동차로 코너를 돌 때, 혹은 냉장고 문을 열려고 할 때 사람이 원하는 대로 작동하지 않으면 우리는 행복하지 않다는 행동적 느낌을 갖게 됩니다. 따라서 소비자, 고객, 혹은 사용자 등 사람을 행복하게 느끼게 하기 위해서는 본능적 경험만큼이나 행동적 경험도 중요하다는 사실을 인지해야 합니다.

끝으로 사고적 느낌에 대해 더 알아보려 합니다. 이 문제는 본능이나 행동보다 더 어려운 관문이 될 것입니다. 왜냐하면 사고적 느낌에서는 '맥락'이 중요한 요소이기 때문입니다. 감각에서 시작되는 본능적이거나 행동적인 느낌이 개인적이고 지엽적인 영역이라면, 사고는 관계적이고 포괄적인 영역입니다. 감각에 의한 나뭇잎과 줄기 등 나무에 대한 디테일을 체험했다면, 숲에 대한 경험도 필요할 것입니다.

사고적 느낌은 감각적 입력 없이 독립적으로 작동하는 영역으로 본능이나 행동과 상관없이 경험에 영향을 줄 수 있습니다. 예를 들어 플라스틱 컵보다 유리 컵을 좋아하는 현상, 혹은 힙합을 좋아하는 사람이라면 챙이 평평한 모자를 삐딱하게 써야 한다고 생각하는 것이 이에 해당합니다. 사람들 간의 관계나 환경에 영향을 주고받거나 많은 사람들이 오랜 시간 함께 무언가를 해왔기 때문에 나타나는 트렌드 혹은 문화 같은 것들도 이와 관련해서 생각할 수 있습니다. 예를 들어 과거 가구점은 가구를 사고 팔기 위한 장소였지만, 이케아IKEA는 가구를 경험하는 공간으로 그 맥락을 변경했습니다. 그리고 과거 판매자와 구매자와의 관계를 전시자와 경험자와의 관계로 전환하여 큰 성공을 이루었습니다. 이러한 맥락을 이해하기 위해서는 트렌드 혹은 문화뿐만 아니라 업계의 정설 혹은 게임의 법칙 등 큰 그림에 대해서 느끼고 이해하고 사고할 필요가 있습니다. 결론적으로 트렌드, 문화 혹은 게임의 법칙을 바꾸고 싶다면, 기본적으로 사람들의 경험과 습관을 이해하고 배려해야 합니다. 그리고 경험과 습관을 이해하기 위해서는 이성과 대비되는 감성을 다룰 수 있어야 합니다.

사람은 그 누구도 같지 않다

– 스마트 시대의 키워드: 개인화 & 다양성

_____ 스마트 시대 이전의 디지털 시대는 그야말로 디지털 기술의 시대였습니다. 산업혁명이 아날로그 기술의 혁명을 이끌었다면, 컴퓨터와 인터넷은 디지털과 정보 통신의 혁명을 이끌었습니다.

MIT의 네그로폰테 교수는 1996년 출간된 자신의 저서 《디지털이다 Being Digital》[7]에서 "원자atom가 아닌 비트bit로 움직여라"라고 밝힌 바 있습니다. 아날로그의 대명사인 물질atom에서 디지털의 대명사라 할 만한 0과 1의 연산체계인 비트bit로 정보가 변화하리라고 내다봤던 것입니다. 예를 들면, 과거 우리는 물건을 사려면 지폐나 동전의 형상을 가진 돈의 교환이 필요했지만, 지금은 신용카드 혹은 온라인 계좌 이체와 같은 디지털 정보의 교환만으로도 충분해진 것입니다. 이렇듯 디지털 혁명을 통해 많은 아날로그 물질들이 0과 1이라는 디지털 정보로 변환되고 있을 때, 인터넷의 탄생은 그 속도를 기하급수적으로 증가시켰습니다. 그 결과 가상의 경험virtual experience이 실제의 경험 real experience과 동등한 수준으로 발전하게 된 것입니다. 말하자면 영화 〈매트릭스Matrix〉에서 나오는 세상에 우리는 이미 살고 있습니다. 이제 사람에게 가상의 디지털 정보가 실제의 물질보다 더 중요해졌기 때문입니다.

'외출을 해야 하는데 신용카드와 핸드폰 중 하나만 가지고 가야 한다면 어떤 것을 택하겠는가?'라는 질문을 했을 때 2000년대에는 40대 이상의 기성세대는 신용카드를, 20대 이하는 핸드폰을 주저 없이 선택했다고 합니다. 이 조사 결과는 돈이라는 물질 혹은 핸드폰이라는 정보 통신 매개체 둘 중에서 어떤 것이 개인의 삶에 중요하게 여겼는지를 보여줍니다. 이제는 세대를 불문하고 신용카드보다는 스마트폰을 더 많이 선택할 것 같습니다.

스마트 시대가 시작된 2010년대에 원자보다 비트가 중요하다는 것은 생활 곳곳에서 느낄 수 있을 것입니다. 예를 들어, 집에서 전력을 소모하는 것들 중에서 한 가지만 사용할 수 있게 된다면 여러분은 어떤 것을 선택하겠습니까? 전등, 냉장고, 에어컨, 보일러, 오디오, TV, 컴퓨터 등을 놓고 골라야 한다면, 저는 컴퓨터를 선택하겠습니다. 아주 추운 겨울이라면 보일러를 택할 수도 있겠지만, 그렇게 되면 집에 있어도 할 일이 없어질 것입니다. 그렇게 되면 제 경우 집에 있을 이유가 없으니 보일러도 별로 필요가 없어집니다. 차라리 석유 난방기기를 구매해서라도 컴퓨터를 사용하는 것이 나을 듯합니다. 너무 극단적인 사례일 수 있으나 여러분 사무실에서도 전기를 끊고 한 가지만 사용할 수 있을 경우 어떤 것을 택할지 한번 생각해보시면, 아날로그 물질보다 비트 정보가 중요한 시대가 되었다는 데 동의하실 수 있을 것입니다.

▎ 사람을 위한 디지털

디지털의 특성은 뒤에서 더 생각해보기로 하고, 우선 디지털화와 개인화의 연관성에 대해 생각해보도록 하겠습니다. 아날로그 물질들이 디지털 정보로 대체되면서, 디지털 정보는 쉽게 재현되고 복제되어 세상에 파급되었습니다. 디지털화된 제품 혹은 정보 및 지식의 파급 속도는 더욱 가속화되어 규모의 경제와 네트워크 효과의 임계치들을 넘는 제품과 서비스가 양산되었습니다. 그 결과 소수 전문가와 장인의 시대였던 아날로그 시대와는 달리 디지털을 누구나 쉽게 다룰 수 있을 뿐만 아니라 더욱 값싸게 만들 수 있게 되었고, 그에 따라 디지털을 빠르고 가볍게 즐기는 시대가 되었습니다.

사진을 예로 들어 볼까요? 사진은 과거 아날로그 시대에는 추억을 기록하고 보관하는 매체였지만, 디지털 시대에는 한번 찍고 보면서 웃고 다시는 보지 않는 엔터테인먼트 정보입니다. 과거 원자의 시대에는 사진을 찍고 보는 데 걸리는 시간도 길었고, 이를 위해 지불해야 하는 가격도 적지 않았지만, 이제는 사진을 찍고 보는 데 걸리는 시간도, 지불해야 하는 가격도 거의 영(0)에 가까워졌기 때문입니다. 게다가 디지털 네이티브digital native들은 가상virtual 현실과 실제real 현실을 잘 구별하지도 못하고, 구별할 필요도 느끼지 못합니다.

이와 같이 디지털 기술로 인해 세대간 인식의 변화까지 생기면서 결국 이렇게 빠르고 싸고 대량생산되는 디지털 기술이 누구를 위한 것인가가 화두가 되었습니다. 결론은 '사람을 위한 것이다'인데, 사람 중에서도 각 개인이 특히 더 중요합니다.

다시 사진을 예로 들어볼까요? 과거에는 가족과의 추억을, 친구와의 기억을 남기기 위해 사진을 찍었습니다. 그래서 찍은 사진은 사람 수만큼 뽑아서 서로 나누고 공유했습니다. 그런데 지금 스마트폰으로 찍는 사진의 대부분은 일회성입니다. 그저 그 순간 찍어서 즐기면 끝입니다. 모임에서 단체 사진을 찍어도, 여행을 가서 단체 사진을 찍을 때도 과거처럼 하나의 카메라로 찍고 나중에 사진을 나누는 행위는 이제 거의 없습니다. 모두 각자의 스마트폰으로 사진을 찍어달라고 합니다. 그래서 여행 가이드가 다섯 개 이상의 스마트폰이나 카메라로 똑같은 단체사진을 찍습니다. 과거에는 이해할 수 없는 현상이지만 개인화가 가속된 오늘날에는 왜 똑같은 포즈를 다섯 번 이상 취해야 하는지에 대해 아무도 이견을 제시하지 않습니다. 우리 모두 개인화된 사회를 인정하기 때문입니다. 혼자 한 번에 마실 수 있는 콜라, 싱글을 위한 집과 가전제품, 혼자 커피 마시는 사람을 위한 커피숍, 혼자 밥 먹는 사람을 위한 식당 등 한 사람을 위한, 한 사람에 의한, 한 사람의 제품과 서비스도 넘쳐나기 시작했습니다. 따라서 스마트 시대에는 개인화를 무시할 수가 없습니다.

기술을 쓰는 주체가 개인이라는 점뿐만 아니라 각 개인은 그 누구도 같지 않은 존재라는 인식도 스마트 시대에 중요하게 고려해야 합니다. 즉 '개인화'에 연결된 또 다른 중요한 키워드는 '다양성'입니다. 사람은 누구도 같지 않으므로 디지털 기술에서 원하는 감성과 경험도 다양해야 합니다. 그러나 과거 아날로그 시대 혹은 기계의 시대에는 이러한 다양한 경험과 감성에 대응하면서도 이익을 남길 수 있는 방법을 찾기가 어려웠습니다. 그런데 디지털 시대가 시작되고 인터넷 혁명이 일어난 후, 디지털 정보들을 생산하는 가격은 엄청나게 낮아지고, 그 생산 속도도 빨라졌습니다. 이에 기업들은 다양한 사용자의 경험을 개별적으로 대응할 수 있는 방법을 찾기 시작했습니다. 이것은 스마트 시대로 진입하기 시작했다는 의미이며, 동시에 개인화의 시대가 시작되었다는 의미이기도 합니다.

인간은 기계의 시대를 거치며 노동으로부터 좀 더 자유로워졌고, 디지털 시대를 거치며 비용과 시간으로부터 좀 더 자유로워졌습니다. 스마트 시대는 자유로워진 인간이 각자 자기 방식대로 기술을 활용하고 저마다 다양한 느낌을 갖는 시대, 즉 개인화의 시대가 열렸다는 것에 큰 의미가 있을 것입니다. 결론적으로 스마트 시대에는 개인화된 경험을 느끼게 하는 상품과 서비스를 창조하지 못하는 기업은 일류 기업이 되기 어려울 뿐만 아니라 생존하기조차 힘들 것입니다.

스마트 시대의 창조는
'발명'이 아니라 '연결'이다
– 스마트 시대의 키워드: 창의 & 디자인

_____ 과거 기계의 시대에는 기술을 발명하는 일이 창조의 아주 중요한 부분이었습니다. 과거 기계의 시대에 발명된 기술의 대표적인 사례로는 전구, 자동차, 금속활자 등이 있습니다.

전구는 우리가 밤과 어둠 속에서도 활동함으로써 연장된 시간을 사용하게 해주었습니다. 자동차는 바퀴의 발명에 의해 먼 거리까지 확장된 공간을 보다 멀리, 혹은 빠르게 이동할 수 있게 함으로써 속도에 대한 인간의 한계 극복을 더욱 가속화한 시스템입니다. 금속활자와 같은 인쇄술의 발명은 전기와 기계에 의해 연장되고 확장된 시공간을 연결시키는 방법 중 가장 뛰어난 것이었습니다. 인쇄술에 의해 기록되고 저장된 생각과 지식은 같은 시대의 다른 공간뿐만 아니라 다음 세대에도 전달됨으로써 다음 세대가 시작하는 베이스캠프의 위치를 전 세대의 베이스캠프보다 훨씬 높은 위치로 이동시켜주었기 때문입니다. 이러한 기술의 발명과 진화는 디지털 혁명의 시대에도, 그리고 오늘날 스마트 시대에도 무척 중요한 요소입니다. 그러나 여기서 주의 깊게 생각해봐야 할 명제는 기술의 발명과 진화 그 자체가 비즈니스에 수익을 창출시키는 요소는 아니라는, '창조의 아이러니'입니다.

지금 창의에 대한 논의를 하면서 기술 혹은 발명에 대해 논하는 것이 이상하지는 않을 것이라고 생각합니다. 아직도 창의적 아이디어에 대해 토론하거나 워크숍을 하게 되면 기술에 대해 논하는 경우가 많고, 각종 매체에 보도된 창의적 상품에 대해 논하거나 리뷰한 글을 보더라도 어떤 새로운 기술이 적용되었는지 얘기하는 것이 일반적이기 때문입니다. 그렇다면 여기서 잠시 기술技術의 사전적 의미를 살펴보면서 창의에 대해 좀 더 생각해보도록 하겠습니다. 국립국어원의 표준국어대사전에서는 기술을 다음과 같이 정의하고 있습니다.

1. 과학 이론을 실제로 적용하여 자연의 사물을 인간 생활에 유용하도록 가공하는 수단
2. 사물을 잘 다룰 수 있는 방법이나 능력

기계의 시대 이전부터 사람들은 과학 이론을 적용하여 자연을 인간 생활에 유용하도록 가공하여 왔습니다. 그러나 산업혁명에 의해 기계 시대가 시작되면서 많은 기계적 수단들이 창조되었습니다. 이러한 '인간의 창조'는 신이 창조한 자연을 이용하는 것이므로 '발명'이라는 표현이 더 보편적일 것 같습니다. 기계의 시대에는 과학적 지식을 활용하여 전구와 같은 기기, 자동차와 같은 시스템, 금속활자 인쇄술 같은 방법들을 만들어내는 것이 인간의 창의성이라고 생각했습니다. 결론적으로 기계의 시대에 창의성이란 기술의 발명과 동일한 의미였던 것입니다.

그런데 이렇게 창의적으로 발명된 기술은 일반적인 사람들에겐 너무나도 복잡하고 어려운 과학적 지식이었기에 이러한 기술을 잘 다루기는 쉬운 일이 아니었습니다. 그래서 이러한 발명품 혹은 기술을 잘

다룰 수 있는 능력을 가진 사람들이 필요하였는데 그들이 바로 기계에 대한 전문가인 기술자technician입니다. 앞에서 살펴본 기술의 사전적 정의 중 첫 번째 의미는 영어로 'technology'에 해당되고, 두 번째 의미는 'technique'에 해당됩니다.

그러나 디지털 혁명을 거치면서 기술은 기하급수적으로 발명되고 진화하였습니다. 뿐만 아니라 인터넷 혁명을 거치면서 전파된 기술은 전 세계를 한 지붕으로 묶어주는 역할을 하게 됩니다. 다시 말해서 과학적 지식을 활용하여 무엇인가를 만드는 발명적 창조가 기계의 시대보다 훨씬 더 쉬워졌다는 의미입니다. 특허라는 새로운 시스템으로 권리를 보호하지만, 그럼에도 스마트 시대인 오늘날 기술의 발명은 과거보다 훨씬 더 쉽고 빠르고 싸졌습니다. 그래서 더 이상 기술의 발명이란 창조 행위로 비즈니스적 수익을 창출하기가 쉽지 않아졌습니다. 이러한 이유로 스마트 시대의 창의는 기계 시대의 창의와는 달라져야 했습니다.

▎ 가장 강력한 방법론, 디자인

많은 사람들이 알고 있듯이 스마트 시대의 '창조'에 대한 정의를 새롭게 내리고, 그 새로운 정의를 비즈니스 세상에 가장 강력하게 작동시켜 스마트 시대를 연 사람은 스티브 잡스Steve Jobs입니다. 창의에 대한 그의 정의는 다음과 같습니다.

창의란 단지 점들을 연결하는 것이다.

(Creativity is just connecting dots.)

스티브 잡스의 정의는 생각해보면 평범한 사람들도 알고 있던 것입니다. 하지만 그가 특별한 것은 이 간단명료한 정의가 스마트 시대에 얼마나 강력하게 작동하는지를 세상에 제대로 보여줬기 때문입니다. 지금 이 스마트 시대에는 이미 만들어진 기술이 넘쳐나고 있습니다. 다시 말해서 '인간 생활에 유용하도록 가공할 수단'을 굳이 새로 만들지 않고, 기존에 발명된 기술들을 연결하기만 해도 새로운 창조를 할 수 있다는 의미입니다. 즉 스마트 시대의 '창조'는 기계 시대의 '발명'과는 달리 '연결'만으로도 충분하다는 것입니다.

이러한 연결은 크게 기업과 사용자라는 두 측면에서 아주 큰 의미가 있습니다. 먼저 사용자의 입장에서 생각해보면, 기술의 활용은 아직도 너무나 어려운 과제라는 것입니다. 신기술이 적용된 제품은 사용자가 실수하지 않고 잘 사용하더라도 불량, 오류 등으로 인해 오작동할 확률이 이미 검증된 기존 기술에 비해 훨씬 더 큽니다. 그런데 사용자의 입장에서는 그 오작동이 사용자의 지식이 부족한 탓인지 신기술의 오류에 의한 것인지를 확인하기가 어렵습니다. 그래서 신기술이 아닌, 검증된 기술들을 연결하여 창조한 제품이 사용자에게는 더 쉽고 유용한 경우도 많습니다. 한편 기업의 입장에서는 기존의 검증된 기술을 활용하면 새로운 기술의 검증을 위해 투자해야 하는 시간, 비용뿐만 아니라 신기술의 오류, 예상하지 못한 리스크에 대한 손실 비용도 줄일 수 있기 때문에 비즈니스 수익 창출에 도움이 됩니다.

그러나 아직까지 수많은 기업이 스마트 시대의 창의에 대해 모르거나, 알고도 어떻게 바꿔야 할지 모릅니다. 바꿀 방법을 알면서도 바꿀 용기가 없거나 아니면 합의를 이루지 못해서 아직도 기계 시대의 창의를 고수하는 예도 있습니다. 그렇게 기계 시대의 창의를 고수하면서도 많은 CEO 혹은 임원진들은 애플이나 스티브 잡스의 창의성에 대해 강조하고 벤치마킹하고 있는 현실을 보면서 저는 안타까움을 느끼곤 합니다. 이것은 CEO나 임직원의 문제가 아니라 기업의 문화와 철학에 대한 문제이기 때문에 월례사에서 강조하거나 주간회의에서 다루어서 해결될 문제가 아닙니다.

스마트 시대에는 창의와 연결 및 조합이 중요하기 때문에 '디자인'이란 단어도 중요한 키워드가 됩니다. 왜냐하면 '디자인'이란 단어는 '그리다(drawing)'라는 의미의 확장으로 지도, 설계도, 기획서 등의 뜻도 되지만, 정리하고 배치하고 배열한다는 'arrangement'의 의미가 더 크기 때문입니다. 다시 말해서 스마트 시대의 디자인은 기존에 존재하는 기술들을 정리정돈하고 배치하고 배열함으로써 인간 생활에 유용한 의미와 가치를 창조하는 데 가장 강력한 방법론입니다. 연결과 조합의 창의성, 배열과 조화의 디자인은 다양해지고 개인화된 감정과 감성을 만족시켜줄 수 있는 가장 강력한 도구입니다. 그래서 스마트 시대 혹은 창조의 시대에 가장 강력한 방법론으로 '디자인'이란 단어가 '창의'와 함께 대두되었습니다. 이에 대해서는 뒤에서 더 자세하게 논의해볼 것입니다.

참고로 밝혀두자면, 앞서 저는 기계 시대의 창조는 기술인 반면 스마트 시대의 창조는 디자인이라고 결론 내렸지만, 그럼에도 불구하고 기술은 계속 발전하고 진화되어야 한다는 생각에는 이견이 없습니다.

애플처럼 되고 싶다면

- 스마트 시대의 키워드: 플랫폼 & 비즈니스 모델

_____ 2007년 아이폰의 등장을 전후로 가장 많이 회자되던 이슈 키워드가 플랫폼platform이었던 것으로 기억합니다. 당시 미래의 비즈니스는 플랫폼이 좌우할 것이라는 이야기가 많았는데요. 동시에 '그런데 도대체 플랫폼이 무엇이냐'라는 질문도 많이 나왔습니다. 지금도 국어사전에는 '역에서 기차를 타고 내리는 곳'으로 뜻풀이가 되어 있는데, 당시에도 기차 승강장과 같은 플랫폼이 어떻게 향후 비즈니스를 좌우한다는 것인지 그 의미를 정확하게 혹은 제대로 설명할 수 있는 사람이 별로 없었던 것 같습니다. 이제는 그 뜻이 무엇인지 설명할 수 있는 사람들이 상당히 많겠지만, 그럼에도 불구하고 플랫폼을 어떻게 디자인해야 하는지 아는 사람은 그리 많지 않은 것 같습니다.

플랫폼은 기차 승강장처럼 움직이지 않지만 각기 다른 목적지로 가는 기차들이 정차하는 공간場이면서, 많은 승객들이 편하게 자신들이 원하는 목적지로 가는 기차를 탈 수 있는 공간입니다. 사실 목적지로 이동하기 위해서 유용한 것은 기차이지만, 많은 기차를 운영하면서도 편하게 사용하려면 기차역이라는 시스템과 승강장이라는 장소가 꼭 필요합니다.

과거 대표적인 플랫폼은 컴퓨터와 마이크로소프트 윈도우즈windows 였습니다. 컴퓨터는 하드웨어 플랫폼의 대명사입니다. 그래서 컴퓨터를 사면 디지털 연산을 할 수 있는 기기를 구매한 것이라고 할 수 있지만, 과거엔 이 자체만으로는 전자계산기보다 사용하기가 어렵고 쓸모 없는 기계 장치였습니다. 이러한 컴퓨터라는 플랫폼을 사용하기 위해서는 운영체제OS, operating system라는 시스템과 응용프로그램이라는 기차가 필요했습니다. PC의 대표적인 운영체제는 MS-DOS라는 마이크로소프트 제품이었는데, 당시 가장 쉽다고 하던 MS-DOS도 그 사용법을 배우지 않고 사용한다는 것은 당시 일반인에게는 거의 불가능에 가까운 일이었습니다. 그래서 그 사용법을 좀 더 직관적이고 쉽게 만든 소프트웨어 플랫폼이 탄생하였는데, 대표적인 사례가 마이크로소프트 윈도우즈였습니다. 잘 아시다시피 마이크로소프트 윈도우즈는 기차역과 같은 시스템으로 그 자체만으로는 우리가 원하는 작업을 할 수 없습니다. 문서 작업을 위해서는 오피스와 같은 응용프로그램이 필요하고, 음악이나 동영상을 보기 위해서는 원하는 플레이어 응용 프로그램과 음악이나 동영상 콘텐츠가 있어야 합니다. 즉, 우리를 목적지로 이동시킬 기차와 같은 응용 프로그램이나 목적지인 콘텐츠가 있어야 하는 것입니다.

| 게임의 법칙은 어떻게 변하는가

재미있는 현상은 이러한 사실을 다수의 IT 및 가전업체도 잘 알고 있었다는 것입니다. 그런데 왜 당시 애플만이 이러한 플랫폼을 사업화하는 데 대성공을 거둘 수 있었을까요? 사실 이 말은 어폐가 있습니다. 당시 휴대폰 사업으로 가장 성공적인 회사였던 노키아는 플랫폼 전략에 가장 뛰어났던 기업 중 하나였습니다. 그래서 삼성전자가 플랫폼의 개념 없이 빠른 속도로 고사양의 제품product을 내놓는 단기적 프리미엄 제품 전략을 구사했던 것입니다. 다시 말해서 엄청난 시장 점유율을 자랑했던 노키아가 상당 시간을 할애하여 완성한 플랫폼을 활용하여 다양한 종류의 휴대폰 제품을 전 세계 시장에 출시하면, 규모의 경제에 의한 비용과 네트워크 효과에 의한 효용이 극대화되어 다른 휴대폰 업체는 시장에서 생존하기 어려웠을 것입니다. 그래서 삼성전자와 같이 기술과 속도가 빠른 기업은 노키아가 완성된 플랫폼으로 시장에 나오기 전까지의 시간 동안 다양한 고사양의 신기술 제품으로 프리미엄 시장을 점유할 수 있었습니다. 이것이 당시 활용되던 '플랫폼 전략'에 대한 간단한 설명입니다. 요약하면 당시의 플랫폼 개념은 한 기업이 완제품을 생산하는 전략 수준으로 활용하였다는 의미입니다.

이와는 달리 애플은 완성되지 않은 제품을 시장에서 판매하기 위한 수단으로 플랫폼을 활용하였습니다. 즉, 플랫폼을 제품으로 판매하였습니다. 앞에서 언급한 바와 같이 플랫폼은 그 자체로서는 아무런 의미가 없는 공통 기반 시설에 불과합니다. 이를 제대로 쓰기 위해서는 기차와 같은 응용 프로그램들이 필요한데, 애플은 다른 회사들과 달리 이러한 응용 프로그램을 기업으로부터 제공받는 것이 아니라 소비자가 구매하여 제품을 완성하는 방식을 택한 것입니다. 사실 이러한 방식은 컴퓨터 시장에 이미 존재했던 것으로 이 자체가 시장에 지각 변동을 일으키거나 게임의 법칙을 바꿀 만한 사건은 아니었습니다. 기존의 플랫폼 전략은 한 기업이 완제품을 만드는 데 사용되었습니다. 이에 비해 애플은 아이폰과 앱스토어AppStore와 같은 플랫폼을 제공하고 응용 프로그램은 수많은 소프트웨어 기업이나 개인들이 제공하여, 여러 기업과 개인이 공존하는 비즈니스 생태계를 만드는 데 플랫폼을 활용한 것입니다. 이렇게 생성된 비즈니스 생태계 혹은 플랫폼 비즈니스는 기존의 비즈니스 구조와는 완전히 다른 식으로 작동하면서 시장의 지각 변동을 가져오고 게임의 법칙을 변화시켰습니다.

그 변화의 첫 번째는 비즈니스 구조가 다면 시장의 속성을 가지게 된 것입니다. 이는 기존의 신용카드 회사의 양면 구조와는 다른 비즈니스 모델입니다. 신용카드의 경우 가입자가 카드를 쓸수록 가게는 매출이 늘고, 그에 따라 카드 회사는 카드 판매료(가입비)보다 수수료 수입이 더 큰 모델입니다. 그러나 아이폰iPhone은 응용프로그램의 구매에 의한 수수료 수입보다 아이폰이라는 제품의 판매 수익이 더 큰 모델이었습니다. 즉, 기존에는 서비스업에서나 활용 가능했던 다면 시장의 속성을 제조업에서도 작동하게 만들었다는 데 그 의의가 있습니다. 그 결과 다면 시장을 활용하는 다른 IT 기업들과는 달리 애플은 수익 구조의 90% 정도가 아이폰, 아이패드 등 하드웨어의 판매가 근간을 이루고 있습니다. 이는 또 다른 다면 시장의 대표 주자인 구글의 경우 수익 구조의 95% 정도가 광고인 것과 비교해보아도 매우 특징적입니다. 이러한 이유로 최근에 비즈니스 모델의 혁신이 화두가 된 것입니다.

스마트 시대에는 플랫폼 전략이 비즈니스의 생사 혹은 수익 구조를 결정하게 되었습니다. 그런데 유사해 보이는 다면 플랫폼이라도 수익 구조는 다릅니다. 애플과 같이 직접적인 하드웨어의 판매에 전적으로 의존할 수도 있고, 구글과 같이 간접적인 광고 수익에 전적으로 의존할 수도 있습니다. 스마트 시대는 제품과 전략에 의해 움직이던 산업 시대와는 다르게 플랫폼과 비즈니스 모델 혁신에 의해 창조된 비즈니스 생태계에 좌우될 것입니다.

플랫폼과 비즈니스 모델 혁신에 의한 비즈니스 생태계가 가져온 또 다른 변화는 다양해지고 개인화된 감정과 감성을 만족시켜줄 수 있게 됐다는 것입니다. 애플은 스마트 시대의 다양성을 추구하는 개인화라는 트렌드를 이끌기 위하여 연결로서의 창의 및 재배치로서의 디자인 전략을 활용하여 플랫폼 비즈니스라는 새로운 비즈니스 생태계를 창조했습니다. 즉 애플은 높은 가격과 차별화를 가져오기 위한 각 개인의 니즈를 만족시켜줘야 한다는 체험경제[8]의 이론을 현실에서 보여준 첫 번째 IT 기업이었습니다. 결론적으로 '더 싸게, 더 빠르게, 더 좋게cheaper, faster, better'라는 생산과 효율을 강조하는 게임의 법칙을 '다양한 개인에게 각기 다른 경험personalized experience'을 제공하는 스마트 시대 버전으로 바꿔놓았다고 할 수 있습니다. 수십만 개의 앱 중에서 사용자 각 개인이 각자의 개성에 맞춰 스스로 선택하고 구매하여 완성할 수 있는 플랫폼이라는 불완전한 제품을 판매하여 사용자 각자가 개인화된 필요와 욕구를 스스로 채울 수 있게 비즈니스 생태계를 창조한 것입니다. 불완전한 제품을 보다 비싸게 판매하는데도 고객은 더욱 만족하는 상황, 산업화 시대의 패러다임으로는 이해할 수 없는 비즈니스 구조도 생겨났습니다. 그럼에도 불구하고 이러한 비즈니스 구조를 이해하지 못하거나, 이해했더라도 본인들의 비즈니스 구조와 문화를 바꿀 용기가 없는 기업들은 애플처럼 되어야 한다는 구호만 외칠 뿐 실제로 변화를 위한 행동을 실천하고 있지 않습니다. 참으로 안타깝습니다.

2
혁신은 어떻게
변화하고 진화해가는가

비즈니스에서의 혁신은 기존 시장의 필요, 혹은 새로운 요구뿐만 아니라 표현되지 않은 니즈에도 부합해야 합니다. 그렇게 하지 못하면 시장, 정부 혹은 사회에서 혁신이 가져오는 획기적인 변화는 부정적으로 받아들여지기 때문에 혁신의 과정은 성공하기 어려워집니다.

획기적인 변화를 가져온 혁신이 왜 실패했을까

_____ 앞에서도 언급했듯이 스마트 시대란 기계가 인간에게 적응하는 시대입니다. 과거 산업혁명 이후 기계 시대가 시작되면서, 사람들은 다양한 종류의 기계를 만들었습니다. 이는 당연히 인간이 기계로부터 효용을 얻고자 한 것입니다. 그럼에도 불구하고 사람들은 기계로부터 효용을 얻기 위해 기계에 적응해야만 했습니다. 기계에 잘 적응하는 사람을 우리는 소위 전문가라고 불렀고, 보다 뛰어난 전문가가 되기 위해서는 기계에 더 잘 적응해야만 했습니다. 그런데 디지털 시대, 인터넷 시대와 IT 시대를 거쳐 모바일 시대에 접어들면서 기계가 인간에게 적응하는 일들이 조금씩 자연스러워지기 시작했습니다. 스마트 시대가 열린 것입니다.

기계가 인간에게 적응하기 위해서 센서라는 기술이 필요한 것은 사실입니다. 그러나 그 이전에 인간이 어떤 경험을 하기를 원하는가를 알아야 그에 합당한 센서를 발명하거나 선정할 수 있고, 더불어서 인간이 기대하는 것 이상의 체험을 연출하고 서비스를 제공할 수 있습니다.

이러한 인지와 이해의 기반 위에서 경험을 디자인하는 것이 스마트 시대의 혁신이라고 생각합니다. 이러한 내용을 보다 잘 이해하기 위해서 이제부터는 '혁신innovation'에 대해서 좀 더 자세히 생각해보겠습니다.

혁신을 바로 정의하는 것보다 발명invention과 혁신의 개념을 구별해서 생각해보는 것도 의미 있는 일이라고 생각합니다. 창의와 발명의 관계만큼이나 혁신과 발명의 관계를 제대로 구분하는 것도 스마트 시대의 혁신을 수행하는 데 필요한 일이기 때문입니다. 영문 위키디피아[9]에서 'innovation'을 검색해보면 아래와 같은 매우 흥미로운 설명을 볼 수 있습니다.

혁신은 발명과는 다르다. 혁신은 보다 나은, 결과적으로 새로운 아이디어나 방법의 활용에 대한 것인 반면에, 발명은 보다 직접적으로 아이디어나 방법 자체를 창조하는 것이다.

(Innovation differs from invention in that innovation refers to the use of a better and, as a result, novel idea or method, whereas invention refers more directly to the creation of the idea or method itself.)

혁신은 방법의 새로운 활용(how)에 대한 것이고, 발명은 방법(what)의 창조로 혁신과 발명은 서로 다른 성격을 가지고 있다는 말입니다. 혁신과 발명의 개념에 대해 좀 더 생각해보기 위해 각 의미들을 표로 정리해보겠습니다.

	혁신	발명
국어사전	묵은 풍속, 관습, 조직, 방법 따위를 완전히 바꾸어서 새롭게 함	아직까지 없던 기술이나 물건을 새로 생각하여 만들어냄
영어사전	• 혁신, 쇄신 • 획기적인 것(사상, 방법 등)	• 발명품 • 발명 • (사실이 아닌 것을) 지어냄[날조]; 지어낸[날조된] 이야기 • 창의력, 독창성
비슷한 말	쇄신, 변혁, 개선, 유신, 개혁, 혁명	개발, 고안, 창안
반대말	보수	−

위의 표에서 눈에 띄는 점은 혁신의 반대말이 보수인 반면에 발명의 반대말은 없다는 것입니다. 혁신의 반대편 혹은 상대편에는 보수라는 것이 있지만, 발명의 반대는 '없다無, zero'라는 의미라고 생각됩니다. 즉, 발명은 무無에서 유有를 만들어낸다는 의미가 강한 반면에 혁신은 현재 존재하거나 진행되고 있는 것을 다른 것으로 대체한다는 '변화'의 의미가 강한 것 같습니다. 즉, 위키피디아의 정의와 같이 아이디어나 방법의 '활용use'이 강조된 것이 혁신이라면, 아이디어나 방법 '그 자체itself'를 직접적으로 다루는 것이 발명이라는 것입니다. 아이디어나 방법 그 자체를 만들지 못한다면 발명이 '없는' 상태가 되므로 발명은 존재와 관련된 명사noun적 성격이 강합니다. 반면, 혁신은 아이디어나 방법을 바꾸거나 변화시키는 것이므로 동사적 성격, 특히 행위/능동적 동사action verb의 성격이 강하다고 할 수 있습니다. 한글 위키디피아[10]에서 풀이한 혁신에 대한 내용에서도 같은 맥락을 발견할 수 있습니다.

혁신革新 또는 이노베이션은 사물, 생각, 진행 상황 및 서비스에서의 (…) 변화를 일컫는 말이다. 그리고 혁신의 결과를 발명이라고 한다. (…) 많은 영역에서 혁신적이라고 하는 것은 이전의 상태보다 확연히 다른 것이어야만 한다. 경제학에서의 혁신이란 생산자의 가치와 소비자의 가치 두 가지가 증대되어야 한다. 혁신의 목표는 임의의 사람 및 사물의 긍정적인 변화이다. 생산성의 향상을 주도하는 혁신은 경제적으로 부를 증가시킬 수 있는 기초적인 자원이다.

위의 표현을 제 식으로 해석하면, '기존에 익숙하던 것을 낯선 것으로 대체'하는 혁신이라는 '과정'이 성공하여 낯선 것이 긍정적인 것으로 받아들여지면, 그 결과물을 발명이라고 할 수 있다는 것입니다. 이견이 있을 수도 있겠지만 또 다른 경제적 해석도 가능합니다. 혁신이라는 '과정' 중에는 생산자의 가치 제고와 소비자의 가치 증진을 위한 노력이 '동시'에 수반되어야 하는 반면에, 발명은 기술이나 물건 그 자체에 대한 것이므로 그 자체만으로는 가치중립적neutral이라는 것입니다. 즉, 가치중립적인 발명을 어떻게 활용하는가에 따라 그것이 긍정적으로도 부정적으로도 활용될 수 있을 것입니다.

'더 좋게'보다는 '다르게'

비즈니스에서의 혁신은 기존 시장의 필요, 혹은 새로운 요구뿐만 아니라 표현되지 않은 니즈에도 부합해야 합니다. 그렇게 하지 못하면 시장, 정부 혹은 사회에서 혁신이 가져오는 획기적인 변화는 부정적으로 받아들여지기 때문에 혁신의 과정은 성공하기 어려워집니다. 이와 같은 이유로 '파괴적 혁신disruptive innovation'으로 유명한 하버드대학교의 클레이튼 크리스텐슨Clayton. M. Christensen 교수는 혁신을 다음과 같이 표현한 것 같습니다.

혁신은 고객들이 원하는 것을 이해한 후에 새로운 방식으로 비즈니스를 하고, 새로운 방식으로 돈을 버는 일에 대한 것이다.[11]

(Innovation is about new ways of making money, new ways of doing business after understanding what customers want.)

그럼에도 불구하고 아래의 표현처럼 혁신은 개선improvement과는 다른 개념입니다.

혁신은 개선과는 다르다. 개선은 같은 것을 더 좋게 한다는 의미인 반면 혁신은 무엇인가를 다르게 변화시킨다는 의미이기 때문이다.[12]

(Innovation differs from improvement in that innovation refers to the notion of doing something different rather than doing the same thing better.)

즉, 개선은 같은 것을 더 좋게 하는 것인 '효율'과 관련된 것인 반면에 혁신은 다른 것을 행하는 '효과'에 대한 것이므로 다른 무엇인가를 필요로 합니다. 따라서 혁신하기를 원한다면 다음의 어떤 경로를 택할지 고민해봐야 할 것 같습니다.

● Invent to Innovate: 발명 후 혁신

● Incubate to Innovate: 도입 후 혁신

전자는 개인이나 조직이 직접 창안한 것을 혁신의 대상으로 삼는 것을 의미하고, 후자는 외부로부터 도입한 것을 품고 배양하는 잠복기를 거치는 간접적인 혁신의 과정을 뜻합니다. 즉 새로운 기술 발명을 통하여 혁신을 할 것인가, 아니면 발명된 기술이 안정적인 기술로 성장할 때까지 기다리면서 숙성시킨 후 시장에 도입하는 과정을 거칠 것인가에 따라 선택이 달라질 것입니다. 저는 스마트 시대에서는 후자의 경우가 더욱 강력하게 작동한다고 봅니다. 이러한 제 주장을 뒷받침하는 아주 유명한 지표가 있는데, 바로 '가트너의 하이프 사이클 Gartner's Hype Cycle'입니다. 하이프 사이클은 기술이나 트렌드에 대한 기대치와 시간과의 관계를 표현하기 위한 시각적 도구입니다. 기대치는 가시성에 대응하고 시간은 성숙도에 대응함을 보여주며, 기업이나

| 가트너의 하이프 사이클 |

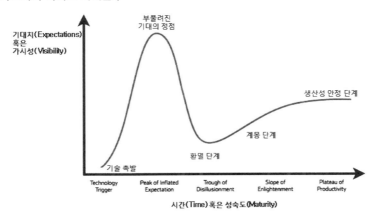

조직이 관련 기술을 언제 활용하면 좋을지에 대한 지표적 역할을 하도록 만들어진 보고서입니다. 그 모습은 앞의 그림과 같습니다.

그 내용을 위키백과의 도움을 받아 잠시 살펴보겠습니다. 처음 새로운 기술이 발명되면 잠재성에 대해 관심을 받기 시작하면서 전문가와 대중의 관심을 받게 됩니다. 상용화된 제품 역시 상업적 가치가 증명되지 않은 상태라도 그 기대는 부풀려져서 그에 대해 주저하거나 반대하는 사람은 대세를 따르지 않는 것처럼 보입니다. 결과적으로 주변에서 특정 기술에 대해 자주 접하게 되지만 실질적으로 성공한 상품 혹은 서비스는 접할 수 없게 됩니다. 기술적 성숙도 혹은 안정성을 갖지 못한 기술이 상품화에 수차례 실패하게 되면 기술에 대한 관심이 급속히 감소하게 됩니다. 그럼에도 불구하고 포기하지 않은 소수의 기업이나 조직이 오랜 시간 동안 공들여 기술을 성숙시켜 다음 세대들의 제품들이 출시되면 서서히 관심이 증가하게 됩니다. 하지만 이때 보수적인 기업들은 수동적 태도로 관망하고, 혁신적 기업들은 이를 적극적으로 받아들이면서 기술을 시장의 주류로 전환시켜나가고 성과를 거두기 시작합니다.

이상이 하이프 사이클이 시간 혹은 성숙도에 따라 단계를 거쳐가면서 진화해나가는 모습입니다. 물론 기대를 받지 못하는 기술도 많고 환멸의 단계에서 사라져가는 기술들도 많지만, 하이프 사이클에서는 기대되는 기술의 진화 과정에 대해서만 다루고 있습니다. 다시 말해서 하이프 사이클은 발명된 신기술이 바로 시장에서 성공하기 어려운 이유를 설명하는 지표이기도 하고, 동시에 기존의 기술을 활용해 성공하는 모습에 대한 설명이기도 합니다.

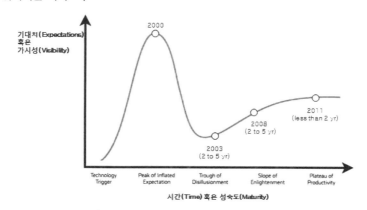

위의 하이프 사이클은 소위 위치기반 서비스LBS, Location Based Services에 대한 것입니다. 2000년 즈음 위치기반 서비스에 대한 관심도는 최대였지만, 당시 위치기반 서비스로 성공한 기업이나 제품은 별로 없었습니다. 제 기억으로 자동차 내비게이션 정도가 상용화되기 시작했던 것 같습니다. 이후 2007년 아이폰의 등장 이후 스마트폰의 세상이 열리면서 점점 다양한 위치기반 서비스가 등장했고, 아마도 2015년 현재 스마트폰을 쓰는 사람이라면 약속 장소를 찾기 위해 위치기반 서비스를 한 번쯤 사용해보지 않은 사람은 거의 없을 것입니다. 향후 이와 관련된 서비스 혹은 비즈니스 모델들은 우리들의 상상을 초월할 정도로 발전할 것이라는 예견이 이미 일반적입니다. 그럼에도 불구하고 위치기반 서비스가 최고의 관심을 끌었던 시점부터 대중화되기까지는 10년 이상의 시간이 걸렸다는 것을 생각해보면 신기술을 사업화하기 위해서 얼마나 많은 시간을 참고 견뎌야 하는지 짐작할 만합니다. 뒤집어서 생각하면, 현재 신기술을 사업화하려고 시간과 비용 그리고 에너지를 투자하기보다 기존의 기술을 혁신적으로 활용하여 새로운 수요를 창조하거나 신시장을 창출하는 것이 스마트 시대의 혁신이 아닐까 생각합니다.

이에 대한 예로 애플의 행보를 살펴볼 만합니다. 아이팟iPod 시절에는 새로운 기술인 메모리를 활용하지 않고 기존의 기술인 하드디스크와 리모콘 영역에서 크게 실패한 조그 셔틀과 유사한 휠wheel이라는 유저인터페이스(UI)를 활용하였습니다. 물론 이러한 기술적 내용만으로 성공한 것은 아니지만, 기존의 기술이 한몫했다는 것을 부정하기는 어려울 것 같습니다. 아이폰도 마찬가지입니다. 마이크로소프트, HP, Palm, 삼성전자 등이 도전했으나 실패한 터치스크린 기술을 활용하여 '만지는 것이 새롭게 보는 것이다Touching is the New Seeing.'13라는 새로운 역사를 만들어냈습니다. 아이패드iPad의 성공도 예외가 아닙니다. 여러 기업들이 LCD에서 e-ink라는 새로운 기술에 눈을 돌릴 때, 애플은 대형 레티나 LCD를 활용해 성공함으로써, e-ink 기술이 시장을 제대로 형성하지 못하게 하였습니다.

최근에는 샤오미가 과거 애플이 행했던 기존 기술의 혁신적 활용을 아주 잘하는 기업으로 보입니다. 이런 기업들은 모두 그들이 가진 새로운 기술이 무엇이냐는 지적을 받곤 하지만, 시장에 대한 지배력이나 고객의 충성도는 그 어떤 기술 기업보다도 높다는 점에 주목해야 할 것입니다.

혁신은 S-곡선을 따라 진화한다

_____ 지금부터는 앞서 언급한 하이프 사이클과 같은 일종의 변화 과정을 진화로서 다시 한번 생각해보고자 합니다. 진화와 관련하여 우리에게 가장 친숙한 인물은 '찰스 다윈Charles Darwin'일 것입니다. 그는 《종의 기원On the Origin of Species》이란 책을 썼지만, 본인이 공식적으로 '진화론'이라고 말한 적은 없다고 합니다. 어쨌든 다윈의 진화론은 생물학적 진화에 관련된 것으로 진화에 대한 위키피디아의 정의는 다음과 같습니다.

진화는 생물 집단이 여러 세대를 거치면서 유전적 특성이 변화되는 것이다. 이러한 진화적 과정은 종, 개별 유기체 및 DNA와 단백질 같은 분자를 포함하여 생물학적 조직체의 모든 차원에서 다양성을 유발한다.

(Evolution is the change in the inherited characteristics of biological populations over successive generations. Evolutionary processes give rise to diversity at every level of biological organization, including species, individual organisms and molecules such as DNA and proteins.)

제가 생각하기에 생물학적 진화에서 중요한 개념들은 '변화change'

와 '다양성diversity'인 것 같습니다. 좀 더 구체적으로 말하면 생물학적 개체들의 유전된 '특성'에 '변화'가 생긴다는 것, 그리고 이러한 변화의 과정이 다양성의 증가로 이어진다는 것입니다. 트리즈TRIZ라는 발명적 문제 해결의 창시자인 겐리히 알츠슐러Genrich Altshuller는 생물학적 진화의 관점을 공학적 시스템engineering system에 도입하였습니다. 공학적 시스템도 생물학적 개체와 마찬가지로 어떤 하나의 시스템이 세상에 발명된 이후에는 아래 그림과 같이 S자 곡선을 따라 발전한다는 것입니다.

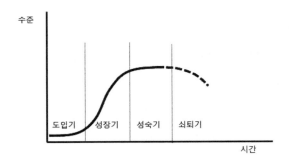

위의 그림과 같이 성장기를 거쳐 성장의 한계인 성숙기에 다다르면, 동일 기능을 수행하지만 다른 원리를 적용하는 새로운 시스템으로 대체되면서 계속 발전하는 경향이 나타나 결국 다음 그림과 같이 기술 시스템이 진화한다는 것입니다. 이것이 알츠슐러의 '기술 시스템 진화'입니다.

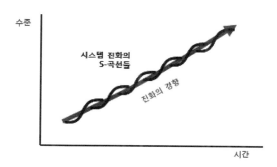

카세트테이프에서 MP3까지

'기술 시스템 진화'의 사례는 너무도 많지만 여기서는 그중에서 '음악 재생 장치'에 대해 생각해보겠습니다. 음악 재생 장치는 '카세트테이프 플레이어 → CD 플레이어 → MP3 플레이어'로 발전하였습니다. 음악을 담고 있는 미디어(저장 장치)는 각각 카세트테이프, CD, 그리고 MP3입니다. 이 모두의 기능은 '음악 재생'입니다. 그러나 각 세대별로 성장이 한계에 다다르면 동일한 기능을 수행하지만 다른 원리(자기 → 광학 → 디지털)를 적용하는 새로운 시스템으로 대체되면서 발전합니다.

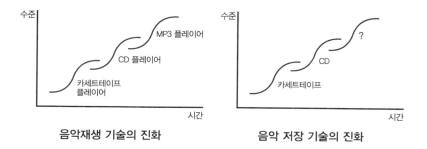

음악재생 기술의 진화   음악 저장 기술의 진화

여기서 중요한 점 하나는 기술의 원리가 바뀌어 시스템이 대체되면 S-곡선 간에 불연속성이 발생한다는 것입니다. 그리고 이러한 불연속성을 넘는 진화적 발전은 이상성을 향해 다가가게 됩니다. 즉, 시스템의 요소는 사라지지만 그 기능은 계속 남아 있게 된다는 것입니다.

예를 들어 CD 플레이어에서 MP3 플레이어로 시스템이 발전하면서 저장 미디어는 CD에서 메모리로 불연속적으로 진화하게 되었고, 그 결과 별도의 시스템이었던 저장 기기가 시스템으로 통합됩니다. 카세트테이프에서 CD로의 진화는 어땠을까요? CD는 하나의 플라스틱 재

료를 활용하여 만들 수 있지만, 카세트테이프는 자기 테이프를 포함하여 이를 유지하기 위한 보조 장치인 롤, 케이스, 나사 등 많은 부품을 필요로 합니다.

불연속점을 건너가는 변화는 생물학적 진화에서 언급하는 종의 변화와 같을 정도로 그 특성이 급변한 것입니다. 다시 말해서 혁신의 과정을 통해서 새로운 시스템이 발명된 것입니다. 결론적으로 이와 같은 기술의 진화 경향은 기술을 발명하거나 고안하는 데뿐만 아니라 비즈니스에서 성공하기 위한 진화적 예측에도 아주 유용하게 활용될 수 있습니다. 하지만 앞에서 언급한 대로 기술적 발명이 비즈니스의 성공을 보장하지는 않으며, 이렇게 발명된 기술이 비즈니스적으로 성공하기 위해서는 하이프 사이클의 경로가 뒤따릅니다. 이것을 명심한다면, 발명된 기술의 상업적 성공을 위한 스마트 시대의 혁신 방법을 더 잘 이해할 수 있을 것입니다.

불연속성과 불확실성의 딜레마

_____ 혁신이 어떻게 시작되는지에 대해서는 앞에서 언급한 S-곡선의 불연속 구간을 활용해서 설명해보겠습니다. S-곡선에 대해 잘 모른다 해도 시간에 따라 수준이 선형적으로 증가하지는 않는다는 것은 직관적으로 이해하실 수 있을 것입니다.

S-곡선은 어떤 시스템, 예를 들어 제품, 패러다임, 역량 등이 투자한 시간에 따라 직선적으로 증가하지 않고 도입기(A), 성장기(B), 성숙기(C), 그리고 쇠퇴기(D)의 네 가지 단계를 거치면서 증가한다는 것을 보여줍니다. 이런 비선형적 증가는 선형적 증가와는 달리 예측이 불확실합니다. 게다가 하나의 S-곡선(시스템 I)에서 다른 S-곡선(시스템 II)으로 진화할 때, 두 시스템 간에는 불연속 구간이 존재합니다. 즉, 앞에서 음악 재생 기기를 통해 살펴본 바와 같이 CD 플레이어라는 시스템 I과

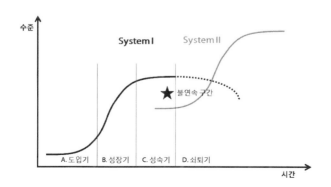

MP3 플레이어라는 시스템 II를 나타낸 곳에서는 완전히 다른 원리를 사용하는 불연속성이 나타납니다. 따라서 하나의 연속적인 S-곡선 내부의 변화를 예측하는 것보다 훨씬 더 예측이 불확실할 수밖에 없습니다. 그럼에도 불구하고 우리는 시스템 I에 머물러 있을 수 없습니다. 왜냐하면 시스템 I은 쇠퇴하여 사라져버릴 운명을 피할 수 없기 때문입니다. 사실 어딘가에 기업이 계속 머무른다는 것은 함께 사라지겠다는 의미이므로 지속하기를 원하는 기업이라면 무엇인가 조치를 취해야 합니다.

그렇다면 혁신을 위해서는 기업이 어떤 조치를 취할 수 있을까요? 이에 대한 답을 얻기 위하여 S-곡선의 진화 과정 중 불연속 구간을 확대하여 좀 더 자세히 생각해볼 필요가 있습니다.

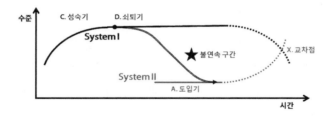

위의 그림을 통해 시스템 I에서 II로 바꾸어야 할 시점은 시스템 II의 성능이 시스템 I보다 높은 교차점(X) 이후라는 것을 알 수 있습니다. 그런데 문제는 시스템 II가 어떻게 교차점 X의 수준에 도달할 것인가입니다. 상식적으로 교차점 X 수준에 도달하기 위해서는 사전에 무엇인가를 하고 있어야지 그냥 도달할 수는 없습니다. 이것은 너무도 당연한 일입니다. 그래서 많은 신생기업이나 벤처기업들은 무엇인가를 이루고자 열심히 일하게 됩니다.

그렇다면 대기업같이 이미 무엇인가를 많이 가진 기업의 경우는 어떨까요? 시스템 I의 수준을 이미 보유하고 있는 기업은 시스템 II보다 이미 높은 수준이므로 가만히 교차점 X까지 기다렸다가 가진 것을 시장에 내놓으면 다음 세대에 더 많은 것을 유지하거나 발전시킬 수 있을까요? 이 질문에 그렇다고 대답할 기업은 없을 것입니다. CD 플레이어(시스템 I)의 기술 수준이 높다고, MP3 플레이어(시스템 II)에 대한 기술 수준까지 높은 것은 아니기 때문입니다. 두 시스템 간에는 불연속성이 존재하기 때문에 이전에 높은 수준의 역량을 보유했다고 해도 패러다임이 바뀌게 되면 그것이 아무런 쓸모도 없게 되는 극단적인 경우도 발생합니다. 이런 경우를 두고 우리는 '게임의 법칙'이 바뀌었다고 합니다. 따라서 이런 '게임의 법칙'을 바꾸는 기업(게임 체인저game changer)이 되지 못하면 이전 패러다임에서 얼마나 크고 높은 공간과 위치를 차지하고 있었는지와는 상관없이 다음 게임의 세상에서 사라지게 됩니다.

'내려놓기' 혹은 '창조적 파괴'

그런데 왜 게임 체인저가 되는 기업을 우리 주변에서 찾기가 어려울까요? 가장 큰 이유 중 하나는 '용기勇氣'의 부재입니다. 교차점 이전의 불연속 구간에서 시스템 I에서 시스템 II로 전환한다는 것은 어떤 경로를 거치든지 그 수준이 높은 곳에서 낮은 곳으로 떨어져야 하는 것을 의미합니다. 1억 원인 내 연봉을 7000만 원으로 낮추어야 2억 원으로 인상할 수 있다는 이야기를 들었을 때 쉽게 연봉을 낮출 사람은 아마 드물 것입니다. 연봉이 일정 기간 후에 반드시 오른다고 하면 삭

감은 어려운 문제가 아닐 수도 있겠지만, 오를 수도 있고 오르지 않을 수도 있는 불확실한 상황이라면 연봉을 낮추지 않는다는 사람을 충분히 이해할 수 있습니다.

그러나 불연속성을 건너 다음 패러다임으로 전환하기 위해서는 불확실성의 낭떠러지로 몸을 던져야만 합니다. 물론 아직 잃을 것이 없거나 규모가 작은 신생 기업 혹은 벤처 기업과는 달리, 대기업은 가진 것을 잃어버리거나 실패에 책임져야 하는 것에 대한 두려움 때문에 쉽게 불확실성에 발을 담그기가 어렵습니다. 문제는 또 있습니다. 새로운 패러다임은 아직 그 실체가 존재하는 것이 아니기 때문에 그 누구도 그 존재를 입증할 수 없다는 것입니다. 입증하기 전에는 시작할 수 없는데 입증할 수가 없다는 딜레마에 빠지는 것입니다. 결국 '수영을 할 수 있기 전에는 물에 들어갈 수 없다'라는 딜레마를 풀어야 하는 것이 오늘날 우리 기업이 혁신 앞에 처한 상황입니다.

불연속성과 불확실성에 대한 딜레마를 풀기 위해서는 먼저 S-곡선에 대해 잘 인지하는 것이 중요합니다. 앞에서 살펴본 S-곡선에는 두 개의 평평한 구간이 있습니다. 하나는 쇠퇴기(D)이고 다른 하나는 도입기(A)입니다. 같은 평평한 구간이라도 도입기는 그 특성상 시작점을 알 수는 없지만, 쇠퇴기(D)를 인식하는 것은 불가능한 일도 아니고 그렇게 어려운 일도 아닙니다. 쇠퇴기(D) 이전에는 성장기(B)와 성숙기(C)가 있기 때문입니다. 다시 말해서 수준의 증가가 있었던 시절이 있었는데, 더 이상 수준의 증가가 없다면 다음 세대를 준비하기 위한 때가 되었다는 것을 인정하고 준비해야 합니다. 인정하고 준비한다는 것은 '새 잔을 채우기 위해 잔을 비워야 한다'는 의미입니다. 즉 잔을 '비우는' 행동이 수반되어야 합니다. 이러한 '비우기'는 다른 표현으로 '내려놓기' 혹은 '창조적 파괴'라고도 합니다. 결론적으로 가지고 있는 것에 미련을 두지 말고, 가진 것이 없다는 생각으로 새로운 일을 도모하는 용기와 자세가 반드시 필요하다는 의미입니다. 그렇게 되면 우리가 처한 환경인 시스템 I은 고려하지 않아도 됩니다. 높은 수준의 비교 대상을 제거하게 되면, 새로운 더 높은 목표를 설정하게 되는 이치를 활용하라는 뜻입니다.

짐 콜린스Jim Collins는 《좋은 기업을 넘어 위대한 기업으로Good to Great》에서 지금 가진 좋은 것good을 버리면 위대한 것great을 추구하게 된다고 했습니다. 이것이 바로 창조적 파괴creative destruction입니다. 역설적이지만 기존의 시스템 I을 파괴해야만, 새로운 시스템 II를 창조할 수 있다는 것입니다. 그렇다고 해서 시스템 I을 만들고 성장시키고 유지하고 있는 조직이 반드시 스스로 자신의 시스템을 파괴해야 한다는 것은 아닙니다. 비즈니스에서는 이러한 것을 포트폴리오 매니지먼트portfolio management라고 하는데, 캐시카우cash cow(고수익 상품, 사업)와 분리하여 별도로 혁신팀을 운영하라는 의미입니다(이 방법에 대해서는 나중에 더 얘기하기로 하겠습니다). 보다 혁신적인 기업 문화를 가진 곳이라면 쇠퇴기(D)가 아닌 성숙기(C)에 혁신팀을 준비합니다. 일반적으로 이러한 기업에서는 수준이 증가하지만 그 가속도(수준/시간의 기울기)가 세 번 연속 줄어들 때에 주목합니다. 즉 이러한 시기를 패러다임이 전환되는 징후로 받아들여 다음 패러다임을 준비하기 위한 혁신팀을 운영하기 시작해야 하는 것입니다. 이것은 상시 혁신 부서를 운영하는 혁신 기업뿐만 아니라 모든 기업에 해당된다는 것을 명심하시길 바랍니다.

혁신은 임계점을 넘어야
폭발적 힘을 갖게 된다

_____ 초심을 가지고 내려놓기를 하였다면, 다음 그림과 같이 다음 세대에 대한 진화의 초기 S-곡선만을 고려하게 되는 것입니다. 이제부터 S-곡선의 도입기만을 고려하는 것이 무엇을 뜻하는지, 혁신에서 이것이 왜 중요한지에 대해 이야기하도록 하겠습니다.

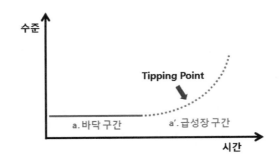

도입기는 위의 그림과 같이 두 개의 구간으로 다시 나눠집니다. 하나는 바닥 구간(a)이고, 다른 하나는 급성장 구간(a′)입니다. 한계 돌파점인 티핑 포인트tipping point는 급성장 구간에 존재합니다. 혁신을 추구하는 사람이라면 누구나 티핑 포인트라는 임계점을 넘어서 급성장을 이루기를 바랄 것입니다. 그런데 이 티핑 포인트는 임계점critical point이므로 임계적 속성을 가지게 됩니다. '임계臨界'란 '사물이 어떠한 기준에 의하여 분간되는 한계'로, 대표적인 것이 물의 어는점 혹은 끓는점입니다. 물이 같은 분자 상태인 H_2O로 이루어져 있다 하더라도 그 상태가 액체 상태인 물에서 기체 상태인 수증기로 바뀌려면 임계점인 끓는점 100℃를 초과하여 온도가 올라가야 합니다.

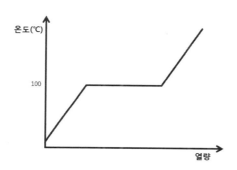

그런데 위의 그림에서처럼 임계점인 100℃에서는 일정량의 에너지가 축적될 때까지 온도가 상승하지 않습니다. 이때 축적되는 열을 잠열latent heat이라고 하는데, 이것은 액체 상태인 물 분자 간의 결합을 끊어서 좀 더 자유로운 상태인 기체 상태로 만들기 위한 에너지입니다. 즉, 액체의 물 상태에 주어진 에너지가 물의 온도를 올리는 데 사용되지 않고 기체 상태로 변화를 일으키는 데 사용되기 때문에 겉으로는 온도 상승과 같은 변화를 일으키지 않는 것처럼 보이지만, 사실 내부에 엄청난 에너지를 축적하고 있는 것입니다. 축적된 에너지가 임계값을 넘으면 액상의 물은 기체 상태로 전환되는데, 이렇게 전환된 기체는 엄청난 에너지를 외부로 방출할 수 있습니다. 티핑 포인트도 임계점 이후에는 엄청난 에너지가 방출될 수 있는 반면에 그 이전 구간에서는 에너지를 축적해야만 합니다.

저는 이러한 현상을 비행기의 이륙 현상에 비유하곤 합니다. 비행기가 이륙하기 위해서는 활주로에서 엄청난 기름을 소모하면서 빠른 속력으로 질주하지만 고도상에는 아무런 변화가 없습니다. 그러다가 부력이 양력보다 커지는 임계점을 지나면 거대한 비행기도 하늘로 솟구쳐 올라가게 됩니다. 일단 솟구쳐 올라가기 시작한 비행기는 지상에서 사용한 에너지보다 훨씬 적은 에너지로도 높은 고도를 유지할 수 있게 됩니다. 바로 임계점을 넘어섰기 때문입니다. 그러나 여기서 주목해야 할 부분은 비행기의 활주로에 해당하는 바닥 구간[14] 입니다. 보통 혁신에 대해 이야기할 때 많은 경우 혁신의 급진적 변화, 62페이지의 그림에서는 급성장 구간(a′) 혹은 S-곡선의 성장기(B)로 나타나는 것에 대해서 주로 이야기합니다. 다시 말해서 이 상승 구간을 벤치마킹하고 배워서 자사에 도입하려고 애쓰곤 합니다. 그렇지만 벤치마킹한 현상을 만들어낼 수가 없는 경우가 많습니다. 너무나 당연한 결과입니다. 혁신의 상승 구간을 만들기 위해서는 상승 구간을 연구하는 것이 의미가 없기 때문입니다. 임계점을 넘는 에너지를 만드는 곳은 상승 구간이 아니라 바닥 구간입니다. 그렇기 때문에 혁신을 이루기 위해서는 임계점을 넘기 위한 바닥 구간에서의 활동을 이해하고 활용해야만 하는 것입니다.

다시 한 번 강조하는데, 바닥 구간은 변화가 보이지 않는다고 해서 선형적 구간은 아닙니다. 이 구간 역시 비선형적인 지수적 증가가 행해지는 구간입니다. 그 활동량이 아직 임계치에 도달하기에는 턱없이 부족해서 외견상으로 관찰할 수 없을 뿐입니다. 사실 시각적으로 보거나 입증할 수 없는 혼돈의 구간이라는 것이 혁신의 과정을 어렵게 만드는 주요 원인입니다.

바닥 구간이 즉시 효과가 나타나는 선형적 구간이 아니라 시간 지연time-delayed이 있는 비선형 구간이라는 점 역시 혁신의 난관을 만드는 또 다른 주요 원인입니다. 다시 말해서 지금 어떤 행동을 취했다고 해서 그 결과가 당장 혹은 잠시 후에 나타나는 것이 아니며, 역설적으로 현재 나타난 성과가 있다면 그것은 오래전에 취한 행동의 결과라는 의미입니다.

┃ 연못은 언제 채워질 것인가

여기서 바닥 구간과 같이 미미한 지수적 증가가 나타나는 현상에 대한 재미있는 퀴즈를 하나 내보겠습니다.

"연못에 연꽃이 하나 피었습니다. 이 연꽃의 수가 매일 두 배씩 증가한다면 30일 후에 연못을 꽉 채우게 됩니다. 그렇다면 이 연못에 연꽃이 반을 채우는 데 필요한 시간은 며칠일까요?"

이미 이 문제의 답을 아시는 분도 있겠지만, 모르시는 분들도 15일이 아니라는 것은 눈치채실 것입니다. 문제의 답은 '29일째 되는 날까지는 연못의 반을 채우고, 그다음 30일째 되는 날 연못을 모두 채우게 된다'입니다. 첫째 날 하나의 연꽃이 피어서 매일 두 배씩 증가하게 되면, 30일째 핀 총 연꽃의 수는 얼마나 될까요? 다음 표에서 볼 수 있듯이 5억 개가 넘습니다.

일	1	2	3	4	5	6	7	8	9	10	…	15	…	20	…	29	30
개	1	2	4	8	16	32	64	128	256	1024	…	16,384	…	524,288	…	268,435,456	536,870,912

15일째에는 불과 16384개밖에 안 됩니다. 0.003%의 비율입니다. 100만 원 중 30원의 비율인 30ppm 수준밖에 안 됩니다. 숫자로는 아무래도 실감이 나지 않는다면 다음 그림을 참고하시길 바랍니다.

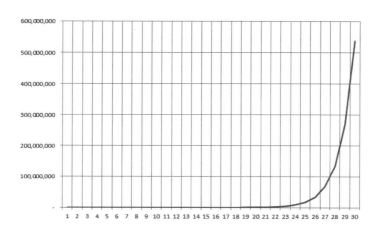

그림에서 좀 더 직관적으로 알 수 있듯이 20일까지는 변화가 거의 보이지 않습니다. 그 비율이 그때까지도 0.1% 정도밖에 되지 않습니다. 23일차는 지나야 연못의 1% 정도를 채우는 연꽃을 볼 수 있습니다. 27일은 되어야 '연못에 연꽃이 좀 피었네'라고 할 수준입니다. 그러나 그 이후 3일 만에, 그러니까 전 기간의 10%에 해당되는 기간 동안에 연못이 꽉 채워지는 것을 보게 될 것입니다.

일	20	21	22	23	24	25	26	27	28	29	30
%	0.1	0.2	0.4	0.8	1.6	3.2	6.4	12.5	25	50	100

인구의 증가 추세 역시 이와 유사합니다. A.D. 1세기가 될 때까지

인류는 별로 증가하지 않았습니다. 그러나 이후 1800여 년에 걸쳐 10억가량으로 증가한 인구는 그 이후로 2011년까지 207년 동안 123년, 33년, 15년, 12년, 12년, 12년에 10억 명씩 증가하면서, 70억에 달하게 됩니다.

| 세계 인구 성장 |

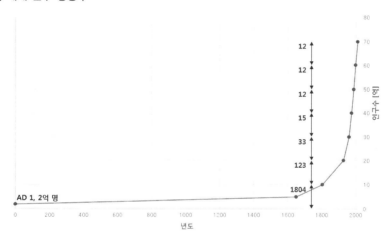

그렇다고 해서 모든 개체가 이론적 진화 추세로 증가하는 일은 현실 세계에서는 발생하지 않습니다. 왜냐하면 연못의 크기와 같은 환경 저항에 의한 한계가 있기 때문에 다음 그래프에서 나타나는 것과 같이 환경이 수용할 수 있는 규모 이상으로 개체수가 증가할 수는 없기 때문입니다. 결과적으로 시스템 내부 혹은 환경의 저항에 의해서 이론적인 증가보다는 적은 S-곡선과 같은 증가 추세를 보이게 됩니다. 이러한 현상은 생물학적 개체수의 성장에서뿐만 아니라 사회 현상, 기술의 진화, 혁신의 진화에서도 발생합니다.

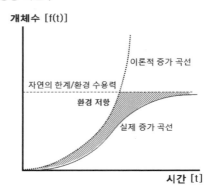

혁신은 임계점을 넘어야 폭발적인 힘을 가지게 된다는 것, 또 이러한 임계점을 넘기 위해서는 '바닥 구간'을 꼭 거쳐야 한다는 것을 기억하시길 바랍니다. 소위 '바닥 구간'이란 잠열을 축적하는 구간임과 동시에 상변화가 일어나게 하는 원동력이기도 합니다. '바닥 구간'에서 쏟은 에너지가 임계점을 넘게 되면 그 이전과 본질은 같더라도 이미 특성이 다른 엄청난 성장의 에너지를 가지는 상태로 변화됩니다.

요컨대 혁신을 이루기 위해서는 기술도, 제품도, 그리고 조직이나 개인까지도 이러한 상변화를 이룰 변화를 보이지 않는다고 해도, 또 그 결과를 입증할 수 없다고 해도, '바닥 구간'에서 엄청난 에너지를 쏟아붓는 일을 멈춰서는 안 됩니다.

미스터리들을 능동적으로, 역동적으로 경험하라

_____ Thinkers50[15]에서 선정한 2013년 세 번째 인물인 로저 마틴Roger Martin 교수는 그의 저서 《디자인 씽킹*The Design of Business*》에서 모든 성공적인 기업 혁신이 거쳐간 동일한 경로로 지식생산 필터knowledge funnel[16]를 제시합니다. 간단하게 설명해볼까요? 보다 성공적이고 지속적으로 혁신을 통해 지식을 생산하는 기업은, 미스터리mystery에서 경험규칙heuristic으로, 다시 알고리즘algorithm으로 3단계의 깔때기 경로를 통과해야 한다는 것입니다.

첫 번째 깔때기 경로는 '미스터리' 탐색입니다. 이 단계에서는 수도 없이 다양한 형태의 수수께끼를 접하게 되는데 이렇게 혼란스러운 단계를 빠져나오게 하는 것은 '언어 이전 단계의 직관prelinguistic intuition'인 직감 혹은 예감hunch입니다. 아주 직감적인 '사용 사례use case'로는 '일하면서 식사하고 싶은 사람도 있지 않을까?'와 같은 의문을 들 수 있습니다. 다음 깔때기 경로 단계인 경험규칙 단계에서는 직감적인 사례를 단순화해서 탐구하고 이해할 수 있도록 양은 줄이고 질은 높이는 과정을 거친다고 합니다. 물론 경험규칙 단계를 거친다고 해서 무엇이든 입증할 수 있는 것은 아닙니다. 그렇지만 이 단계를 통해 직관을 언어로 표현할 수 있습니다. 예를 들면, '미국 사람들은 빠르고 편리한 드라이브스루drive-thru 레스토랑을 원한다'라는 명백한 표현을 할 수 있다는 것입니다. 이러한 경험규칙이 세 번째 깔때기 경로인 알고리즘 단계를 거치면서 빠르고 편리하고 맛있는 식사를 제공하는 맥도날드의 완벽한 시스템으로 전환됩니다. 즉, 알고리즘은 '검증된 생산 프로세스certified production process'이며, 알고리즘이 제시한 구체적인 절차를 따르면 원하는 특정 결과를 '보장'받게 됩니다.

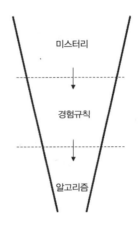

로저 마틴은 또 '중력'에 대해 언급하면서 이를 지식생산 필터로 설명합니다. 지면으로 떨어지는 물체를 오랜 기간 관찰하고 심사숙고를 거듭한 사람들은 짐작하기 시작합니다. 물체가 지면으로 떨어지는 것은 물체를 끌어당기는 힘이 존재하기 때문이라고 말입니다. 이것이 혼돈의 미스터리 단계를 빠져나오는 직감입니다. 즉, '왜 사물은 땅 위로 떨어지는가?'라는 미스터리로부터 사람들의 이해는 향상됩니다. 당시에는 특별한 이름이 없었고, 지금은 '중력'이라고 부르는 보편적 힘의 작용에 의해 사물이 지면으로 낙하한다는 어림 감정rule of thumb 혹은 경험규칙으로 말입니다. 이러한 경험규칙은 다수의 설명 가능한 방식을 체계적으로 탐구할 수 있도록 안내해줍니다. 그리하여 결국 아이작 뉴턴Isaac Newton이 '물체는 9.8m/sec²의 일정한 가속도로 낙하한다'라는 알고리즘 수준의 법칙을 발견하게 됩니다.

결론적으로 애매모호해서 많은 생각을 해야만 적용할 수 있는 경험규칙과는 달리 알고리즘은 단계적으로 문제를 명확하게 해결하는 절차로, 경험규칙을 단순하고 체계적인 코드로 만든 것입니다. 그래서 알고리즘을 알고 있는 사람이라면 누구나 거의 비슷하게 효율적으로 활용할 수 있습니다.

근본적으로 복잡성을 지닌 세상과 사물에 대한 인간의 이해가 미스터리 단계에서 수많은 탐색과 직감을 반복하면서, 경험규칙의 단계에서는 세상과 사물에 대한 두드러진 특징을 발견하고, 그 결과 알고리즘 수준인 인과관계를 설명할 수 있게 됩니다. 중력의 경우, 지면으로 물체가 떨어진다는 초보적인 '인식'으로부터, 사물을 땅으로 끌어당기는 보편적인 힘이라는 '개념'이 형성되고, 이 개념과 관련된 지난한 노력과 수많은 시행착오 끝에 간단명료한 '공식'으로 인간의 이해가 심화되는 것입니다. 결국 과거 미스터리에 속했던 보이지 않던 '힘'의 속성에 대해 인간의 지식이 생성되는 것입니다.

여기서 잊지 말고 기억해야 할 사항이 두 가지 있습니다. 먼저, 이러한 모든 지식은 미스터리인 혼돈 혹은 무지에서 시작한다는 것입니다. 결론적으로 성공적인 기업 혁신은 미스터리라는 무지에서 시작했다는 것을 잊어서는 안 될 것입니다.

다음은 지식생산 필터의 깔때기 경로 사이에 임계점이 있다는 것으로, 이는 제 주장입니다. 앞의 그림에서 미스터리와 경험규칙 사이,

그리고 경험규칙과 알고리즘 사이의 선이 바로 임계점 혹은 임계 구간입니다. 이를 조금 쉽게 설명하기 위해 앞에서 설명한 S-곡선을 시간의 축에 따라 대응시키면 다음 그림과 같습니다.

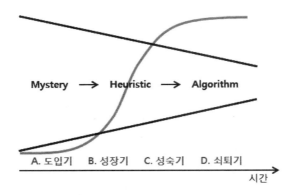

여기서 강조하고 싶은 부분은 S-곡선의 도입기에서 임계점인 티핑 포인트를 넘어서야 하듯이, 지식생산 필터에서도 각 단계를 넘어가기 위해 임계점을 넘어서야 한다는 것입니다.

그저 많은 미스터리를 탐색했다는 수준으로는 다음 단계인 경험규칙 단계로 넘어갈 수 없습니다. 이것은 영어를 10년간 들어도 집중하지 않은 상태로 들었다면 듣기 능력 향상에 아무런 도움이 되지 않는 것과 같습니다. 영어 듣기가 자연스럽게 되려면 집중해서 2000시간-아이들의 경우 3세까지 주변에서 모국어를 듣는 총 시간-을 들어야 임계량을 넘을 수 있습니다. 지식생산 필터의 각 단계를 넘어가려면 임계점을 돌파할 수 있는 에너지를 쏟아야 합니다. 참고로 미스터리에서 경험규칙의 티핑 포인트를 넘어갔다고 끝나는 것은 아닙니다. 영어 듣기 2000시간의 티핑 포인트를 넘었다고 해도 뉴스 같은 고급 문장을 들을 수는 없고, 소리를 구분할 수 있는 수준에만 도달할지도 모릅니다. 뉴스와 같은 고급 문장을 들으려면 문법이라는 알고리즘의 수준을 알아야 할 것입니다.

S-곡선의 비행기 사례도 마찬가지입니다. 이륙했다고 엔진을 정지시킬 수는 없는 법입니다. 이륙할 때보다 에너지를 적게 쓰기는 하겠지만, 목적지에 도달할 때까지 분명히 에너지가 필요할 것입니다. 특히 S-곡선에서는 성장기의 지속적인 가속도를 유지하기 위해서도 에너지가 필요하지만, 가속도가 줄어드는 성장기와 성숙기의 변곡점에서도 임계점을 넘는 에너지를 투자해야 합니다. 그렇게 하지 않으면, 최고의 성장 수준에 도달할 수 없습니다. 다시 말해서 경험규칙에서 알고리즘 단계로 넘어갈 수 없다는 의미입니다.

▎실타래와 직관

다음 그림은 로저 마틴의 지식생산 필터에 대한 표현을 '언어 이전 단계의 직관prelinguistic intuition'으로 느껴보기 위하여 데미언 뉴먼Damien Newman의 디자인 프로세스 실타래Squiggle of Design Process[17]를 함께 겹쳐서 표현해본 것입니다.

데미언 뉴먼이 표현한 실타래의 모습을 봤을 때 15년 이상 혁신의 여정에 몸담고 있었던 저는 직감적으로 '그동안 그렇게 이미지로 표현하고 싶었던 혁신 프로세스가 이것이었구나' 하고 느꼈습니다. 로저 마틴의 표현대로 '언어 이전 단계의 직관'이 순식간에 전달된 것입니다.

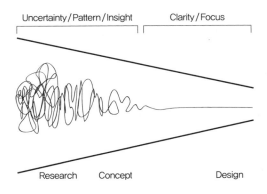

Uncertainty / Pattern / Insight   Clarity / Focus

Research   Concept   Design

　　사실 로저 마틴의 지식생산 필터는 시간적 흐름에 대한 표현이 아니기 때문에 S-곡선과 겹쳐서 표현하는 것은 개념적인 것이고, 논리적이라고 할 수는 없습니다. 유사하게 데미언 뉴먼의 실타래도 지식생산 필터와 같이 시간적 흐름에 대한 표현은 아닙니다. 그러므로 지식생산 필터와 실타래를 겹쳐서 표현하는 것은 문제되지 않으리라고 봅니다. 다만 지식생산 필터는 3단계 사이의 임계점을 넘는 구분이 있지만, 실타래에는 그러한 구분의 표현을 이미지로는 표현하지 않고 글로써 적었습니다. 실타래 과정은, 초기 불확실성uncertainty에서 공통된 양식pattern을 탐색하다 보면 통찰insight을 얻을 수 있는데, 이러한 일련의 과정이 연구 조사research이고 그 결과 개념concept을 얻을 수 있음을 보여주는 것입니다. 이후에는 많은 것들이 보다 명확해지면서 집중할 수 있는 디자인으로 과정이 종료됩니다.

　　이러한 과정은 마치 지식생산 필터에서 설명한 초보적 '인식'으로부터 보편적 '개념'이 형성되고 결과적으로 단순화된 '공식'을 얻을 수 있다는, '미스터리, 경험규칙, 그리고 알고리즘'의 3단계 설명과 일맥상

통합니다. 이와 유사한 내용이 아마존amazon에서 40주 연속 경영학 분야 1위를 차지한 책《비즈니스 모델의 탄생Business Model Generation》[18]에서도 다뤄집니다. 알렉산더 오스터왈더가 쓴 이 책에서는 실타래의 다른 표현인 디자인적 태도design attitude에 대한 다음 설명을 참고할 만합니다.

그러나 어려운 점은 프로세스를 구축하고 실행을 하게 된다 하더라도 (…) 혁신의 상당 영역은 여전히 혼란스럽고 예측불가인 상태로 남아 있다는 점이다. 따라서 각각의 세부적인 것에 대해 해결책이 도출될 때까지는 모호함과 불확실성을 다루는 능력이 필요하다. 이 과정은 시간이 걸린다. (…) 혁신에 임하는 사람들은 서둘러 해결책을 찾으려 재촉하기보다 다양한 가능성을 탐색하는 데 상당한 시간과 에너지를 투자해야 한다. 투자한 시간은 그만큼의 보상으로 돌아와, 미래의 성장을 보장하는 강력한 새 (…) 모델을 만들 수 있을 것이다.

우리는 이런 접근 방식을 '디자인 태도'라고 부르는데, 이는 전통적으로 비즈니스 경영을 지배해왔던 의사결정 태도와는 뚜렷한 차이가 있다. (…) 의사결정 태도로 대안을 내놓기는 쉽지만 그들 중에서 선택하기는 어렵다고 말한다. 반면 디자인 태도는 뛰어난 대안을 디자인하기는 어렵지만, 일단 그렇게 하고 나면 어떤 선택을 할지는 더 간단해진다고 주장한다. (…) 세상은 모호함과 불확실성으로 넘쳐나기 때문에, 섣불리 결정하는 쪽보다는 다양한 가능성들을 탐색하고 (…) 여러 가능성을 포착하기 위한 목적의 복잡하고 결론 없는 지루한 논쟁의 과정이 필요하다.

┃ 혼돈에서 질서로 이동하는 과정

지금까지 로저 마틴의 지식생산 필터, 겐리히 알츠슐러의 S-곡선, 데미언 뉴먼의 디자인 프로세스 실타래, 알렉산더 오스터왈더Alexander Osterwalder의 디자인 태도 등을 살펴봤습니다. 이들을 통해 혁신은 미스터리, 도입기, 바닥 구간, 불확실성, 애매모호 등의 단어로 시작한다는 것을 알 수 있었습니다. 저의 언어로 말씀드리자면 '혁신이란 혼돈에서 질서로 이동하는 과정'[19]입니다. 그리고 이 가설에 대한 가장 직관적인 표현이 실타래 모형이라고 생각합니다. 이 실타래 모형에서는 '혼돈chaos의 세상에서 질서cosmos의 세상'으로 이동하는 과정, 즉 '역동dynamic의 세상에서 안정stable의 세상'으로 이동하는 과정도 확인할 수 있습니다. 초기에 불확실하고 애매모호한 무지와 혼돈의 상태에서는 무엇을 해야 할지 잘 모릅니다. 그래서 여기저기 헤매고 다니게 됩니다. 이렇게 헤매는 행위를 탐색, 연구 조사, 발견 등으로도 표현할 수 있습니다. 이러한 바닥 구간의 과정을 지나 임계점인 티핑 포인트를 넘으면 패턴과 통찰을 통해 개념을 얻을 수 있게 됩니다.

그러나 이렇게 경험으로 얻은 개념은 공식과 달라서 보편적으로 입증할 수 있는 신뢰성reliability을 가지지 못하고 가능성possibility 혹은 잠재력potential이라는 타당성validity만을 가질 뿐입니다. 많은 시간과 에너지를 투자하여 임계점을 돌파하지만 여전히 우리는 입증할 수 있는 신뢰성을 확보하지 못하고, 어쩌면 가능할지도 모른다는 분석analysis보다는 직관intuition에 더 가까운 상태에 도달할 뿐입니다. 하지만 여기서 멈춰서는 안 됩니다. 뒤돌아보면 너무나 멀고도 험한 여정을 지나왔고 앞으로 활주로는 얼마 남지 않은 상태에서 고도는 전혀 올라가지 않았다 하더라도, 비행기는 이륙할 것이라는 믿음을 가지고 절대로 브레이크를 밟아서는 안 됩니다. 27일이 지나는 동안 10% 정도밖에 채워지지 않은 연못에서 남은 3일 동안 연꽃이 만개할 수도 있기 때문입니다. 혁신은 이렇게 끝까지 시간과 에너지와 열정을 오랜 기간 포기하지 않고 끝까지 쏟아붓는 사람들만이 경험할 수 있습니다. 마치 우연이나 기적처럼 짧은 기간에 꽃을 모두 피워버리는 현상처럼 말입니다. 3일 동안 90%의 일이 이루어지는 것처럼 보이지만, 그것은 앞의 27일이 있을 때만 가능한 일입니다.

사실 우리는 이러한 기적 같은 현상이 상당히 보편적인 현상이라는 것을 경험측으로 알고 있습니다. 이와 연관하여 여기서 잠시 설명하고 싶은 비즈니스 현상은 네트워크 효과network externality라는 것입니다. 네트워크 효과를 간단하게 설명하기 위해서 카카오톡의 효용성을 살펴보고자 합니다. 처음 카카오톡이 나왔을 때 상당수의 사람들이 드디어 우리가 원하던 서비스가 나왔다고 생각했습니다. 여러 명이 이렇게 손쉽게 사용할 수 있는 문자 전송 시스템이 왜 이제야 나왔나 싶었을 정도입니다. 게다가 무료 서비스였으니 당장에 성공할 것 같았습니다. 그러나 초반에 시장의 결과는 이러한 기대치에 부응하지 않았습니다. 카카오톡의 성공에는 수많은 요소들이 있었겠지만, 네트워크 효과도 그 성공의 요소 중 하나라는 것은 분명합니다. 아무리 카카오톡 서비스가 위대하다고 해도 한 명만 활용한다면 무슨 의미가 있겠습니까? 두 명끼리만 사용한다고 해도 인스턴트 메시지 서비스가 공짜인 것 이상의 의미는 없었을 것입니다. 사용자 수가 두 명, 다섯 명, 열두 명일 때 두 사람 간을 연결할 수 있는 경우의 수는 각각 1, 10, 66가지입니다.

사용자 수	1	2	3	4	5	6	7	8	9	10	11	12
두 사람 간 연결 수	0	1	3	6	10	15	21	28	36	45	55	66

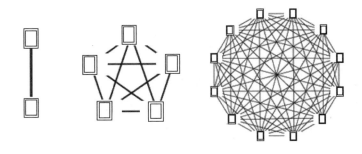

전화나 팩스의 경우는 두 명을 연결하는 경우가 대부분이므로 네트워크 효과도 크지 않습니다. 그러나 카카오톡의 경우 3자간, 4자간, 5자간 등 동시 사용자의 수가 전화나 팩스에서는 상상할 수 없을 정도로 많으므로 그 네트워크 효과는 훨씬 더 지수적으로 증가할 것입니다. 즉, 그 효용이 전화나 팩스에 비해서 엄청나게 더 커질 것입니다. 실질적인 카카오톡 사용자 수는 2010년 3월 서비스를 시작한 후 13개월 만에 1000만 명, 그 이후로 4개월에 1000만 명씩 증가했습니다. 그리고 2012월 3월엔 2년 만에 4000만 명을 돌파하게 됩니다. 3000만 명을 넘은 2011년 12월에는 일일 메시지 개수가 10억 건을 넘었다고 하니 결과적으로 그 네트워크 효과가 실로 엄청나다고 할 수 있습니다.

여기서 중요한 메시지가 있습니다. 바로 이러한 거대한 성공의 시작을 위해서는 네트워크 효과를 나타낼 수 있는 임계 숫자나 양critical number or mass이 필요하다는 것입니다. 시장에서의 성공을 위해 임계점 이상의 사용자에 의한 네트워크 효과가 필요하듯이, 혁신의 과정 중에도 직감과 경험규칙을 생성할 수 있는 임계점 이상의 미스터리에 대한 탐구와 탐색이 필수적입니다. 물론 이러한 미스터리의 탐색 과정은 경험규칙과 알고리즘 필터에 의해 제거되는 단순화 과정을 거치게 되지만, 그렇다고 제거되지 않고 살아남을 미스터리만을 찾고자 책상 앞에서 고민하는 것은 성공적인 기업 혁신의 자세가 아닙니다. 후일 필요하지 않을 수도 있는, 입증할 수도 없는 많은 미스터리들을 능동적이고 역동적으로 경험해야 합니다. 그리하여 이들 미스터리 간의 연결을 통한 네트워크 효과가 직감과 경험측의 임계점을 넘어 안정적 수준의 알고리즘의 수준까지 갈 수 있도록 해야 합니다. 즉 혼돈에서 질서의 세상으로의 전환, 역동적 상태에서 안정적 상태로의 전환이 혁신의 과정입니다. 더불어 현재의 역동적 행위가 즉각적이고 단기적으로 결과를 가져오지 않는 '시간 지연적 비선형성'이 있다는 사실을 절대로 잊지 말고 끝까지 최선을 다해야 합니다. 그래야 비로소 성공적인 기업 혁신이 가능합니다.

《반지의 제왕The Lord of the Rings》의 저자로 유명한 톨킨J. R. R. Tolkien은 "헤매는 자 모두가 길을 잃는 것은 아니다(Not all those who wander are lost)"라고 했습니다. 또한《역경》에는 "찬란한 빛이 비추기 전에는 어둠의 혼돈이 반드시 있기 마련이고, 눈부신 영웅이 위대한 일을 행하려 하면 반드시 무리들이 어리석다 하기 마련이다"라는 구절이 나옵니다.

모두 혼돈과 역동의 의미를 되새기게 해주는 말입니다.

혁신은 한마디로 바닥 구간의 기다림과 성숙기에 잔을 비우는 용기 사이의 미학이라고 할 수 있을 것입니다.

혁신의 순환적 진화

_____ 지금부터는 혁신의 순환적 진화에 대해서 생각해보고자 합니다. '순환적'이라고 했기 때문에 먼저 과거 이력을 살펴보는 것이 도움이 될 것 같습니다. 그래서 과거 혁신을 다루면서 중요하게 생각했던 프레임워크framework 중 3P에 대해 얘기하고자 합니다. 3P는 People(사람), Product(제품), Process(과정)를 의미하는 것으로, 혁신이 다루어야 할 기초라고 생각해도 됩니다. 왜 기초라고 생각하는지 지금부터 좀 더 자세히 살펴보도록 하겠습니다.

먼저 'People'은 혁신을 위한 사람일 수도 있고 혁신을 하는 사람일 수도 있습니다. 혁신은 결국 '누구를 위하여 하는가?' 그리고 '누가 하는가?'라는, 즉 목적objective과 주체subject에 대한 두 가지 질문에 답할 수 없다면 성공할 수 없는 것입니다. 그러므로 'People'은 '누가(who)'라는 측면에서 아주 중요한 의미를 갖는 요소입니다.

다음으로 'Product'는 혁신의 대상object, 혹은 산출물output에 해당됩니다. 3P 중에서 눈에 가장 잘 보이고 손에 잡히는, 가장 확실한 요소로서 '무엇(what)'이라는 측면에서 중요한 의미를 갖습니다.

끝으로 'Process'는 '일이 되어 가는 경로' 혹은 '일을 치르는 데 거쳐야 하는 순서나 방법'에 대한 것으로, 여러 행동에 대한 순서, 규범, 양식 등을 결정하는 요소입니다. 다른 측면으로는 'People과 Product

를 어떻게(how) 연결할 것인가'에 대한 요소이기도 합니다. 이렇게 3P는 '누가(who) 무엇(what)을 어떻게(how) 한다'라는, 어떤 행위가 일어나는 데 있어 가장 기본적인 구성 요소에 대한 것입니다. '누가 무엇을 어떻게 한다'를 영문법으로 표현하면 'S+V+O'이므로, 이를 서로 대응시켜보면 아래 표와 같습니다.

People		Product	Process
S	V	O	ad
누가 하는가 Who to do		무엇을 하는가 What to do	어떻게 하는가 How to do
창의성creativity		효과성effectiveness	효율성efficiency
Right People	Do	Right Things	Right

▎3P의 조화

좀 더 구체적으로 3P를 고찰하기 위해 생산의 관점에서 3P에 대한 해석을 살펴보도록 하겠습니다. 생산에서 가장 먼저 관심을 둔 대상은 'Process'였습니다. 생산을 하는 입장에서는 '어떻게 하면 물건을 좀 더 잘 만들 수 있을까? 어떻게 하면 물건을 좀 더 많이 만들 수 있을까? 어떻게 하면 물건을 좀 더 빨리 만들 수 있을까? 어떻게 하면 물건을 더 싸게 만들 수 있을까?' 등을 궁금해했습니다. '어떻게 할 수 있을까how to do'에 대한 답을 찾고자 했고 보다 좋게better, 보다 많이more, 보다 빠르게faster, 보다 싸게cheaper 물건을 만들고 싶었던 것입니다. 이것은 인류 역사의 발전을 생각해볼 때 너무도 당연한 일이었던 것 같습니다.

산업혁명이 일어난 이후 가장 먼저 흥하기 시작한 산업은 방직 산업이었습니다. 이 당시에는 어떤 천을 만들 것인가에 대한 문제는 없었습니다. 어떻게 하면 천을 많이, 빠르게, 싸게 만들 수 있는지 그 방법(how)에 대해 생각하는 것만으로도 충분한 시절이었기 때문입니다. 결과적으로 만드는 방법의 효율성efficiency 제고가 지상 최대의 과제일 수밖에 없었던 것입니다.

그러나 이러한 효율성은 결국 그 끝에 도달할 수밖에 없습니다. 효율성의 개념이 상대적 개념인지라 100%에 도달하게 되면 더 이상은 없게 됩니다. 물론 100%라는 의미는 이론적이고, 실제로는 90~95% 이상의 효율을 가지게 되면 그 이상으로 효율을 제고시키는 데 투자되는 비용이 너무 커서 비효율적인 측면이 발생합니다. 더불어서 높은 효율을 가진 기업 간에는 차별성을 갖기 어렵기 때문에 다른 측면으로 생산의 방향을 전환하게 됩니다. 예를 들면 기존에 있던 섬유나 천이 아닌 새로운 제품이 필요해지면서 나일론과 같은 획기적 신제품을 개발하게 됩니다. 즉, 무엇을 만들까what to make에 대해 고민하는 것입니다. 그것이 바로 Product에 관련된 고민입니다.

그런데 제품(what)의 속성은 효율efficiency과는 달리 몇 %로 존재할 수는 없고, 존재하거나 존재하지 않거나 하기 때문에 효과성 effectiveness의 특성을 갖습니다. 결국 생산은 이 두 가지 과제, 즉, 효율성(how)과 효과성(what)에 대해서 더욱 깊이 고민하게 되지만, 그 해결책을 Product와 Process가 아닌 People에게서 찾게 되는 경우도 있습니다. 대표적인 사례가 바로 테일러 시스템으로 불리는 '과학적

관리법principles of scientific management'입니다. 표현은 과학적 관리법이
지만 그 내용은 사람, 특히 작업자에 대한 연구를 근간으로 하고 있습
니다. 이러한 이유로 현대적 의미의 경영학은 테일러의 과학적 관리
론에서 출발했다고 설명[20]되기도 합니다. 그러나 기계 시대의 관점으
로 인하여 작업자나 종업원을 기계처럼 대하는 결과를 낳은 점은 참
으로 안타깝습니다.

　요컨대 시대에 따라, 산업에 따라, 기업에 따라, 때때로 조직과 개
인에게조차 정도의 차이는 있지만 3P 중의 어느 한 가지를 강조하면
서 오늘날까지 중요하고도 기본적인 접근법으로 다루게 된 것입니다.
그래서 3P를 혁신에서 다루어야 할 기본이라고 말씀드렸습니다.

　그런데 왜 이 장의 제목을 혁신의 '순환'이 아닌 '순환적 진화'라고
했는지 궁금하지 않으신가요? 이제부터 그 설명을 드리도록 하겠습
니다.

　대부분 처음은 효율로 시작합니다. 그 대표적 표현은 아래와 같이
방법(how)에 관련된 것이며 '행동(동사, verb)을 어떻게(부사, adverb)
할까'에 대한 것이었습니다.

　　Do things right!(일을 제대로 하라!)

　이 단계가 어느 정도 성숙되면, 그 다음 단계는 무엇에 대한 것으
로, 즉 아래의 표현같이 바뀌게 됩니다.

　　Do right things!(올바른 일을 하라!)

아무리 일을 제대로 혹은 100%의 효율로 한다고 해도 그 방향이 잘못된다면 무슨 의미가 있겠습니까? 잘못된 일을 제대로 하는 것은 정말로 의미가 없습니다. 그래서 우리의 관점을 방법에서 방향으로 바꾸어야 했습니다. 그렇지만 우리 모두 잘 알고 있듯이 세상일은 복잡해서 어느 하나만을 잘하는 것으로는 부족하기에, 양자 간의 조화가 중요하다는 것을 깨닫게 됩니다. 곧 아래와 같은 표현이 탄생하게 됩니다.

Do right things right!(올바른 일을 제대로 하라!)

이렇게 Product와 Process를 규칙과 시스템Rule & System에 의해서 관리하면 만사가 형통할 줄 알았는데, 세상은 예상보다 훨씬 더 복잡했던 것 같습니다. 결국 순환의 마지막 기본 요소인 People을 다루지 않을 수 없었던 것입니다. 표현은 다음과 같이 바뀌게 되었습니다.

Right people do right things right!
(적합한 사람이 올바른 일을 제대로 해야 한다!)

결론적으로 사람에 대한 것까지 포함되어야 기본적 체계가 완성되는 것이었습니다. 그래서 인사 관리 혹은 경영이 중요해지고 리더십leadership이라는 단어가 혁신의 중요한 이슈로 부각됩니다. 이렇게 기본적인 요소가 순환적으로 조명을 받으면서 서로 간의 융합과 조화가 일어나는 것입니다. 즉, 각 요소가 순환하면서 조명을 받을 때마다 성장하기만 한 것이 아니라 서로 융합되고 조화되면서 진화적 발전을 이루게 된다는 의미입니다. 이 내용을 아래와 같이 이미지로 표현해 볼 수 있습니다.

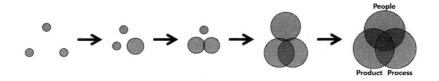

이미 언급했듯이 3P의 각 요소는 기본적인 요소로 모두 중요하고, 그중 어느 하나가 없어서도 안 되므로 이들 간의 융합과 조화는 아무리 강조해도 지나치지 않습니다.

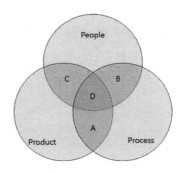

만일 A영역과 같이 사람은 고려하지 않고 제품과 과정만을 중요시한다면 어떤 현상이 일어날까요? 자동화 시스템이 만들어질 것입니다. 그렇지만 사람을 기계처럼 생각하는 테일러리즘에 의해 사람들의 동기부여가 저하되고 그 결과 높은 혁신의 수준에 도달하기 어려워집니다. B영역과 같이 제품에 대한 고려가 없는 경우는 방향성의 부재로

인해 불필요한 요식 체계가 만연하거나 관료 체제가 만들어지기 쉽습니다. 이미 언급했듯이 목적지 없이 열심히 일하는 현상에 의한 결과입니다. C영역은 물건을 제조하기는 하지만 제대로 될 때도 있고, 그렇지 못할 때도 있는 현상이 반복될 것입니다. 왜냐하면 물건을 제대로 만드는 방법을 모르거나 그 효율이 낮기 때문입니다. 이러한 불확실하고 혼돈스러운 상황에서는 변화 혹은 성과에 대한 체계가 부족할 수밖에 없습니다. 결론적으로 동기부여, 적응성, 신뢰성을 두루 갖춘 성과를 이루기 위해서는 3P의 각 요소 모두가 조화롭게 융합된 D영역을 확장해야 하는 것이 혁신의 과제라고 할 수 있습니다.

▌고객에서 사용자로

3P의 순환적 진화에 대해 마지막으로 3P 중에서 People에 대해 더 고찰해보고자 합니다. 산업혁명 이후 20세기 초 테일러 시스템의 과학적 관리법과 포드Ford의 대량 생산 방식이 20세기 내내 전 세계 시장을 석권하던 시절에는 Process가 무엇보다도 중요한 요소였습니다. 그래서 헨리 포드는 다음과 같은 농담으로 Product에 대한 그의 철학을 내보였습니다. "어떤 색깔의 자동차도 제공하겠다. 단 검정색이기만 하면."

Model T라는, 지금 생각해도 엄청난 기술 혹은 제품 혁신을 이룬 포드였지만 그의 관점에서는 제품보다는 대량생산 프로세스가 더 중요했던 것입니다. 이러한 관점에서 People은 '누구'로 보였을까요? 테일러리즘의 전형인 기계 혹은 공정상의 부분으로서의 '작업자'는 관리

control의 대상으로 인식됩니다. 이러한 포드의 시절은 당연히 영원하지 못했습니다. GM이 포드를 눌렀기 때문입니다. GM이 중요하게 생각한 것은 다양한 색깔의 차였습니다. 즉, 다양한 제품군의 확보였던 것입니다. 비록 GM은 포드만큼 좋고, 싸고, 빠르고, 많이 만들 방법은 보유하지 못했었지만 포드가 택하지 않은 다양한 제품을 만들 생각을 하게 된 것입니다.

이렇게 Product에 중점을 두는 관점에서는 People은 소비자가 됩니다. 즉, Process가 중요했던 포드 시절에는 기업 내부의 관리 대상인 직원이 People의 대표였지만, Product가 중요했던 GM 시대에는 소비자로서의 People에 대해 크게 관심을 갖게 됩니다. 그리고 제품 생산의 시대는 소비의 시대로 그 무게 중심이 이동하면서, 광고와 판매의 중요성이 부각됩니다. 이때 광고에서는 의뢰인client으로서의 사람이 중요해지고, 영업 사원에게는 구매자buyer가 중요해집니다. 광고와 판매는 점점 마케팅이라는 통합적 분야를 탄생시키면서, 마케터에게는 한번 물건을 사서 소비하는 구매자나 소비자consumer보다는 단골손님과 같은 고객customer이 주요 대상target으로 전환됩니다.

이제 이러한 생산과 소비의 시대가 저물고 스마트 시대가 열리면서부터는 전체 집단인 고객보다는 개별적 사람인 사용자user가 중요해집니다. 즉, 체험경제의 시대에는 각 개인의 체험이 중요하기 때문에 제품이나 서비스를 어떻게 사용하는지가 중요한 이슈로 부각되는 것입니다. 이러한 이유로 사용자 경험UX, user experience을 어떻게 디자인할 것인지가 많은 기업의 주요 과제가 되었습니다. 다른 측면으로는 기업 내부 혹은 외부의 누가 만들 것인지가 화두가 되었습니다. 사용자의 경험은 Process 혹은 Product처럼 기업 내부의 효율화나 효과성을 관리해서 해결될 문제가 아닙니다. 즉 산업 시대의 'right people(올바른 사람)'이 아니라 'creative people(창의적인 사람)'이 필요해진 것입니다.

앞에서 3P 중 People을 설명할 때 '혁신은 결국 누구를 위하여 하는가? 그리고 '누가 하는가?'라는, 즉 목적objective과 주체subject에 대한 질문에 답할 수 없다면 혁신에 성공할 수 없을 것이라고 했습니다. 다시 말해 스마트 시대에는 사용자 경험이라는 목적을 위하여 창의적 인재라는 주체가 기업 내부에 있어야 합니다.

과거에는 관리의 대상으로 기업 내부의 직원, 혹은 외부의 구매자나 소비자 혹은 고객이라는 한쪽 측면이 상당히 크게 부각되었지만, 스마트 시대에는 외부의 사용자와 내부의 창의적 인재가 동시에 중요한 요소가 되었다는 이야기입니다. 이러한 이유로 스마트 시대에는 효율efficiency과 효과effectiveness보다는 창의creativity란 단어가 더 중요해졌습니다. 그리고 개방형 혁신open innovation, 프로슈머prosumer, 공동창작co-creation이라는 용어들이 탄생하게 되면서, 기술 선도technology-led, 시장 지향market-oriented, 고객 주도customer-driven와 같은 말보다는 사람 중심human-centric이라는 어휘가 더 많이 회자되었습니다.

3P 이외에 다른 프레임워크들도 순환적 진화의 경향은 유사합니다. S−곡선의 진화적 경향과 함께 하이프 사이클hype cycle, 지식생산 필터 knowledge funnel, 디자인 실타래design squiggle를 표현하면 다음 그림과 같습니다.

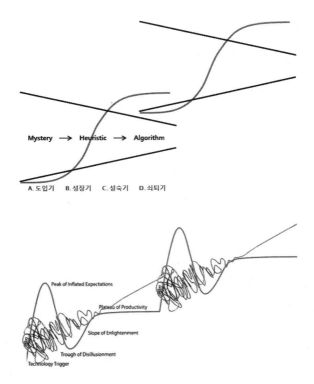

Mystery → Heuristic → Algorithm

A. 도입기　B. 성장기　C. 성숙기　D. 쇠퇴기

Peak of Inflated Expectations

Plateau of Productivity

Slope of Enlightenment

Trough of Disillusionment

Technology Trigger

　지금까지 언급한 순환적 진화가 우리에게 주는 교훈은 시작이 있으면 끝이 있지만, 그 끝에는 또 다른 시작이 있다는 것입니다. 다시 말해서 이미 성숙 단계를 넘어서 쇠퇴기에 접어들었다면 새로운 시작을 위하여 준비해야 합니다. 그리고 새로운 도약을 위하여 내려놓거나 창조적 파괴를 하여 스스로를 낮추는 용기와 행동이 필요합니다. 모든 기업 혁신은 미스터리를 풀고 알고리즘 상태로 전환시킨 경로를 따랐기 때문에 성공한 것이지만, 이러한 성공을 지속하기 위해서는 새로운 지식을 생산해야 합니다. 이를 위해서는 높이 쌓았던 알고리즘의 분석적 사고를 뒤로 하고, 다시 입증할 수 없고 직관만이 통하는 혼돈과 미스터리의 바다로 뛰어들 줄 알아야 합니다. 스마트 시대의 혁신을 성공으로 이끌기 위해서 미래는 과거의 연속이 아니라는 것을 잊지 마시길 바랍니다.

Part 1에서는 '스마트 시대'가 무엇인지 정의하였고, '스마트 시대'로 진입하면서 그 전의 시대와 구별되는 특성도 살펴보았습니다. 이를 통해 혁신을 실천하기 전에 알아야 할 혁신의 속성 여섯 가지에 대해 이해하셨길 바랍니다.

Part 2에서는 본격적으로 혁신을 실행하기 위해 알아야 할 여덟 가지 '일하는 방법'에 대해 다룰 것입니다. 그 첫 번째로 문제 해결 방법론에 대해 살펴보고자 합니다. 혁신도 결국은 비즈니스에서 발생할 수 있는 문제를 해결하는 방법 중 하나이기 때문입니다. 그다음으로는 개인 역량과 조직 역량에 대해 다룰 것입니다. 문제를 풀거나 혁신을 하는 주체는 결국 사람입니다. 따라서 각 개인의 위치와 역할에 따른 여섯 가지 개인 역량에 대해 이해하고 함께 일할 수 있는 협업이라는 조직 역량을 소화한다면 스마트 시대의 혁신을 다룰 수 있는 기본 3종 세트는 갖추어졌다고 할 수 있습니다.

네 번째 요소는 기술입니다. 기술 그 자체로 가치를 완성할 수는 없다고 해도 기본적으로 디지털 시대이므로 기본적으로 디지털 기술에 대한 이해는 있어야 할 것입니다. 이러한 디지털 기술의 이해와 기술의 컨버전스를 이해하려면 논리적 사고는 필수적인 사고이며, 가치의 연결과 디버전스를 이해하려면 창의적 사고가 뒤따라야 할 것입니다. 더불어서 논리적 사고와 창의적 사고를 구별하여 적절하게 사고를 활용할 수 있는 기량도 함께 갖추어야 합니다. 이렇게 사고력까지 도달했다면 일곱 번째 단계에서는 실천을 위한 매니지먼트 활동에 대해 고려해보아야 합니다. 여기서는 상품Product, 과제Project, 그리고 과정Process 등 P자로 시작하는 세 가지 매니지먼트를 혁신의 관점에서 해석합니다. 이렇게 혁신 매니지먼트의 관점에까지 이른다면, 마지막에는 혁신의 숲 전체를 조망할 수 있는 혁신 프레임워크를 이해하는 것이 중요합니다. 그래서 비즈니스 모델의 혁신 관점에서의 모델적 사고와 원하는 비즈니스 모델의 방향성을 구축하기 위한 전략적 사고를 다룰 것입니다. 여기에 추가적으로 비즈니스 모델과 전략을 디자인하고 모델링할 때 논리와 창의의 역동적 균형과 조화를 뒷받침해줄 수 있는 디자인적 사고까지 포함시키려고 합니다.

이상의 여덟 가지 스마트 시대의 혁신을 위한 일하는 방법론을 숙지하고 실천한다면 비즈니스는 혁신적 성공으로 한 걸음 더 나아갈 뿐만 아니라 조직의 문화 역시 혁신적으로 일하는 문화로 바뀌게 될 것입니다.

Part 2

일하는 방식을 바꾸는
8가지 혁신 키워드

3

올바른 문제를
올바르게 푸는 것이 중요하다
- 문제 해결

문제 해결을 위한 대화를 나눌 때 상대방이 이해되지 않는다면 무
엇을 전제로 하고 얘기하고 있는지 서로 공유하는 것이 좋습니다.
한 사람은 빨리 회의를 끝내는 것이 좋다고 생각하고 다른 사람은
결론을 내는 것이 중요하다고 생각한다면, 좋은 회의 결과를 내기
는 어렵습니다. 신상품이나 신사업적인 문제를 해결하려고 할 때
각자 전공 위주로 신상품 문제를 풀어야 한다고 생각하거나, 각자
의 사업부 중심으로 신사업 대안을 구상한다면 해결안을 수렴하
기는 거의 불가능에 가깝습니다.

무엇을 '문제'로 생각할 것인가?

_____ 엔지니어(개발자), 마케터(기획자), 디자이너, 이들 전문가들이 하는 공통적인 일이 '문제 해결problem solving'이라는 것에 크게 반대할 사람은 없을 것 같습니다. 이 세 분야의 전문가들은 각자의 분야인 기술, 마켓, 디자인에 대한 문제를 해결할 수 있는 전문적인 지식과 경험을 가진, 훈련된 사람들입니다. 마찬가지로 혁신가innovator도 혁신 관련 문제를 해결할 수 있는 전문적인 지식과 경험을 가진 훈련된 사람이라고 할 수 있습니다. 결론적으로 비즈니스를 포함하여 정치, 경제, 그리고 사회 전반에 걸쳐서 '문제 해결'은 아주 중요한 일입니다.

그러나 기술, 마케팅, 디자인은 학문으로 정립된 반면 '문제 해결'을 하나의 학문으로 다루는 경우는 흔치 않은 것 같습니다. 다시 말해서 기술, 마케팅, 디자인 등의 분야와 관련된 문제 해결을 위한 이론과 지식은 배우지만, '문제 해결'이라는 상위적·추상적 개념을 직접 학문적으로 다루는 경우는 많지 않다는 의미입니다. 최근 초·중·고등학교와 대학교에서 '문제 해결'을 다루는 과정이 활발히 진행되고 있지만, 정식 과목이나 학문으로 채택될 수준은 아직 아닌 것 같습니다. 그러나 혁신을 하기 위해서 '문제 해결'은 필수적으로 잘 알고 다룰 수 있어야 하므로, 여기서는 '문제 해결'에 대해서 생각해보겠습니다. 이를 위해서는 다음 두 가지 질문이 중요하다고 생각합니다.

● '문제'란 무엇일까?
● '문제 해결'은 어떻게 하는 것일까?

첫 번째 질문을 통해서는 문제와 관련된 여러 가지 관점에 대해서 생각할 수 있을 것입니다. 그리고 두 번째 질문은 문제와 문제 해결 사이에는 또 다른 무엇이 존재한다는 의미이기도 하고, 방법론적 관점이기도 합니다. 먼저 문제란 무엇인지에 대해서 다뤄보기로 하겠습니다.

▌P 유형과 F 유형

문제에 대한 아래의 정의는 많은 분들이 익숙하게 받아들이실 것입니다.

● 원하는 것과 현실과의 간격
● 목적과 현상 사이의 차이
● 기대치와 실제 사이의 격차

이것을 시각적으로 표현하면 다음과 같습니다.

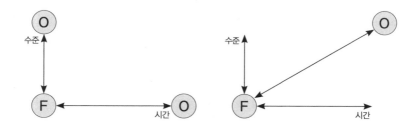

　여기서 'O'는 원하는 것이나 목적objective을 의미하고, 'F'는 현실이나 현상fact을 의미합니다. 왼쪽 그림과 같이 차이나 간격은 수직 및 수평의 속성을 가지고 있는데, 다시 말해서 문제는 수준과 시간이라는 두 개의 차원으로 정의될 수 있다는 의미입니다. 예를 들어 목표가 시간적으로는 미래적 시점에 있고 수준은 더 높다면 오른쪽 그림과 같이 표현할 수 있습니다. 이처럼 문제가 정의되면 수준과 시간의 두 개 차원이 설정되는 것이고, 이러한 두 개의 차원의 합은 벡터량입니다. 따라서 단순히 양적 차이나 간격을 나타내는 스칼라양과는 달리, 문제가 인지되거나 정의되는 순간, 문제의 양인 목적과 현상의 격차(△)가 생성될 뿐만 아니라 문제의 해결 '방향'도 결정됩니다. 다시 말해서, '이것이 문제다'라고 문제를 인지하거나 정의하는 순간에 이미 문제의 해결 방향도 결정된다는 의미입니다.

　더 좋은 문제의 해결안이 다른 방향에 있다고 하더라도 그 방향으로 문제를 해결하는 것은 의식적으로는 거의 불가능에 가깝습니다. 여기서 '의식적으로'라고 전제를 한 이유는 우연히 혹은 실수로 다른 방향으로 문제를 해결하는 경우는 있어도, 인지적으로 다른 방향으로 문제를 해결해나가는 것은 불가능하기 때문입니다. 설령 다른 방향으로 문제 해결이 진행된다고 해도 우리는 의식적으로 우리의 목표가

있는 곳으로 다시 방향을 돌릴 것입니다. 비행기가 뉴욕을 목적지로
출발했는데 어떤 이유로든 다른 곳으로 날아간다면, 비행기 조종사는
목표지인 뉴욕으로 방향을 돌릴 것입니다. 뉴욕이 아닌 다른 목적지
에 도착하는 경우는 사고나 운전 실수 등 다른 이유가 있기 전에는 불
가능한데, 바로 이러한 예와 유사합니다.

만일 우리가 과거에 설정한 목표를 다룬다면 다음과 같은 'P 유형
(Type P)'의 문제를 다루게 됩니다.

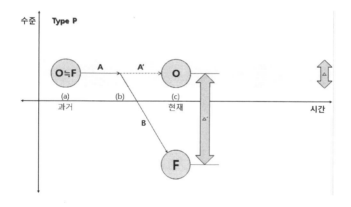

이미 설정된 목표는 현실에서도 일정 수준의 범위(△) 내에서 A 방
향으로 유지되어야 합니다. 그런데 어떤 순간(b)에 외부의 환경이나
내부의 요소에 영향을 받아서 계속 A′의 방향으로 유지되지 못하고,
범위(△)를 지나서 B 방향으로 상황이 진행되어 현재 시점(c)에 F 상태
에 있다면, 목표치와 현상 사이에는 △′만큼의 격차가 발생하게 됩니
다. 이렇게 발생한 격차를 'P 유형 문제'라고 합니다. 여기서 P는 과거
past 혹은 현재present를 의미합니다. 왜냐하면 P 유형의 문제는 문제의

기준이 현재의 격차 및 과거 설정한 목표에 근거하기 때문입니다.

이와는 달리 미래의 목표를 설정하는 문제는 'F 유형(Type F)'이라고 합니다.

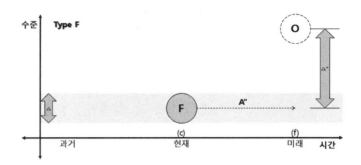

현재 상태에서 계속 A″으로 진행할 수 있지만, 미래 시점에 새로운 목표를 설정하여 현재 시점에 가상으로 그 격차(△″)를 창조하는 유형입니다. 여기서 F는 미래future를 의미합니다.

두 가지 유형의 문제는 '무엇을 문제로 생각할 것인가?'라는 문제에 대한 인식에서 아래와 같은 차이가 있습니다. 더불어 문제의 해결 방식에도 차이가 있습니다.

P 유형	F 유형
• 과거지향	• 미래지향
• 비판적 현재 인정	• 긍정적 미래 추구
• 복원형	• 창조형
• 효율적 활용	• 가능성 탐색
• 원인 분석 후 제거	• 비약적 연결과 조합

· 신뢰성 입증 및 검증	· 타당성 상상 및 추측
· 빠르게 정답 확인	· 소요적 혼돈, 미스터리 탐구

이어서 문제 해결에 대한 정의와 문제의 유형에 따른 해결 방식에 대해서 생각해보겠습니다.

'문제 해결'은 어떻게 하는 것일까?

_____ 문제 해결의 유형은 다음과 같이 크게 세 가지로 나눌 수 있습니다. 즉 현상을 목표 수준으로 끌어올리는 유형 I(Type I), 반대로 목표 수준을 현 수준으로 끌어내리는 유형 II(Type II), 그리고 현상은 올리고 목표는 내려서 중간 수준에서 만나게 하는 유형 III(Type III)입니다. 현재 이 세 가지 유형은 문제의 수준적 측면에서만 고려한 것인데, 이렇게 수준을 조정하는 동안 시간은 흘러간다고 생각해야 문제 해결의 유형을 이해하기가 편할 것 같습니다.

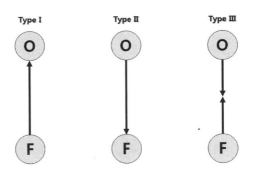

이 중에서 유형 II는 비즈니스에서는 좀처럼 발생하지 않는 문제 해결 방식입니다. 그렇지만 이 문제 해결 방식은 개인적 생활에서는 아주 유용하게 활용되는 방식입니다. 이러한 종류의 문제 해결 방식은 목표 기대치를 낮춤으로써 해결하려는 심리적 방법입니다. 예를 들어, 현재 과장인 본인이 1년 빨리 부장으로 승진할 것을 목표로 하고 열심히 일했으나 결과적으로 승진하지 못한 것을 문제라고 가정해봅시다. 이때 같이 입사한 동기들과 같은 위치로 돌아왔다고 생각하거나, 더 나아가 구조조정으로 실직한 동료나 무직자인 친구를 생각하면서 부장으로의 진급 목표를 현재 과장 상태로 낮추면 문제가 해결될 수 있습니다. 이러한 문제 해결 방식은 현실이 아닌 심리적 상태를 조정하는 것으로 실질적인 현실의 변화를 필요로 하지 않습니다. 그러므로 순간적으로 변화를 가능케 하는 위력이 있습니다. 많은 자기계발서 혹은 힐링 관련 서적에서도 목표를 향한 마음이 욕심이기 때문에 그 마음을 내려놓거나 버리는 것이 중요하다고 합니다. 그런데 이러한 종류의 해결 방식은 비즈니스적 해결 방식으로 채택되기는 어렵습니다.

일반적인 대부분의 비즈니스 문제 해결 방식은 유형 I(Type I)의 형식입니다. 목표를 정했으면 정한 목표를 유지하거나(문제 유형 P의 경우), 아니면 정한 목표를 향해 현실을 이동시켜야 합니다(문제 유형 F). 유형 III(Type III)의 해결 방식은 문제 해결의 기획 단계에서는 흔하지 않지만, 실행 과정 중에 변경 목표 설정으로 인해서 종종 발생하는 유형입니다. 어떠한 경우이든지 앞에서 언급했듯이 목표가 설정되는 순간 문제가 정의된 것이고 문제의 해결 방향도 결정되는 것이므로 목표 설정을 신중하게 하는 것이 문제 해결에 있어서 무엇보다 중요합니다. 그렇다면 설정할 수 있는 목표에는 어떤 종류가 있는지 살펴보겠습니다.

1. 유지(형) 목표
2. 파괴(형) 목표
3. 개선(형) 목표
4. 예상(형) 목표
5. 확장(형) 목표
6. 혁신(형) 목표

먼저 '유지(형) 목표'는 '유형 P'의 문제를 해결할 경우 해당하는 것으로 새롭게 목표를 설정하는 '유형 F'와는 성격이 완전히 다릅니다. 이때 유념할 것은 목표가 무엇인지를 정확히 확인하고 이해하는 것, 그리고 그 목표가 현재에도 유효한 것인지를 확인하는 것입니다. 생각보다 많은 경우 목표가 무엇인지 정확하게 이해하거나 알지 못해서 실수나 실패를 경험합니다. 또 목표가 유효하지 않은 것임에도 불구하고 관성에 의해서 기존의 목표를 유지하려고 애쓰는 경우가 있으므로 이를 충분히 검토하는 것도 중요합니다. 사실 기존 목표가 관행이나 절대 조건으로 고정관념화된 경우도 많아서 이를 변경하는 것은 쉽지 않습니다. 이러한 관행이나 제약에 도전하는 목표를 '파괴(형) 목표'라고 합니다.

네 번째 '예상(형) 목표'는 개인이나 조직의 역량을 기반으로 일정 기간 후에 어느 정도의 일을 달성할 수 있을지 예측 가능한 경우에 달성할 수 있는 수준으로 목표를 설정하는 방식입니다. 이렇게 예상된 수준을 100이라고 할 때, 그보다 좀 더 높은 수준인 120 정도를 목표 수준으로 정하고 문제를 해결하면 100 이상을 달성하는 경우가 많은데,

이렇게 120 정도 수준의 목표를 설정하는 것을 '확장(형) 목표'라고 합니다. 이와는 달리 개인이나 조직이 달성할 수 있는 100이라는 수준에는 크게 구애받지 않고, 20~30 이하의 낮은 목표를 보다 짧은 시간에 달성하려고 하는 것을 '개선(형) 목표'라고 합니다. 무리하지 않고 짧은 시간에 할 수 있는 일들을 지속적, 반복적으로 수행하는 것도 아주 좋은 전략입니다. 이러한 지속적이거나 반복적인 방법 혹은 확장형으로는 현재 문제를 해결할 수 없다고 판단될 때 일반적인 기대치를 넘어서 예상 능력의 몇 배 이상의 이상적 목표를 설정하는 경우가 있는데, 이를 '혁신(형) 목표'라고 합니다. 이러한 혁신(형) 목표를 달성하기 위해서는 기존에 활용하던 지식과 경험을 뛰어넘는 새로운 탐색과 탐구가 필요합니다. 음속을 돌파하는 비행기를 개발하고 싶다면 프로펠러 추진 방식의 개선이 아니라 제트 엔진을 개발해야 한다고 생각하는 것, 진공관의 리드선을 개선하여 진공관의 효율을 향상시키는 것이 아니라 리드선을 제거하고 진공관도 없애는 집적회로IC, integrated circuit를 개발하는 것 등이 혁신적 목표의 예라고 할 수 있습니다. 이렇게 여섯 가지 유형의 목표는 어떤 것이 더 좋다거나 나쁘다 혹은 더 우월하거나 열등한 것이 아니고 목표를 수립하는 사람과 조직의 현실과 의지 혹은 꿈과 비전에 따라서 선택하는 대상일 뿐입니다.

문제 유형별 해결 방식

지금부터는 목표가 설정되고 문제도 정의되었을 때, 문제를 어떻게 해결해나가야 할지에 대해 문제 유형에 따라 살펴보도록 하겠습니다.

먼저 문제 유형 P의 경우는 아래의 그림과 같은 경로를 따라서 문제를
해결하게 됩니다.

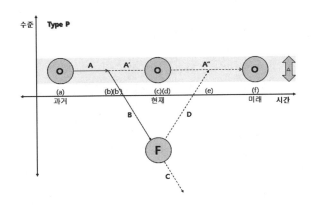

즉, 격차가 문제로 인지된 시점은 범위(△)를 지나는 (b')이겠지만,
문제의 원인이 무엇인지 그 즉시 알기는 어려우므로 현재(c) 시점인
F 상태에 도달하게 됩니다. 따라서 이 문제를 해결하려면 B 방향으로
진행하게 만든 문제의 원인을 찾아서 제거해야 합니다. 그렇지 않으
면 계속 C 방향으로 진행해서 점점 더 목표에서 멀어지게 됩니다. 문
제의 원인을 찾고 효율적으로 제거하기 위해서는 분석적이고 논리적
인 사고가 필요합니다. 기존의 지식과 경험을 활용하여 현재를 비판
적으로 보고, 입증할 수 있는 사실만을 모아서 그 내용을 분석하여 보
다 근본적인 원인을 찾을 수 있습니다.

일단 근본적인 원인을 찾았으면 그 원인을 효율적으로 빠르게 제거
하는 방법을 찾는 것이 그다음 단계입니다. 이러한 과정은 원래 정해
둔 목표로 돌아가는 것이므로 복원형 문제 해결이라고 할 수 있습니
다. 이러한 복원이나 회귀는 고전적 형태일 수도 있습니다. 이 단계

는 아주 빠르게 신뢰할 수 있는 입증된 방식에 의해서 정답으로 회귀하는 것이므로 기존의 지식과 경험을 최대한 활용하는 것이 중요합니다. 만일 이러한 문제가 다발하고 있다면 발생하는 순간 즉각 조치를 할 준비를 할 수 있을 정도로 효율적으로 활용해야 합니다. 이것이 중요한 문제 해결 방식입니다.

많은 경우 원인이 제거되면 원래의 상태로 돌아가기도 하지만, 원인이 제거되어도 복원력이 상실된 상태라면 원하는 목표치로 돌리기 위해서 별도의 조치를 취해야 하는 경우도 있습니다. 이때 관행과 제약을 벗어나서 목표값을 파괴형 목표로 재설정하게 되면 별도의 조치를 취해야 합니다. 이제부터는 문제 F 유형을 해결하는 방식에 대해 아래 그림을 통해서 좀 더 자세히 살펴보도록 하겠습니다.

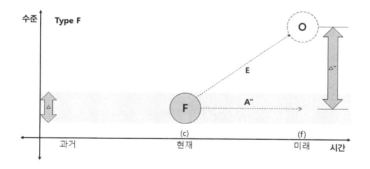

문제 F 유형의 경우는 현재 상태에 별도의 문제가 없음에도 불구하고, 어떤 이유로 A″ 방향과는 다른 방향(E)의 새로운 목표를 설정한 경우입니다. 그 목표는 실체가 아니므로 점선으로 표현했습니다. 실현된 목표는 미래 시점에 있지만, 그 목표를 설정한 시점은 현재입니다. 따라서 그 목표와 현상과의 격차(△″)는 현재 시점에서 존재하기는 하지만, 현실적 격차가 아닌 가상의 격차로 존재하게 됩니다.

이러한 종류의 문제 해결 방식은 개인이나 조직이 미래지향적이며 긍정적 미래를 추구할 때 가능합니다. 결국 목적도 상상에 의해서 창조한 것이고, 목표 달성도 없던 것을 창조적으로 달성하는 방식입니다. 그러므로 '창조형 문제' 혹은 '창의적 문제 해결'이라고 명명해도 괜찮을 것입니다.

이러한 종류의 문제를 해결할 때는 P 유형과는 달라서 과거나 현재의 사실fact이나 데이터data가 유용하지 않은 경우도 많습니다. 특히 파괴형 문제나 혁신형 문제에서는 타당성을 상상하거나 추측하면서 가능성을 탐색해나가는 혼돈의 과정을 겪게 됩니다.

물론 개선, 예상, 확장형 문제에서는 선형적 변화를 하는 예측 가능한 목표를 설정하므로 사실이나 데이터를 활용한 논리적이고 분석적인 사고에 의해서 문제 해결이 가능할 것입니다. 반면에 도전 및 혁신형 문제에서는 그 목표가 비선형적 변화의 위치에 있을 것이기 때문에 기존의 지식과 경험으로는 예측할 수 없습니다. 그러므로 혼돈을 겪으면서, 미스터리를 풀어나가는 과정이 중요합니다. 이는 앞에서 언급한 깔때기(지식생산 필터, knowledge funnel)[21] 혹은 실타래(squiggle of design process)[22]의 과정을 밟게 된다는 의미로 다음 그림과 같이 표현할 수 있습니다.

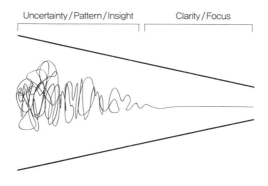

Uncertainty / Pattern / Insight　　　Clarity / Focus

　불확실한, 입증할 수 없는 요소들을 서로 연결하고 조합하는 탐색의 과정을 넘어서, 일정한 규칙인 패턴을 인지하고 형상화할 수 있는 탐구의 과정을 거치면 통찰의 순간을 맞이하게 됩니다. 이러한 통찰을 기회로 전환시키는 노력까지 더하면 비로소 명료한 논리의 세상으로 접어들게 되고, 결국 어떤 요소에 집중해야 문제가 해결되는지 알게 되는 것입니다. 즉 F 유형의 문제 해결은 P 유형에서 강력하게 작동하는 사실 규명과 원인 분석적 접근보다는 존재하지 않는 믿음과 주장을 실체화시키는 창조적 과정이라는 의미입니다.

　아직 이렇게 입증하지 못하는 문제의 해결 방법에 익숙하지 않으신 분들은 아래의 문구를 한번 생각해보시면 좋을 것 같습니다.

　　　"수영을 할 줄 알기 전에는 물에 들어갈 수 없다."

　위의 문구는 논리적으로 모순인 것을 쉽게 알 수 있습니다. F 유형 문제를 풀 때 우리는 근거를 제시하라고 하거나, 목표를 입증하라고 합니다. 그러나 P 유형 문제와 달리 F 유형 문제는 문제를 풀기 전에 근거를 제시하거나 목표를 입증할 수 없습니다. 즉, 물에 들어가기 전에는 수영하는 방법을 배울 수 없다는 의미입니다. 실제로 신상품 개발이나 신시장 개척과 관련하여 이러한 갈등과 충돌은 저도 경험해보았고, 옆에서 지켜본 경우도 너무나 많습니다. 신시장을 개척하기 위해서 프로젝트를 진행하려고 사람을 모으거나 예산을 배정받기 위해서 보고를 하면, 신시장의 규모가 얼마나 되는지 입증하라고 합니다. 그래서 현재는 없어서 새로 창조하는 것이 신시장이라고 응답하면, 시장의 규모에 따라 사람이나 예산이 할당되고 배정되기 때문에 시장의 규모가 없으면 향후 진행은 불가능하다는 답을 받는 경우가 많습니다. 특히 그 예산의 명칭이 '신사업 창출 자금'이라고 할지라도 마찬가지입니다.

혁신형 문제를 해결하고 싶다면 '복원형 문제 해결(Type P)'이 아닌 '미래형 문제 해결(Type F)'을 이해하고 실천할 수 있는 노력과 역량 그리고 창의적 문제 해결의 문화가 정착되어야 합니다.

문제를 제기하기 위해 넘어야 할
네 가지 심리적 장벽

_____ 문제 해결에 있어서 제일 첫 번째 단계는 문제에 대한 인지일 것입니다. 관심, 태도, 습관, 환경 및 지식과 경험 등에 따라서 문제에 대한 자각 여부나 문제로 받아들이는 정도가 다를 수 있습니다. 여기서는 문제에 대한 인지가 상황 혹은 현실에 대한 불평과 다르다는 것을 우선 확실히 해두고 싶습니다. 다시 말해서 문제란 무엇인가 얻고자 하는 의지에서, 혹은 현상이 바람직한 상태가 아니라는 불만족에서 기인하는 것입니다. 이에 대해서는 가야 할 곳이나 바람직한 상태를 생각할 수 있습니다. 단순히 현실이 개인적으로 마음에 들지 않거나 불편하다는 것을 표현하거나 피력하고자 하는 불평과는 구별해야 한다는 의미입니다. 그래서 문제가 인식되면 반드시 문제를 정의해보는 것이 좋습니다.

문제를 정의하기 위해서는 목적과 현상이라는, 문제를 구성하는 두 가지 요소를 확인하거나 파악해야 합니다. 먼저 목적은 문제를 해결했을 때의 결과 혹은 달성하고자 하는 모습이 있는지, 있다면 얼마나 생생한지를 확인하는 것입니다. 많은 경우 문제가 있다고 혹은 많다고 하는 경우에도 그것이 해결되면 어떤 모습인지 아니면 무엇을 하고자 하는 것인지 제대로 설명하지 못하는 경우가 생각보다 많습니다. 그다음 현상은 내가 알고 있는 것이 사실인지 아니면 의견이나 주장 혹은 추측인지 확인해야 합니다. 많은 경우 문제라고 얘기하지만 사실이 아닌 추측에 의한 오해이거나 편견인 경우도 많습니다. 이런 경우 오해나 편견의 당사자가 오해를 풀거나 이해하면 될 뿐 해결해야 할 문제가 있는 것이 아닙니다. 직급이 높은 팀장이나 사장이 이런 종류의 오해나 편견을 가지고 있는 경우 이것을 해결할 수 있는 사람이 아닌 다른 사람들이 이를 해결하기 위해 힘쓰기도 합니다. 이러한 소모전은 매우 비효율적입니다.

문제의 인식 후에 정의까지 완료되었으면, 그 문제를 꼭 기술해보시길 바랍니다. 글로 표현한다는 것은 논리적 완성이기도 하고, 쓰는 사람의 의지의 표현이기도 할 뿐만 아니라 다른 사람들도 이를 함께 보면서 확인하고 공유하고 공감까지 할 수 있는 기회의 시작이기 때문입니다. 머릿속 상상에서는 완벽해 보여도 막상 글로 적어보면 두서가 없는 파편의 덩어리일 수도 있다는 것을 글로 적어본 사람들은 압니다.

▌ 답은 조직이 갖고 있다

문제를 인지하고 제기하기 위해서는 다음 네 가지의 심리적 장벽[23]을 넘어야 합니다.

- 심리적 무감각
- 침묵
- 열등 및 우월 함정

● 실패에 대한 공포

심리적 무감각은 문제가 있어도 보거나 인지하지 못하게 되는 현상입니다. 이를 극복하기 위해서는 각 개인이 의지를 가지고 문제를 보고 찾으려는 노력이 필요합니다. 심리학적으로는 '필터 이론'에 대한 것입니다. 다시 말해서 여러 가지 정보가 동시에 입력되면 본인이 관심 있는 정보만을 필터로 통과시키고 나머지는 필터를 통과시키지 않고 버리는 현상입니다. 평소 관심사를 넓히지 않으면 새로운 관심의 영역, 즉 신상품이나 신사업 등과 관련 있는 정보를 무심히 흘려버리게 될 것입니다. 심리적 무감각의 다른 심리학적 이론은 '용량 한계 이론'입니다. 이 이론에서는 모든 정보가 필터를 통과했다 하더라도 사람은 기본적으로 주의 집중할 수 있는 용량에 한계가 있기 때문에 이 용량을 벗어난 정보는 심리적 무감각 영역에 포함될 것이라고 설명합니다. 따라서 문제를 인지하고 제기해야 하는 사람이 용량을 초과하는 업무를 하고 있다면 문제를 제기할 수 없다는 뜻이 됩니다. 본인이 문제를 제기해야 하는 사람이라면 주의 집중의 용량에 빈 공간을 남겨야만 심리적 무감각에 의해 정보를 놓치지 않을 것입니다.

침묵 또한 극복해야 할 심리적 장벽입니다. 개인적 성격 탓에 자주 침묵하는 경우도 있겠지만, 비즈니스 환경에서는 주변 선배나 동료에 의해 침묵하게 되는 경우도 상당히 많습니다. 예를 들어, 신입 사원이 아이디어 회의 시간에 좋은 아이디어를 내고 이에 대해 팀장이 아주 좋은 아이디어라면서 직접 실행해보라고 권하는 상황을 가정해봅시다. 그 아이디어에 대한 실행 능력이 없거나 실행을 위한 도움을 받을 수 없다면, 아마 큰 고민에 빠지게 될 것입니다. 그리고 이러한 경우가 수차례 반복되면 그 신입 사원은 좋은 아이디어가 생각나도 더 이상 아이디어를 말하지 않게 될 것입니다. 좋은 아이디어이니 직접 실행해보라는 요구에도 침묵한다면, 부정적 피드백이나 비난을 들을 경우에는 더더욱 침묵하게 될 것입니다. 주변 동료나 선배가 쓸데없이 일을 만들지 말라고 종용하거나 압력을 가하는 것 역시 침묵의 큰 요인이 될 것입니다. 따라서 문제 제기가 무섭지 않고 웃음 가득한 분위기에서 이루어진다면 누구든 한층 가벼운 마음으로 입을 열게 될 것입니다. 물론 제기된 문제는 제기한 사람이 풀어야 할 숙제로 부과하지 않고 팀 전체가, 혹은 문제 분야의 전문가가 고민하는 방향으로 풀어나가야 합니다.

열등 함정은 지식이나 경험이 부족하다고 판단하여 소극적으로 행동하게 되는 경우입니다. 이는 본인보다 영어를 잘하는 사람이 있으면 영어로 말하지 않는 것과 비슷한 현상입니다. 반대로 본인이 어떤 그룹에서 가장 영어 실력이 좋다면 우월 함정이 작동하여 그 누구보다도 자신 있게 영어로 대화하려고 시도하는 현상도 마찬가지로 생각해볼 수 있습니다. 즉 정작 본인의 절대적 실력과는 상관없이 주변 사람에 의해 상대적으로 열등하다거나 우월하다고 생각하는 심리적 현상이 열등 함정, 우월 함정입니다. 조직 문화가 서로를 존중하고 배려한다면 이러한 열등 함정 혹은 우월 함정은 극복될 수 있을 것입니다.

또 다른 장벽은 실패에 대한 공포입니다. 실패에 대한 공포는 문제를 인식했지만 해결할 수 없다는 두려움이나 책임지기 싫다는 공포감에서 기인하는 것입니다. 문제를 제기하면 팀이 함께 문제를 해결한

다거나, 실패에 대한 책임을 의사결정권자의 몫으로 돌리거나, 아니면 실패를 배움으로 생각하는 문화가 정착된다면 이러한 실패에 대한 공포로 문제 제기를 포기하는 사람은 드물어질 것입니다.

이러한 심리적 장벽을 풀기 위한 정답은 없겠지만, 이 장벽을 슬기롭게 극복할 수 있는 방법은 조직에 있다고 확신합니다. 그렇기 때문에 어떻게 이러한 심리적 장벽을 극복할 수 있을지에 대해 조직원 모두가 함께 이야기를 나누는 것이 해결의 시작이라고 생각합니다.

문제를 해결하기 위해 극복해야 할 다섯 가지 심리적 장벽

_____ 지금까지 문제 인식 혹은 제기에 대한 심리적 장벽에 대해 논의하였다면 이제부터는 문제 해결을 위해 극복할 심리적 장벽에 대해 논해보겠습니다. 문제 해결을 위한 심리적 장벽은 아래와 같이 다섯 가지가 있습니다.[24]

- 성공 함정
- 기능적 고착
- 확증 편향
- 잠복 가정
- 보수적 성향

'성공 함정'은 과거 성공한 사람이 성공하였을 때의 경험으로 얻어진 노하우를 미래에도 반복해서 사용하려는 속성입니다. 이는 같은 게임의 법칙이 활용된다면 유효할 수도 있으나, 패러다임이 변화한 경우에는 오히려 문제 해결의 큰 걸림돌이 될 수 있습니다. 사실 업계의 표준이나 관습이 동일하다고 해도 상대방이 나의 노하우를 알고 있다면 계속해서 과거 성공의 노하우가 유효한지 확인해볼 필요도 있습니다.

'기능적 고착'은 자신이 알고 있는 지식과 경험 때문에 문제 해결이 어려워지는 경우를 말합니다. 과거 라디오를 효율화해서 TV와 경쟁할 수 없었던 것이나, MP3 플레이어를 최고의 수준으로 만들어서 스마트폰과 경쟁할 수 없다는 사실을 통해 쉽게 이해할 수 있을 것입니다. 또 전문 영역의 업무를 통해서도 기능적 고착의 경우를 목격할 수 있습니다. 보통 엔지니어는 엔지니어링 방법으로 문제를 해결하려고 하는 경향이 강해서 마케터나 디자이너의 도움을 받지 않으려 하지만, 시장 문제나 스타일은 마케터나 디자이너가 월등하게 잘한다는 것을 깨끗하게 인정할 필요가 있습니다. 물론 기술 자체의 문제를 마케팅이나 디자인으로 메우거나 가리려고 하는 것 역시 어리석은 일입니다. 그러나 각 고유 영역을 인정함과 동시에 다른 영역의 도움을 받아 조화롭고 균형 잡힌, 더불어서 시너지 효과까지 낼 수 있는 지혜를 서로 나누는 방법은 배워야 합니다.

'확증 편향'은 '확증 편기'라고도 합니다. 서로 합의하거나 협의하기 이전에 이미 나름대로 머릿속에 논리가 정리되어 있어서 여기서 벗어나기를 심리적으로 거부하는 현상입니다. 이미 정답을 정해두었거나 가고자 하는 방향을 마음속으로 정하였기 때문에 거기에서 벗어나는 모든 것을 무시하거나 듣지 않는 현상입니다. 막장 드라마에서 남편이나 부인을 의심해서 어떠한 설명을 해도 듣지 않는 등장인물을 볼 때가 있습니다. 드라마에서 보면 이들을 이해할 수 없지만 우리도 누군가에게 그런 사람일 수 있고, 어떤 특별한 경우에는 우리도 예외 없이 확증 편향의 심리적 상태에 빠지기도 합니다. 이런 고정관념이나 편견을 가지면 안 된다고 생각하면서도 고정관념이나 편견으로부터 자유로워지지도 못하므로 상대방의 이야기를 경청하고 배려하는 훈련을 해야 합니다.

'잠복 가정'이란, 문제에 부딪쳤을 때 나름대로 '이런 문제는 이렇게 풀어야 한다'고 생각하는 가정입니다. '확증 편향'이 답을 정한 것이라면, '잠복 가정'은 문제를 풀기 위한 전제 혹은 가정을 미리 정해둔 것입니다. 예를 들어 뉴욕으로 비행기를 타고 갈 경우 어떻게 갈 것인지 묻는다면 많은 직장인들은 이 여행을 출장으로 가정하고 논스톱 직항으로 빨리 갈 방법을 생각하게 됩니다. 그러나 질문한 사람이 여행일수도 있다고 하면 인도, 이스탄불, 부다페스트, 파리, 런던을 거치는 등 아주 다양한 경로로 뉴욕에 가는 방법을 택할 수 있습니다. 평소 대화를 할 때 이 잠복 가정이 다를 경우 대화 상대끼리 서로를 이해하지 못하는 경우가 많습니다.

따라서 문제 해결을 위한 대화를 나눌 때 상대방이 이해되지 않는다면 무엇을 전제로 하고 얘기하고 있는지 서로 공유하는 것이 좋습니다. 한 사람은 빨리 회의를 끝내는 것이 좋다고 생각하고 다른 사람은 결론을 내는 것이 중요하다고 생각한다면, 좋은 회의 결과를 내기는 어렵습니다. 신상품이나 신사업적인 문제를 해결하려고 할 때 각자 전공 위주로 신상품 문제를 풀어야 한다고 생각하거나, 각자의 사업부 중심으로 신사업 대안을 구상한다면 해결안을 수렴하기는 거의 불가능에 가깝습니다. 많은 경우는 각자 알아서 하자고 결론 짓는 경우도 많은데, 그러면 성공이라는 목표를 간과하거나 무시하거나 그 수준을 낮추게 되므로 그 해결안이 좋을 수 없을 것입니다.

끝으로 '보수적 성향'이란 문자 그대로 새로운 것이나 변화를 반대하고 기존의 것을 옹호하며 유지하는 태도입니다. 보수적 성향이 심해지면 '돌다리도 두들겨보고 건너자'라는 말이나 행동을 보이며, 확실한 근거가 없거나 검증되지 않은 것에 대해 도전하려고 하지 않습니다. 그러나 문제는 항상 새롭게 발생되는 것이고, 특히 혁신이나 미래에 대한 문제는 그 답이 이미 존재하고 있는 것이 아닙니다. 제가 2007년 내비게이터 과제를 할 때 나온 신상품 아이디어는 'Car OS'라는 콘셉트였습니다. 당시 내용이 좋았지만 너무 혁신적이어서 신상품 차원에서는 기술적으로 삼성전자가 진행하기 어렵다고 판단되어 아이디어는 폐기되었습니다. 몇 년 뒤 자동차 회사들이 'Car OS' 개념을 시장에 내놓는 것을 보면서 다시 그런 기회가 온다면 꼭 도전해보겠다고 결심했습니다. 그 기회는 얼마 가지 않아서 2010년 신사업 프로젝트를 진행할 때 다시 찾아왔습니다. 신사업 TF 팀원 모두가 하고 싶어 했던, 보다 진화된 'Car OS' 콘셉트였습니다. 그러나 자동차 회사가 할 일이지 전자 회사가 할 일이 아니라는 이유로 중간 결정 단계에서 아이디어가 또 폐기되었습니다.

아직도 'Car OS'를 IT 회사가 자동차 회사보다 못할 것이라는 보수적 성향이 남아 있을까요? 사용자들은 애플이나 구글 혹은 삼성전자가 만든 'Car OS'를 사용하고 싶어 할까요? 아니면 벤츠, GM, 토요타 혹은 현대자동차가 만든 'Car OS'를 사용하고 싶어 할까요? 이에 대해 확실한 근거를 제시할 수 있을 때가 온다면 그때는 이미 혁신 기업이 성공한 후일 것입니다. 모든 일을 도전적으로 할 수는 없지만, 혁신과 미래의 문제를 해결하려 할 때 '보수적 성향'은 엄청난 기회 손실을 가져올 수 있습니다. 물론 그 기회 손실이 눈에 보이지 않는 것이라서 책임질 개인은 없겠지만, 기회를 놓친 기업은 시장에서 사라질 수 있습니다. 어쩌면 새로운 혁신의 문제를 해결해나가는 데 있어서 가장 큰 걸림돌이 의사결정권자의 보수적 성향이 아닐까 하고 조심스럽게 판단해봅니다.

문제와 해결책, 목표와 수단

문제와 문제 해결에 대한 심리적 장벽과 함정에 대해 마무리 짓기 위해 문제와 해결안에 대한 다음 네 가지 질문에 대해 생각해보고자 합니다.

- 문제도 알고, 해결책도 안다면 그 다음은 무엇을 하시겠습니까?
- 문제는 아는데, 해결책을 모른다면 어떻게 하시겠습니까?
- 문제는 모르는데, 해결책을 안다면 어떻게 하시겠습니까?
- 문제도 해결책도 모른다면 어떻게 하시겠습니까?

너무나 간단하지만 추상적인 이 질문에 대한 답 혹은 프레임워크가 없다면 문제 해결의 방향성을 잃고 헤맬 확률이 높습니다. 이와 같은 문제와 해결책에 대한 방향성을 와트 와커Watts Wacker와 짐 테일러Jim Taylor의 사분면 프레임워크[25]로 설명해보겠습니다.

	해결책 안다	해결책 모른다
문제 안다	돌격	질문
문제 모른다	경청	레버리지

　먼저 문제도 알고 해결책도 안다면 주저하지 말고 실행에 옮기시길 바랍니다. 이와 관련하여 위에서는 '돌격'이라는 표현을 사용하였습니다. 그냥 행동할 것이 아니라 뒤도 돌아보지 않고 매진하는 것이 중요합니다. 만일 문제는 아는데, 해결책을 모른다면 '질문'을 해야 합니다. 물론 자신에게 질문해보는 것도 중요하겠지만, 주변의 사람들에게, 전문가에게 문의하시길 바랍니다. 의외로 주변에 이미 그 답을 알거나 그 답이 어디에 있는지 아는 사람이 꼭 있기 마련입니다. 문제는 모르는데, 해결책을 안다면 반드시 '경청'하셔야 합니다. 사실 문제를 모르는데 해결책을 안다는 것은 논리적으로 있을 수 없는 일입니다. 그런데 안다고 착각하거나 오해하는 경우도 많습니다. 그렇기 때문에 우리의 문제에 대하여 주변에서는 어떻게 얘기하는지, 우리가 알고 있는 해결책에 대하여 어떻게 얘기하는지 '경청'하는 것이 무엇보다 중요합니다. 끝으로 문제도 해결책도 모른다면, 본인이나 우리가 할 수 있는 일이 매우 적다는 것을 인정해야 합니다. 파트너와 동료들의 지식과 노력을 함께 활용해야 문제를 풀 수 있습니다. 물론 문제 해결 방법론이나 프레임워크도 함께 활용한다면 문제가 해결될 확률은 배

가될 것입니다.

문제와 문제 해결에 대해서 마지막으로 한 번 더 강조하고 싶은 것은 목적(what, ends)과 수단(how, means)에 대한 것입니다. 앞에서 언급한 것처럼 문제를 인식한 후 가장 먼저 확인할 일은 문제 해결의 목적이 무엇인가를 확실히 하는 것입니다. 문제 해결을 시작할 때도, 문제를 해결하고 실행하기 이전에도, 문제를 해결하고 난 다음에도 다음 내용을 꼭 확인해보시길 바랍니다.

- 목표(what)를 알고, 수단(how)도 안다면?
- 목표를 모르고, 수단을 안다면?
- 목표를 모르고, 수단도 모른다면?
- 목표를 알고, 수단을 모른다면?

여기서 수단(how, means)은 도구tool, 방법method, 방법론methodology에 대한 것입니다. 첫 번째 질문처럼 목표도 알고 수단도 안다면 실천을 해야 합니다. 알고도 실천하지 않아서 기회를 놓친다면 그것만큼 억울할 일은 없을 것입니다. 목표를 모르고 해결 수단을 안다는 것도 논리적이지 않지만 우리 주변에서 흔히 볼 수 있는 일입니다. 그저 본인에게 익숙한 수단을 사용하자고 주장할 경우가 많습니다. 또 이렇게 해야 한다, 저렇게 해야 한다고 논쟁할 때, 왜 그렇게 해야 하는지, 목표가 무엇인지 물으면 대답을 하지 못하는 경우도 많습니다. 그런데 목표, 수단을 모두 모를 때 혁신이 일어나는 경우도 의외로 있습니다. 왜냐하면 이럴 경우 근본적인 질문부터 시작할 수 있기 때문입니다. 우리가 왜 이 일을 해야 하는지, 내가 왜 이 일을 해야 하는지, 이 문제가 해결되면 고객에게 왜 좋은지, 더불어서 기업은 왜 이 일을 시작했는지 등등을 자문할 수 있습니다. 이런 경우에 빠질 때에는 주저하지 말고 목표를 설정하고 합의하는 일부터 시작하라고 강력히 주장하고 싶습니다. 끝으로 목표를 알고 수단을 모른다면, 어떤 해결 도구나 방법을 사용해야 할지를 결정해야 합니다. 밀리언 셀러를 목표로 정했다면, 경쟁론적 방법론을 활용하여 전략을 수립할 것인지, 비경쟁론적 방법론을 도입하여 전략을 세울 것인지를 결정해야 합니다. 여기서는 일단 해결 방법의 방향성에 대해서만 언급하고자 합니다.

	수단 안다	수단 모른다
목표 안다	실천	해결, 제거, 비교, 전이 · 변경 · 수정, 회피, 은폐…
목표 모른다	목표 설정	목표 설정

다시 한번 아래 표현을 빌어 강조합니다. 올바른 문제(what)를 제대로(how) 푸는 것이 중요합니다.

Do right things right.

문제는 모두 내가 해결해야 한다?

_____ 지금부터는 올바른 목표(what)를 정했을 때, 어떻게(how) 푸는 것이 좋을지에 대해 생각해보면서 아래와 같이 방향성[26]에 대해서 논의해보도록 하겠습니다.

- 해결: 문제 자체를 푸는 것
- 제거: 문제 자체를 제거
- 비교: 다른 문제와 비교하여 유사한 문제의 해결안을 활용
- 전이·변경·수정
  - 문제를 해결할 수 있는 형태로 바꿈
  - 문제를 해결할 수 있는 사람 등에게 넘김
- 회피: 해결할 수 있는 상황까지 시간을 연장(수동적)
- 은폐: 시간이나 조건이 바뀔 때까지 기다리는 것(능동적)

상기 내용 중 특별히 '이건 모르겠다' 하는 내용은 없을 것입니다. 그렇지만 현실에서 직접 문제를 대할 때 우리는 첫 번째 방법, 즉 문제 자체를 푸는 해결안만을 생각하는 경우가 많습니다. 문제 해결 방법에 대해 배우고 익히는 것도 중요하지만 그것만이 전부가 아니라는 것도 잊지 말아야 합니다.

두 번째 방법인 '제거'는 현실에서 의외로 효과적으로 작동합니다. 예를 들어 보고서 중 어떤 한 가지 내용이 문제가 되어 팀장에게 계속 지적받는 경우가 있을 때, 그 문제의 내용을 삭제하면 의외로 간단히 보고가 끝나는 경우가 있습니다. 이것이 꼼수라고 생각하실 분도 계실지 모르겠습니다. 그러나 문제의 내용이 좋아서 버리기는 아깝더라도 전체 보고 내용과 맥락이 맞지 않는 경우가 있다면 그런 내용은 과감히 제거해야 합니다. 그것을 제거하려 하기보다 해결하려고 하는 것은 시간적, 감정적으로 비효율일 뿐만 아니라 극단적으로는 중요한 다른 문제를 해결하지 못하게 할 수도 있습니다.

제거의 또 다른 효과적 측면은 혁신적 문제의 발견을 촉발시킨다는 것입니다. 현재 문제가 되는 내용을 제거하면 많은 경우 다른 문제가 떠오르게 마련입니다. 그렇게 수면 위로 떠오르는 것이 본질적인 문제라면 그것은 혁신이 다루어야 할 문제가 됩니다. 표면적인 사소한 문제들을 제거하면서, 깊은 내면의 본질적인 문제를 드러나게 하는 방법은 혁신에서 자주 사용하는 방법입니다. 물론 이런 문제들은 다루기가 너무 힘들기 때문에 문제를 제거하기 전에 단단히 마음먹는 것이 무척 중요합니다.

또 다른 실현 가능성

'비교'는 우리 모두가 알듯이 강력한 해결 방법입니다. 비교의 가장 대표적인 방법은 우리가 너무도 잘 알고 있는 벤치마킹입니다. 트리즈TRIZ라고 하는 공학적 문제 해결 방법론에서도 이러한 비교를 강조합니다. 이는 다른 학문 분야와 그 원리를 비교한다면 엄청나게 효율적으로 그리고 간단하게 문제를 해결할 수 있다는 이론입니다. 이 이론은 발명적 문제 해결 분야에서는 이미 위상을 상당히 높였고, 이제 경영과 창의 및 혁신 분야의 문제 해결 분야로 그 위상을 확장해나가고 있습니다. 비교를 강조하는 이론을 통해 공학 분야의 문제뿐만 아니라 창의와 경영 분야의 문제들도 해결할 수 있을 것입니다.

전이·변경·수정은 두 가지 세부 방향으로 나뉘는데 그 하나는 문제를 재정의하거나 재진술하는 것입니다. 문제가 너무 거대해서 다루기 어렵다면 분석적 사고를 활용하여 여러 가지 문제로 나누어서 다루기 쉽고 처리할 수 있는 형태로 바꿀 수 있습니다. 이것은 논리적 방법에서 주로 사용하는 방법론으로 아주 오랜 경험과 단단한 체계를 이루고 있습니다. 수평적 사고로 해결하는 방식은 '어떻게 하면 좋을까?'라고 질문하면서 다양한 가능성을 발굴한 후, 실현 가능성이 있는 것들을 선별하고, 나머지 실현 가능하지 않은 것들에 대해서는 다시 '어떻게 하면 좋을까?'라는 질문을 다시 던져 또 다른 가능성들을 도출해나가면서 다른 실현 가능성들을 계속 찾아나가는 방식입니다. 이렇게 모은 실현 가능성들을 다시 기회의 형태로 전환해가는 것이 창의적 방법입니다. 어떤 것이 좋거나 나쁘다는 것을 밝히는 방식이라기보다는 '문제나 목표의 성격에 따라서 어느 것을 활용할 것인가'라는 선택을 해나가는 방식입니다. 그러므로 방법론에 대한 편견 없이 양쪽 방법을 두루 익히거나 최소한 어떤 방법을 언제 써야 하는지는 알 수 있을 정도로 방법론을 공부하시길 바랍니다.

전이·변경·수정에서 또 생각해야 할 것은 문제 해결을 위해 적합한 다른 사람을 찾는 것입니다. 우리는 문제를 내가 풀어야 한다는 생각이 너무 강한 나머지 다른 사람을 활용할 생각을 하지 못하는 경우가 너무 많습니다. 그래서 엔지니어가 마케팅이나 디자인에 관한 문제까지 손을 대는 경우 혹은 그 반대의 경우들이 발생하곤 합니다. 우리는 모두 전문가이므로 다른 전문가의 전문성을 인정하고 존중할 줄 알아야 합니다. 그래서 다른 분야의 문제라면 그 분야의 전문가가 그 문제를 해결하도록 하는 것이 좋습니다. 엔지니어 출신 부장님이나 사장님이라면 디자인 문제는 디자인 분야 전문가인 대리에게 맡기는 것이 올바른 해결 전문가를 택하는 방식입니다. 여기서 오해하지 않길 바랍니다. 문제 해결을 전문가가 하는 것이지, 의사결정을 전문가가 해야 한다는 것은 아닙니다. 비즈니스에서의 의사결정은 의사결정 권자의 고유 권한이기 때문입니다. 앞에서 언급한 다음 문장이 이 내용을 대변합니다.

Right people do right things right.
(적합한 사람이 올바른 일을 제대로 해야 한다.)

이제 회피와 은폐라는 두 개의 해결 방법이 남았습니다. 사실 이 두 방법은 비즈니스적 문제 해결 방법에서는 크게 권하고 싶지 않은 방식입니다. 왜냐하면 근본적인 문제 해결 방법이 아니기 때문입니다. 그럼에도 불구하고 활용해야 할 경우가 있는 것이 현실이므로 간단히 설명해보겠습니다. 회피나 은폐는 문제를 지금 당장 해결하지 않는 상황을 만든다는 것은 동일합니다. 단지 회피는 수동적으로, 은폐는 능동적으로 그 상황을 만드는 것입니다. 그래서 회피는 지금은 큰 문제이지만 시간이나 상황이 바뀌면 별문제 아니라고 판단될 경우 활용할 수 있을 것 같습니다. 은폐는 능동적으로 조건이 바뀔 때까지 문제를 수면 아래로 숨기는 것으로, 모르는 게 약이라고 판단된다면 활용할 수 있겠습니다. 그러나 누군가 은폐의 피해자가 있어서 그 문제가 밝혀진다면 더 큰 문제를 야기할 수 있으므로 가능한 한 은폐라는 방법은 사용하지 마시길 바랍니다. 어쨌든 회피나 은폐를 포함하여 이 모든 문제의 해결 방향을 정할 때에는 다음과 같은 솔로몬의 말을 마음에 새기길 바랍니다.

And this, too, shall pass away.
(이 또한 지나가리라.)

이상으로 문제 및 문제 해결에 대한 소고를 마치면서 다음에는 이러한 문제 해결을 위한 개인이 가져야 할 태도와 조직이 가져야 할 역량에 대해 생각하는 시간을 갖도록 하겠습니다.

4

모두가 'Thinker'이자 'Doer'가 되어야 한다

– 개인 역량(-ship)

개인 역량이란 특정한 상황이나 직무 혹은 역할 수행에 있어서 구체적인 준거나 기준에 의해 평가했을 때 효과적이고 우수한 성과의 원인이 되는 개인이 가지는 내적인 특성입니다. 다시 말해서 환경의 변화에 크게 영향을 받지 않고 안정적이면서도 지속적으로 우수한 성과를 창출하는 개인이 보유한 특정한 행위 혹은 행동 특성이 개인 역량입니다.

진화적 혁신을 위해
갖춰야 할 행동 특성

_____ 어떤 목적을 위하여 진화적 혁신을 추진하기 위해서는 기본적으로 개인이 갖추어야 할 '역량'이 있습니다. 여기서 역량力量이란 사전적 정의로는 '어떤 일을 해낼 수 있는 힘'입니다. 좀 더 전문적으로 '개인 역량'은 아래와 같이 정의됩니다.

- 직무나 역할 수행에서 뛰어난 수행자와 관련된 개인의 능력 특성[27]
- 준거에 따라 우수한 성과 창출의 원인이 되는 개인의 내적 속성[28]
- 직무 수행과 관련된 행동 목록[29]

위의 정의들에 의하면 '개인 역량이란 특정한 상황이나 직무 혹은 역할 수행에 있어서 구체적인 준거나 기준에 의해 평가했을 때 효과적이고 우수한 성과의 원인이 되는 개인이 가지는 내적인 특성'입니다. 다시 말해서 환경의 변화에 크게 영향을 받지 않고 안정적이면서도 지속적으로 우수한 성과를 창출하는 개인이 보유한 특정한 행위 혹은 행동 특성이 개인 역량입니다. 이에 대해서 Spencer & Spencer[30]는 다음의 다섯 가지 내적 특성이 각 개인이 다양한 상황에서 안정적이면서도 비교적 장시간 지속되는 행동 및 사고 방식을 가지게 한다고 정의하였습니다.

- **동기**motives: 개인이 일관되게 마음에 품고 있거나 원하는 어떤 것으로 행동의 원인
- **성향**traits: 신체적인 특성, 상황 또는 정보에 대한 일괄적인 반응
- **자기개념**self-concept: 태도, 가치관, 또는 자기상
- **지식**knowledge: 특정 분야에 대해 가지고 있는 정보
- **기량**skill: 특정한 신체적 또는 정신적 과제를 수행할 수 있는 능력

여기서 역량론에 대해서 논하고자 하는 것은 아니므로 이에 대한 구체적인 논의는 더 이상 하지 않을 것이지만, 이러한 개인 역량이 혁신을 수행하는 데 있어서 개인이 처한 상태나 위치에 따라서 달라야 하므로 그에 대한 논의는 필요하다고 생각합니다.

개인 역량의 선단(-ship)

혁신의 여정에서는 개인이 처한 상태나 위치에 따라서 아래와 같이 여섯 가지 개인 역량, 즉 혁신 조직을 갖추기 위해 조직 구성원 각자가 갖추어야 할 행동 특성이 필요합니다.

- Leadership(리더십)
- Followership(팔로워십)
- Leadship(리드십)
- Unleadership(언리더십)
- Ownership(오너십)

● Entrepreneurship(앙트레프레너십)

이 여섯 가지는 모두 영어 접미사 '-ship'이 들어간 단어라서, 저와 동료들은 이것을 여섯 가지 선단船團이라고 부르기도 합니다. 접미사 '-ship'은 아래와 같이 네 가지 의미를 나타냅니다.

1. 어떤 상태 · 특질을 나타냄

ownership: 소유자임(소유권), friendship: 우정

2. 지위 · 신분을 나타냄

citizenship: 시민의 신분(시민권), professorship: 교수직

3. …로서의 기술 · 능력을 나타냄

musicianship: 음악가적 재능

4. …의 구성원을 나타냄

membership: 회원

예를 들어, 리더십은 리더leader의 상태 혹은 리더의 특질을 나타내는 것이기도 하면서 동시에 리더로서의 지위와 신분을 나타내기도 합니다. 더불어서 리더로서의 기술이나 능력을 가지고 있으며, 리더라는 그룹의 구성원이기도 하다는 뜻입니다. 위에 열거한 여섯 가지 '-ship' 중에는 너무나도 익숙한 단어들도 있겠지만, 사전에도 없고 학문적으로도 존재하지 않는 용어들도 있습니다. 우선 혁신의 수행에 있어서 이들 각각의 의미들이 혁신에서 왜 중요한지에 대해서 살펴보겠습니다.

리더는 위가 아닌 앞에 선 사람이다

— 리더십Leadership

_____ 리더십은 개인 역량 중에서 아무리 강조해도 지나치지 않을 정도로 중요한 것이라서 별도로 언급할 필요가 있을까 싶지만, 그래도 제외할 수는 없기에 간단히 생각해보겠습니다. 먼저 리더십에 대해 국어사전에서는 '무리를 다스리거나 이끌어가는 지도자로서의 능력'이라고 정의하면서, '지도력'으로 순화해서 표현하라고 풀이합니다. 영어사전에서도 리더십은 지도직·대표직, 지도력·통솔력, 지도부·대표부 등의 의미라고 정의합니다.

여기서 특별히 생각해보고 싶은 표현은 '지도指導'라는 것입니다. 지도는 어떤 목적이나 방향으로 남을 가르쳐 이끄는 것인데, 앞에서도 언급하였듯이 스마트 시대에 혁신의 진화는 남을 가르칠 수가 없다는 데 문제가 있습니다. 다른 패러다임으로의 불연속적 진화 과정에서 '누가 누구를 가르칠 수 있을까?' 하는 질문이 떠오르기 때문입니다. 그래서 혁신 조직에서의 리더십은 다음과 같이 표현하는 것이 적합하다고 생각합니다.

리더란 위上가 아닌 앞前에 선 사람이다.

함께 일하고 싶은 사람

이 짧은 표현이 많은 내용을 포함하고 있다고 생각합니다. 위에서 가르치거나 군림하는 보스boss와는 달리 솔선수범하여 앞에 나서는 행동 특성을 안정적 상황에서뿐만이 아니라 위기의 상황에서도 지속적으로 나타내는 사람이 리더입니다. 이에 대해서 위에서 설명한 역량의 다섯 가지 내적 특성에 기반하여 좀 더 부연 설명하면 다음과 같습니다. 먼저 리더란 불확실한 상황에서도 본인이 책임을 지고 앞으로 나서야 할 의식적, 무의식적 동기를 가지고 있어야 합니다. 왜냐하면 동기가 있어야 특정한 행위나 목표에 도전할 수 있기 때문입니다. 더불어서 본인 스스로 어떤 상황 속에서도 잘해낼 수 있다는 자기 확신을 가져야 앞에 설 수 있습니다. 이러한 보이지 않는 내적 행동 특성과 밖으로 드러나는 지식과 기량이라는 표면적 특성이 잘 어우러질 때 우리는 그 사람을 리더라고 부릅니다.

리더는 매니저와 달리 기업이 사령장에 의해 임명하는 것이 아니라 주변 다른 사람들이 불러주어야 합니다. 즉 리더는 스스로 될 수 있는 것이 아닙니다. 앞에서 언급한 리더십을 행동으로 나타낼 때 남들이 그를 리더로 인정하는 것입니다. 주변에서 보면 직급이 높지 않고, 보직이 없음에도 불구하고 함께 일하고 싶은 사람이 있을 것입니다. 바로 그 사람이 리더십을 가진 사람입니다. 그런 리더십을 가진 사람이 팀을 이끌 때 혁신 프로젝트가 성공할 확률이 높습니다. 다시 한번 강조하지만, 지식과 기량만으로는 리더가 될 수 없습니다. 내면에 감춰져서 보이지 않는 자기개념과 성향 그리고 동기가 리더십적 특성을 갖출 때 비로소 진정한 리더로서의 자질을 갖추었다고 할 수 있습니다.

혁신 조직은 이러한 성향을 가진 리더를 보유해야 하지만, 보이지 않는 내적 특성 때문에 리더를 선별하기는 쉽지 않습니다. 그러나 장기적으로 업무를 같이 하다 보면 지속적으로 환경 변화에 무관하게 리더로서의 행동 특성을 나타내는 사람을 찾을 수 있습니다. 그러므로, 인내심을 가지고 오랜 시간 주변을 살펴보시길 바랍니다.

팔로워는 아래에 있지 않고
평등하게 협력한다

― 팔로워십 Followership

_____ 혁신 조직에서 리더가 위가 아닌 앞에 선 사람이라고 한다면, 팔로워follower는 한마디로 다음과 같이 표현할 수 있습니다.

팔로워란 아래 있지 않고 평등하게 협력하는 사람이다.

앞에서 리더는 스스로 될 수 없다고 강조하였습니다. 왜냐하면 리더라고 부르는 사람이 있어야 하기 때문입니다. 바로 그들, 즉 어떤 한 사람을 리더라고 부르는 사람들이 바로 팔로워입니다. 팔로워의 사전적 정의는 추종자, 신봉자, 팬, 모방자, 졸개 등이지만, 영영사전의 다음 정의가 보다 지금 설명하려는 해석에 적합한 것 같습니다.

A follower of particular person, group, or belief is someone who supports or admire this person, group, or belief.

특별한 사람, 즉 리더의 팔로워는 그 리더를 존경하고 지지하는 사람입니다. 결론적으로 책임지고 목표를 향해 앞장서는 리더와 그 리더를 존경하고 지지하며 따르는 팔로워의 역동적 상호관계가 조직 안에서 형성될 때 혁신의 열매를 거둘 수 있는 팀이 존재하게 됩니다.

이러한 상호관계는 혁신을 성취하기 위한 가장 기본적인 요소라고 할 수 있습니다.

그러나 현실에서는 이러한 관계에 초점을 맞추기보다는 너무나도 리더십만을 중시한 나머지 팔로워십은 없어도 되는 것처럼 슈퍼맨적인 리더십을 강조한 경향이 있었던 것 같습니다. 이제 서서히 팔로워에도 관심의 눈길을 두는 것처럼 보이지만 아직도 너무나 부족한 것만 같습니다. 여기서 특별히 한번 더 강조하고 싶은 점은 팔로워는 '부하'가 아니라는 것입니다. 이것은 마치 매니저 혹은 상사가 리더와 동일한 개념이 아닌 것과 비슷합니다. 왜냐하면 부하는 아래에 있는 사람이지만, 팔로워는 위에서 언급한 것처럼 '아래 있지 않고 평등하게 협력하는 사람'이기 때문입니다.

▎같이 성공을 만들어가는 팀

스마트 시대 혁신 프로젝트 팀에 위에 선 자와 아래 선 자가 있다면 그 프로젝트는 반드시 실패할 수밖에 없습니다. 스마트 시대의 혁신은 혼돈의 세상을 뚫고 미스터리를 풀어야 합니다. 혁신 프로젝트 팀은 영화에 자주 등장하는 팀과 유사한 성격을 지닙니다. 어벤저스Avengers, X맨X-Men 혹은 A 특공대The A-Team에서처럼 팀원들은 각자 특별한 능력이 있습니다. 리더라고 어떤 팀원 한 사람 혹은 팀원 전체보다 우월하지 않습니다. 그렇지만 모든 팀원들은 리더를 존경하고 지지합니다. 영화에서는 간혹 리더십이 깨지거나 팀워크가 부서지는 경우가 있지만, 결과적으로 성공적인 임무 완수를 위하여 리더십도 팀워크도 부활하게 됩니다. 이때 리더도 팔로워도 평등하게 각자 맡은 역할을 수행합니다. 이런 현상은 비단 영화에서만 가능한 것이 아닙니다. 축구팀 감독이 현역 축구 선수보다 뛰어나다고 해서 존경받고 성공한다는 법이 없습니다. 뛰어난 리더십을 발휘해야 존경받고 성공하는 감독이 되는 것입니다. 여기서 감독이 하는 일은 축구 선수, 여러 분야의 코치들, 전략·전술, 홍보, 의료, 보조 분야의 매니저들까지 수많은 스태프들을 유기적으로 하나로 묶을 수 있는 리더십을 발휘하는 것입니다. 이렇게 팀을 하나로 묶는 리더십을 발휘할 때 팔로워십이 존재하지 않는다면 팀은 존재하지 않습니다. 그리고 팀이라는 조직이 없으면 우승이라는 성공도 없습니다. 이러한 현상은 스포츠뿐만이 아니라 영화, 음악, 뮤지컬 등의 예술계를 포함하여 팀이 존재하는 모든 비즈니스와 조직에서 동일하게 나타납니다. 제가 많이 일하고 있는 강연 분야에는 아래와 같은 문구가 회자되고 있습니다.

훌륭한 강사는 강사 스스로 되는 것이 아니라 훌륭한 청중을 만났을 때 되는 것이다.

강연을 해보지 않은 사람들이 이해하기는 어려울 수도 있지만, 강연을 좀 해본 사람들끼리는 매우 공감하는 문구입니다. 별 준비 없이 갔는데 강의장에 들어가자마자 느껴지는 초롱초롱한 눈빛과, 토씨 하나 놓치지 않으려고 귀를 쫑긋 세운 모습이 보이고 노트 필기하는 소리가 여기저기 사방에서 들려올 때, 강사들에겐 두려움도 엄습하지만 동시에 청중의 에너지로 온몸이 채워지는 느낌도 받습니다. 이런 강의가 끝날 때면 여지없이 우렁찬 박수가 들려옵니다. 강사를 잘 따르고 집중하는 청중은 그래서 중요합니다. 혁신 프로젝트 혹은 혁신 기업에서도 이와 비슷한 사례를 찾아볼 수 있습니다. 아마 누구나 한 번쯤은 다음과 같이 얘기하는 것을 들어보셨을 겁니다.

"그 팀장 참 별론데, 어떻게 이번 일에 대박 났을까? 운이 무척 좋은 모양이야. 아니면 시장 환경을 잘 만난 거겠지!"

"그 사장이 한 일이 뭔데? 잘난 것 하나 없는데……. 그런데 희한하게 그 회사는 참 잘나간단 말이야. 운 좋은 사람은 따로 있나 봐."

정말 운으로 성공하는 사람들이 주변에 그렇게 많을까요? 그 운이 우리에게만 오지 않는 것일까요? 앞에서 회자되는 팀장이나 사장은 뛰어난 지식이나 기량이 없을 수 있습니다. 그러나 눈에 보이지 않는 내재된 동기나 성향 혹은 자기개념의 리더십을 가지고 있을 확률이 높습니다. 더불어서 아주 훌륭한 팔로워십을 가진 팀원이나 직원과 틀림없이 함께하고 있을 것입니다.

켈리Robert E. Kelley는 1992년 그의 저서[31]에서 팔로워십을 비판적 사고와 참여도라는 두 차원으로 특징지어 네 가지 스타일로 구분하였습니다.

먼저 두 차원 중 하나인 비판적 사고는 독립적이고 비판적 사고를 하는지 혹은 의존적 무비판적 사고를 하는지로 구분하고, 다른 차원인 참여도는 능동적으로 참여하는지 아니면 소극적으로 참여하는지로 구분하여, 소외형(alienated), 수동형(sheep), 순응형(yes people), 모범형(exemplary) 등 네 가지 유형으로 나눴습니다. 혁신팀에서 팔로워의 의미는 위에서 언급한 대로 리더에 대해 존경과 지지를 보내는 사람이므로 능동적으로 참여할 확률이 높을 것이고, 긍정적이면서도 비판적 사고는 강할 것 같습니다. 따라서 혁신팀을 준비할 때 적극적 참여를 하면서도 독립적 사고를 할 수 있는 사람들과 함께하여 팀 균형과 조화를 맞추는 것도 리더와 팔로워가 함께 고민해야 할 문제입니다.

그런데 팀의 균형과 조화를 이루는 일을 왜 리더 혼자 고민하지 않고 팔로워와 함께 고민해야 할까요? 혁신팀에서의 팔로워는 아래 있지 않고 함께 평등하게 협력하는 사람들이고, 절반의 책임을 지려고 하는 자세를 가진 사람들입니다. 따라서 이와 같은 팔로워십은 리더의 입장에서 함께 팀을 고민하는 것이기도 합니다. 이렇게 팀이라는 것은 리더와 팔로워가 함께 성공을 만들어가는 팀 정신team spirit을 필요로 합니다. 그러므로 팀에는 리더십과 팔로워십의 공존과 협력이 필수적이라고 할 수 있습니다.

첫 번째 동조자가 필요하다

— 리드십Leadship

_____ 현재 리드십leadship이라는 단어는 없습니다. 이 용어는 제가 몸담고 있는 이노캐털리스트innoCatalyst 등 몇몇 부류가 새롭게 정의하고자 하는 개념[32]입니다. 리드십은 특별한 팔로워십에 관한 개념입니다. 무엇인가 처음으로 하는 일이나 새로운 일에서는 특히 이 리드십이 아주 중요합니다. 왜냐하면 리드십을 지닌 이들은 리더는 아니지만 팀원, 즉 팔로워의 선두에 서는 소수의 사람들이면서 기수의 역할을 하는 사람들이기 때문입니다. 이 개념을 설명해줄 만한 재미있는 에피소드가 하나 있습니다.

2009년 한 뮤직 페스티벌에서 한 청년이 공연장 외곽 언덕에서 춤을 추기 시작합니다. 그 춤은 상당히 기괴하기도 하고 우스꽝스러웠는데, 이 청년은 개의치 않고 혼자 계속 춤을 춥니다. 간혹 지나가던 사람들이 반응을 보이기도 하고 같이 춰보기도 하지만 수 초 혹은 길어야 10여 초 동안 장난처럼 동참하다가 떠나가버립니다. 그래도 이 청년은 계속 자신의 춤을 즐깁니다. 그러다 3분쯤 지났을 때 다른 멀쩡해 보이는 한 청년이 1분 이상 같이 춤을 추기 시작합니다. 나중에 동참한 청년이 자신의 친구들을 불러보지만 친구들은 창피했는지 반응하지 않습니다. 이렇게 1분여를 같이 하던 이 청년도 결국 떠나가고, 4분여쯤 지났을 때 처음 춤을 추던 친구와 거의 유사한 정도로 기괴한 춤을 추는 다른 청년이 동조해서 춤을 춥니다. 5분쯤 지나자 이번엔 또 다른 청년이 동참합니다. 세 명이 되자, 갑자기 수 명의 사람들이 자연스럽게 함께합니다. 그리고 6분 이후부터는 여기저기서 삼삼오오 무리를 지어 이 춤추는 그룹에 동참하게 되는데, 7분쯤 지났을 때에는 거의 100명이 넘는 사람들이 함께 춤추며 즐기게 되고, 공연 음악이 끝나자 서로 박수치고 환호하게 됩니다. 이 에피소드는 누군가에 의해 유튜브[33]에 올려졌고 당시 600만 이상의 클릭을 받았을 뿐만 아니라, 이와 관련하여 리더십을 해석하는 동영상[34]까지 뒤이어 올라오게 됩니다. 저희가 생각할 때 이 동영상은 혁신의 과정에서 혁신 조직이 무엇을 필요로 하는지를 잘 설명해주는 에피소드입니다.

▌따라 하기 쉬워야 한다

혁신을 처음 접할 때는 그것이 기존에 없던 새로운 것이기 때문에 대부분의 사람이 이해하기 어려울 뿐만 아니라 상식적이지 않아서 괴상망측하다고 여길 수 있습니다. 그래서 무관심하거나 스쳐 지나가거나 이상한 눈길을 줄 수 있습니다. 심한 경우에는 민망한 말이나 욕을 들을 수도 있습니다. 하지만 혁신가는 그런 것에 아랑곳하지 않고 계속 자신의 길을 걸으려고 합니다. 하지만 여기서 자신을 도와줄 동조자를 얻는 것이 아주 중요합니다. 위의 에피소드에서처럼 함께하는 사람이 세 명이 되면, 지나가는 사람들이 봐도 이상하지 않고 자연스럽게 따라 하기에도 거부감이 없기 때문에 그 이후에 아주 많은 동조자를 얻는 것은 그 이전보다 훨씬 쉬워집니다.

대부분의 혁신은 이렇게 동조자와 협력자를 얻어서 큰 성공에 이르게 됩니다. 그러므로 첫 번째 동조자를 얻는 일이 무엇보다 중요합니다. 첫 번째 동조자의 역할은 아주 중요한데, 그것은 이후 함께할 다른 사람들에게 어떻게 따라 하면 되는지를 보여주기 때문입니다. 그리고 이때 리더가 이 첫 번째 동조자를 리더 자신과 동등하다는 것을 보여주는 것 역시 중요합니다. 그렇게 함으로써 이제 리더와 팔로워가 평등하게 함께 일하는 한 팀이 됩니다. 즉 리더 홀로는 하나의 부싯돌이었지만, 다른 부싯돌이 되어주는 첫 번째 팔로워가 가세하면 스파크가 일어나게 됩니다. 즉 첫 번째 팔로워는 자신의 다른 동료들을 동참시키려 하게 되고, 그 결과 세 명의 협업팀의 구성 요소를 갖추게 되면 불꽃은 불이 되어 타오르기 시작할 것입니다. 다시 말해서 이제 많은 사람들로 확산되는 것은 시간 문제인 것입니다. 즉 두 번째 팔로워가 전환점이 되어서 세 명의 구성원이 모이게 되면 명실상부한 팀이 시작된다고 할 수 있습니다. 이렇게 팀이 형성되면 새로운 참여자는 리더를 따라 해야 하는 부담 없이 팔로워를 따라 하면 되고, 새로운 팔로워는 그 앞의 팔로워들을 따라 하면 됩니다. 참여 현상이 이러한 수준에 도달하면, 티핑 포인트에 도달했다고 할 수 있습니다. 네트워크 효과가 일어날 것이라는 의미입니다. 다시 말해서 이제부터는 이 그룹에 참여하는 것이 더 이상 위험하거나 모험적인 것이 아닙니다. 이상하거나 우스꽝스럽지 않고 아주 자연스럽게 동참할 수 있게 됩니다. 아니 오히려 참여하고 싶은 팀이 될 수 있습니다.

　여기서 간과해서는 안 될 아주 중요한 요소가 하나 있습니다. 첫 번째 동조자를 얻으려면 처음 혁신가의 행동이 따라 하기 쉬워야 한다는 것입니다. 비록 기괴할지라도 따라 하기 쉬운 행동을 해야 첫 번째 동조자를 얻을 수 있습니다. 혁신의 전파나 조직에 있어서도 단순성simplicity은 성공의 필수적인 요소key success factor라는 것을 명심해야 합니다. 너무 놀랍고 예상하기 어려운 기술로 세상에 다가가면 소비자나 사용자가 어떻게 반응해야 할지 어리둥절해합니다. 이후 자신들이 멍청해 보이는 것 같은 불쾌감을 느끼게 되면 그 기술은 시장을 형성하지 못하게 됩니다. 더불어서 첫 번째 동조자를 얻지 못하면 혁신가 혹은 리더는 혁신가도 리더도 아닌 아주 우스운 사람이 될 것이라는 것도 잊어서는 안 됩니다. 우리는 리더를 아주 중요하게 여기고, 모두가 리더가 되기를 강요하는 경향이 있습니다. 그렇기는 하지만 앞에서 언급한 대로 이와 같이 첫 번째 팔로워가 없다면 리더도 없는 것입니다.

▎세 명이 모이면 티핑 포인트를 만든다

위의 에피소드가 낯설다면, 다음 예로 이해하시면 좀 더 쉬울 것 같습니다. 그것은 바로 '3의 법칙' 입니다. 우리나라에서도 '3의 법칙'에 대한 재미있는 다큐멘터리가 방송된 이후 이 법칙이 많은 사람들에게 알려졌습니다. 한 명이나 두 명만으로는 주변 사람들의 관심을 끌기 어렵지만 세 명이 구성되면 사람들의 관심을 끌어서 행동의 변화를 일으킬 수 있으므로, 세 명이 모이면 티핑 포인트를 만들 수 있는 구성 요소가 준비된다는 법칙입니다. 여기서 처음 시작한 리더는 부싯돌의 역할을, 첫 번째 팔로워는 스파크를 만드는 역할을, 끝으로 두 번째 팔로워는 전환점을 만드는 역할을 합니다. 이제 무엇인가 새로운 변화를 모색하고자 한다면 첫 번째 팔로워를 찾아야 합니다. 그리고 첫 번째 팔로워를 찾았다면 리더 자신과 동등하게 대해주는 것도 잊어서는 안 됩니다. 그러면 그 첫 번째 팔로워가 동료들을 부를 것이고 그렇게 두 번째 팔로워가 참여한다면 전환점turning point을 넘을 것입니다. 그 다음은 티핑 포인트를 넘는 일만 남았다고 생각하시면 됩니다. 이런 일은 아주 자연스럽게 흘러가게 될 것입니다.

만일 이러한 현상이 이론적 실험에서만 가능하다고 생각하시는 분을 위하여 다른 사례를 하나 더 들어보겠습니다. 바로 샤오미에 관한 이야기[35]입니다. 샤오미의 돌풍은 레이쥔雷軍 회장 혼자가 아닌, 이른바 6인방이 이룬 것이라고 전해집니다. 그런데 그 6인방이 모인 스토리가 재미있습니다. 레이쥔 리더의 첫 번째 팔로워는 린빈林斌 사장으로 그는 마이크로소프트에 일하면서 소프트웨어 엔지니어로 '윈도우 2000' 개발 등에 참여했을 뿐만 아니라 MS 최고 권위의 상인 '골드스타 어워드Gold Star Award'를 수상하기도 했습니다. 이후 구글로 이직해 중국공정연구원 부원장으로 현지 연구 · 개발(R&D) 인력을 총괄하던 중 절친한 사이였던 레이쥔 회장과 의기투합해 샤오미 창업에 뛰어들었다고 합니다.

그런데 여기서 스파크가 일었습니다. 린빈 사장은 하드웨어 분야 최고 전문가인 저우광핑周光平 부사장을 레이쥔 회장에게 소개했습니다. 당시 샤오미는 창업 초기로 스마트폰과 OS, 모바일 메신저 등 세 가지를 주력 사업으로 육성한다고 발표했을 때입니다. 저우광핑 부사장은 미국 조지아공대를 졸업하고, 2001~2008년 모토로라 수석 엔지니어로 근무했는데, 그가 개발한 트라이-밴드(세 가지 주파수) 안테나는 미국 내 특허를 취득했으며, 2000만 대 이상의 모토로라 휴대폰에 탑재되었다고 합니다. 연이어 리완치앙黎萬强 부사장과 홍펑洪峰 부사장, 황장지黃江吉 부사장 그리고 류더劉德 부사장이 합류합니다. 2013년 미국 경제전문지 〈포춘〉이 선정한 '중국 40세 이하의 재계 엘리트 40인'에 이름을 올릴 정도로 촉망받은 젊은 기업가, 미국 퍼듀대 박사로 구글에서 4년간 근무하면서 구글맵의 3D 지도 개발을 주도한 인물, 린빈 사장과 함께 MS에서 근무하면서 이미 30세 이전에 MS 수석 엔지니어로 일할 만큼 능력을 인정받은 인물, 미국 아트센터 칼리지 오브 디자인Art Center College of Design을 졸업한 뒤 베이징과학기술대 공업디자인과 학과장을 역임한 디자인 전문가 등이었습니다. 샤오미 경영진은 자신의 전문성을 최대한 살릴 수 있는 사업을 맡아 최고의 성과를 내고 있는데, 이는 모두 레이쥔 회장의 리더십과 공동 창업가들의 팔로워십이 톱니바퀴처럼 돌아가는 최고의 팀워크를 이루고 있기 때문입니다. 여기서 잊지 말 것은 이들도 처음부터 모두가 함께했던 것은 아니라는 것입니다. 감히 단언하건대 처음부터 혁신팀을 꾸리기 어려운 상황이라면, 리드십을 꼭 기억하시길 바랍니다.

모두가 아닌 첫 번째 사람부터 찾아라. 그리고 세 명으로 시작하라!

이러한 리드십이나 팔로워십을 얻고 싶은 리더들은 역설적으로 다음에 언급하는 언리더십에 대해 숙고하고 실천할 필요가 있습니다. 언리더십은 문자 그대로 리더가 기존의 매니지먼트에서 중요하다고 강조되었던 일들을 과감히 버리고 서로 평등하게 그리고 창의적으로 협업하는 방식입니다. 리더로서의 권위주의보다 조직 전체를 고민하는 소신과 철학을 지니면서도 각 개인의 자유와 평등을 존중하는 자세, 이것이 언리더십의 핵심이라고 할 수 있습니다.

직원을 여전히
경영의 대상으로 보는가
– 언리더십Unleaderhip

_____ 앞의 리드십이 특별한 팔로워십에 대한 논의였다면, 언리
더십unleadership은 리더십에 관한 특별한 논의입니다. 관리와 통제로
부터 직원을 해방시켜야 한다는 게리 해멀 교수의 주장[36]과 유사하게,
《언리더십Un-Leadership》[37]의 저자인 독일의 닐스 플레깅Niels Pflaeging
역시 '직원을 경영의 대상으로 보지 마라'라고 주장[38]합니다. 그의 주
장에 따르면 현대의 경영 방식은 20세기 초 산업혁명 이후의 대량 생
산 체제에 근거한 것으로, 표준화를 통하여 같은 제품의 대량 생산을
하기 위해 탄생시킨 방식, 즉 우리에게 익숙한 '테일러리즘taylorism'이
라는 것입니다. 표준화에 따른 대량 생산 방식이기 때문에 소수의 사
람만 생각하는 자(Thinker)가 되고, 나머지 대다수의 사람들은 소수의
생각에 따라서 행동하는 자(Doer)가 되는 시스템은 제품의 가치가 복
잡하지 않았던 시절에 적합한 방식이었습니다.

오늘날같이 제품의 가치가 점점 더 가속화되면서 복잡해 지는 스마
트 시대에는 이와 같이 Thinker와 Doer를 구분하는 것은 상당히 비효
율적인 방식입니다. 그럼에도 불구하고 과거의 매니지먼트 패러다임
에 머물러 있는 많은 기업들은 아직도 20세기 초 산업혁명 시대의 매
니지먼트 개념을 유지하려고 애쓰고 있습니다. 하지만 이제는 그러한
과거 산업혁명 시대에 적합했던 리더십 방식에서 벗어나 복잡해진 새

로운 시대에 적합한 방식을 취해야 한다는 의미에서 언리더십은 리더들이 고민해야 하는 아주 중요한 개념이라고 할 수 있습니다. 여기서는 그 중요한 사항 세 가지만 다루고자 합니다.

▎스마트 시대에 적합한 방식으로 업그레이드하라

첫째, 이제는 모두가 'Thinker'이자 'Doer'가 되어야 한다는 것입니다. 초경쟁 시대이자 초스피드 시대인 오늘날 매니지먼트에게 사사건건 의사결정을 받아서는 안 된다는 것도 물론 이유입니다. 그러나 의사결정에 대한 권한 이양이 있어야만 스스로 생각하고 행동하는 추진력initiative과 열정을 불러일으킬 수 있다는 것이 모두가 'Thinker'이자 'Doer'가 되어야 하는, 보다 결정적인 이유입니다. 상사가 시키거나 조직의 규범에 얽매인 아이디어를 만들지 않고 고객과 세상이 원하는 창의적인 아이디어를 발굴하여 실행하는 것이 중요한 스마트 시대에 혁신 조직원은 모두 Thinker이자 Doer가 되어야 합니다.

둘째, 비공식 조직informal structure의 활성화입니다. 지금까지의 매니지먼트 방식에서는 비공식 조직은 중요하거나 핵심이 될 수 없었습니다. 비공식 조직의 역할은 임직원의 혜택 차원에서 취미 생활을 도와주는 정도로만 여겼기에, 비공식 조직의 활동을 정식 조직의 활동과는 구분해왔습니다. 하지만 이제는 비공식 조직의 활동을 아주 적극적으로 공식 조직formal structure의 활동에 포함시켜야 합니다. 우리 모두 공식 회의 석상에서는 동의할 수 없는 안건을 비공식적인 친분에 의해서는 해결해본 경험이 있을 것입니다. 그 비공식적인 친분은 친구 관계일 수도, 동문일 수도, 동호회원일 수도 혹은 아내 친구의 남편일 수도 있습니다. 즉 비공식 조직은 그 범주를 규정할 수 없을 정도로 아주 다양하지만, 그 효과는 아주 강력합니다. 그렇기 때문에 이를 인정하고 공식 조직과 함께 매니지먼트의 범주에 두어야 합니다.

최근 이러한 비공식 조직을 잘 활용하고 있는 기업 중의 하나가 삼성전자입니다. 삼성전자 사내에는 TEDxSamsung이라는 비공식 조직이 아주 활성화되어 있습니다(TEDxSamsung을 비공식 조직이라고 명명하는 이유는 이 조직이 삼성전자 조직도에 있는 조직이 아니기 때문이지, 조직의 허락을 받지 않고 활동한다는 의미는 아닙니다). 몇 년 전부터 아주 활발하게 업무 활동 이외의 활동으로 급성장하던 TEDxSamsung 내부에서 아주 작은 프로젝트 하나가 시작되었습니다. 그것은 TED에서 시작한 것으로 몸을 전혀 움직일 수 없는 환자들 중 눈을 움직일 수 있는 환자를 위한 것이었습니다. 즉 안구의 움직임을 컴퓨터 마우스의 움직임과 연동하여 환자가 컴퓨터를 사용할 수 있게 하는 프로젝트였습니다.

일반적으로 이러한 안구마우스를 제작하는 데에는 비용이 많이 들었지만, 과학 기술의 발달 덕분에 웹캠 등의 하드웨어와 TED에서 공개한 소프트웨어 등을 활용하여 저렴하게 만들 수 있는 방법도 있었습니다. TEDxSamsung 활동을 하면서 알게 된 일군의 엔지니어들이 같은 활동을 하던 친구의 아버님이 거동이 어려운 상황에 계신 것을 알게 되면서 친구 아버님을 위하여 프로젝트를 시작하게 됩니다. 그러던 중 평소 TEDxSamsung의 활동에 큰 관심을 가지고 있던 삼성전자 인사팀장이 이러한 프로젝트 활동을 공식 업무로 할 수 있도록 '창의개발연구소'라는 제도를 만들게 된 것입니다.

그 결과 2011년 11월부터 다섯 명의 삼성전자 직원들이 'eyeCan'이라는 장애인용 안구마우스를 만드는 프로젝트를 창의개발연구소 1호 과제로 정하고 공식 업무로 하였습니다. 비록 이 결과가 친구 아버님만을 위한 것은 아니지만 이러한 비공식 조직의 활동을 공식 업무 활동에 포함시키는 것은 언리더십이 강조하는 대로 비공식 조직을 활성화한 아주 좋은 예라고 생각합니다. 이러한 활동이야말로 스스로 주인의식과 열정을 가지고 모든 창의성을 동원해 추진해나갈 프로젝트입니다.

언리더십과 관련하여 염두에 둘 또 다른 사항은 중앙 조직center은 통제 조직이 아닌 지원 조직이어야 한다는 것입니다. 지금까지 중앙 조직은 모든 관리와 통제 권한을 갖는 중앙집중적 조직이었지만 이것은 비효율적이고 비효과적인 방식이라는 뜻이기도 합니다. 오늘날 기업에게 가장 중요한 성공 요소는 고객인데, 고객과 접촉하는 조직은 주로 주변 조직periphery입니다. 그런데 이 접점에서 기획이나 의사결정이 일어나지 않고 중앙의 조직에서 기획하고 의사결정을 한다는 것은 초스피드 시대이자 서비스와 경험이 중요한 시대에 적합하지 않습니다. 물론 현재의 주변 조직은 기획이나 의사결정을 할 역량을 갖추고 있지 못할 수 있습니다. 그렇더라도 중앙 조직에서 주변 조직이 기획이나 의사결정을 할 수 있도록 지원해야 합니다. 이렇게 되어 주변 조직이 기획과 의사결정을 할 수 있을 역량을 갖추게 되면, 중앙 조직은 보다 수준 높은 기획과 의사결정을 할 수 있게 됩니다. 그리하여 점점 더 강력한 고객 중심의 기업으로 발전하게 될 것입니다.

▌ 열두 가지를 지켜라

간단하게 언리더십에서 중요한 개념을 논하였지만, 언리더십은 '매니지먼트가 다루어야 할 12가지 규율'에 관한 것이므로 관심을 가지고 아래의 내용에 대해 생각해보기를 권합니다.

● 매니지먼트를 위한 12가지 규율
1. **행동의 자유**: 의존 대신 의미 접속
2. **책임**: 부서 대신 셀
3. **리더십**: 경영자 대신 리더
4. **업무풍토**: 의무 이행 대신 성과 위주
5. **성공**: 극대화의 망상 대신 정확성
6. **투명성**: 권력 정체 대신 정보의 흐름
7. **방향 설정**: 정해진 지침 대신 상대적 목표
8. **인정**: 인센티브 대신 참여
9. **신속한 대응력**: 계획 대신 준비 자세
10. **결정**: 관료주의 대신 일관성
11. **합목적성**: 신분 대신 편의성
12. **협력**: 지시 대신 시장 역동성

만약 위에 언급한 12가지 규율을 위반한다면 어떻게 될까요? 예를

들어 지시하고, 직급의 권위를 내세우는 관료주의가 팽배하며, 업무를 돈과 같은 당근으로 유도하며, 계획된 일만 처리하고, 업무 매뉴얼이나 정책에 반하는 일에 대해서는 관심을 두지 않고, 부서의 성과만 중요시하는 관리자들로 가득한 곳에서는 언리더십은 존재하지 않을 것입니다. 그리고 비공식 조직의 활성화도 어려울 것입니다.

리더십과 언리더십, 그리고 팔로워십과 리드십이 한 공간에 공존하기는 말처럼 쉬운 것이 아닙니다. 이러한 조건이 갖춰지려면 리더와 팔로워 모두가 가져야 할 개인 역량이 하나 있습니다. 바로 다음 절에서 다룰 오너십ownership입니다.

한 번도 가보지 않은 길을 가기 위해

– 오너십Ownership

_____ 앞서 다룬 언리더십과 리드십이 혁신 조직에서 리더와 팀원이 '각각' 가져야 할 태도라면, 오너십은 리더와 팀원 모두가 가져야 할 태도입니다. 왜냐하면 혁신에는 주체만 있을 뿐 객체는 없기 때문입니다. 다시 말해서 혁신을 추진하면서 상대방에게 강요해서는 혁신이 이루어질 수 없습니다. 혁신은 창의성과 열정을 가진 사람만이 추진할 수 있는 아무도 가보지 않은 길이기 때문입니다. 파괴적 혁신 disruptive innovation으로 유명하며 경영학계의 아인슈타인이라고 불리는 하버드대학교의 크리스텐슨 교수에 의하면 혁신의 정의는 아래와 같습니다.[39]

혁신은 소비자가 원하는 것을 이해하고 새로운 방식으로 사업을 전개하여 기존의 방법과는 다르게 돈을 버는 방식에 관한 것이다.

(Innovation is about new ways of making money by new ways of doing business after understanding what customers want.)

즉, 새로운 방식 혹은 새로운 길을 걷는다는 것이 혁신의 속성입니다. 이렇게 새로운 여정을 시작하는 것이 혁신인데, 과거의 경험이나 매뉴얼이 있을 수 없습니다. 그렇지만 우리 주변에서는 "자네 신사업

제안서는 아주 혁신적일세. 그런데 우린 이전에 이런 걸 한 번도 시도해본 적이 없어서 실행하기 어려울 거야."라고 하는 매니지먼트 혹은 매니저를 쉽게 볼 수 있습니다. 뿐만 아니라 "매뉴얼만 주시면, 제가 혁신적인 사고방식으로 고민해보겠습니다."라고 대답하는 담당자들을 어렵지 않게 접할 수 있습니다. 이런 환경에서는 혁신적인 사고out-of-the-box thinking를 할 수 없는 것이 당연합니다. 한 번도 해보지 않았기에 매뉴얼은 물론 지도까지 내가 만들어서라도 도전하는 열정과 추진력이 필요하고, 한 번도 시도해본 적이 없기에 선배들의 경험에 의지하기보다는 창의성을 발휘해서 길을 개척하려고 해야 합니다. 그것이 혁신입니다. 그러므로 혁신에 도전하기 위해서는 크리스텐슨 교수의 다음 이야기[40]를 깊이 명심할 필요가 있습니다.

확실한 데이터를 거론하면서 여러분의 생각을 반박하는 사람들에게 주눅 들지 말라. 명심할 점은 정말로 확실한 데이터는 오직 과거에만 존재한다는 것이다.

| 100% 성공률의 함정

혁신에 도전하는 사람들은 여기서 한 가지 더 생각해볼 것이 있습니다. 바로 '100% 성공률'입니다. 혁신을 추구하면서 100% 성공률에 도전하고 계신가요? 그렇다면 혁신에서 100% 성공이라는 것은 어떤 의미일까요? 이에 대해 구글의 에릭 슈미트Eric Schmidt는 다음과 같이 자신의 생각을 명확하게 표현하고 있습니다. "100 % 성공률을 가진 프로그램이라면, 0% 혁신을 이루게 될 것이 분명할 것입니다(Show me a program with a 100 percent success rate, and I'll show you one with 0 percent innovation)." 그렇습니다. 혁신을 하고 싶다고 하면서 확실한 결과를 논하거나 과정을 입증하라는 것은 상식 밖의 발상입니다.

삼성전자에서 제가 참여했던 '보르도 TV 프로젝트'의 멤버들은 평판 TV 최초로 연간 100만 대의 매출을 이루길 꿈꿨습니다. 그 당시인 2005년도만 해도 삼성전자 TV 사업부는 전 세계적으로 3위권 밖에 있었을 뿐만 아니라 그나마 계속 하락하는 상황이었습니다. 또 소니가 가전의 명성을 되찾겠다고 '브라비아Bravia'라는 TV의 출시를 코앞에 둔 때이기도 했습니다. 이러한 상황에서 삼성전자가 세운 목표는 어찌 보면 한국의 장기이자 삼성의 장점이기도 한 근면, 성실, 순종과 지식으로는 도달할 수 없는 것입니다. 그럼에도 불구하고 삼성전자는 이러한 꿈 같은 일에 도전했습니다. 정확하게는 처음에 프로젝트를 시작한 몇몇 사람들이 도전했습니다. 그들은 그 프로젝트의 명칭을 '밀리언 셀러million seller'라고 정했습니다. 당시에는 그 누구도 해보지 못한 엄청난, 그러나 입증할 수 없는 목표에 도전한 것입니다.

이러한 도전을 한 혁신팀에는 창의, 열정 그리고 추진력이 있었을까요? 당연히 있었습니다. 그러나 처음부터 있었던 것은 아닙니다. 혁신팀은 삼성전자 VIP센터라는 가치 혁신 전문가 그룹과 협업을 시작하게 되었는데, 우여곡절 끝에 그 당시 시간, 돈, 그리고 사람이 부족한 상황에서도 그 혁신팀이 미래를 위한 생각을 할 수 있도록 다른 모든 업무에서 제외시켜준 것입니다. 게다가 중간중간 혁신팀이 보고한 내용은 허황되게 보일 정도로 완성된 것이 아니었음에도 불구하고 매니지먼트에서는 그 결과를 입증하라고 하기보다는 혁신팀이 만들어 온 결과 속의 잠재력을 보려고 노력했습니다. 돌이켜보면 이것은 혁신팀에 대한 믿음과 신뢰 없이는 불가능한 일이었습니다. 이러한 신뢰의 싹이 혁신팀의 열정과 창의성에 스파크를 일으켰고, 그들의 추진력이 참여하지 않은 사람들과 사업부장도 동의할 수밖에 없는 콘셉트를 끌어낸 것입니다. 결국 사업부장의 동의를 얻자 글로벌 조직 모두가 동의하는 티핑 포인트의 순간을 맞을 수 있었습니다.

▎ 혁신을 착수하게 하는 세 가지 질문

이 모든 과정들의 조합 가능성은 사실 확률적으로 매우 낮은 수준이었습니다. 아니 확률 게임을 했다면 불가능했을 것입니다. 하지만 혁신팀은 이러한 낮은 확률에 도전한 것이 아니라 철저히 기본과 본질에 충실하였습니다. 소비자와 공감하려고 노력했고, 소비자의 진정한 문제가 무엇인지, 진정으로 TV에서 바라는 것이 무엇인지를 아주 깊이 있게 느끼고 상상하고 생각했습니다. 그 결과 TV를 창의적으로 재정의할 수 있었습니다. 즉, 소비자와의 공감에서 얻은 이해와 본질적인 문제에 대한 재정의를 통해 얻은 창의적 인사이트를 전략과 콘셉트로 논리정연하게 풀어서 의사결정권자들과 주변 동료들에게 설득력 있게 주장한 것입니다. 그렇게 해서 한 단계 한 단계 상품기획 그룹장, 전략마케팅팀장, 개발팀장 그리고 사업부장 등의 순으로 허락을 얻었고, 그러는 사이에 어느새 주변 동료들과 매니지먼트들이 모두 함께하는, 모두가 거대한 목표를 성취할 수 있다는 의지로 뭉쳐진 하나의 열정팀이 만들어졌습니다. 즉, 이때의 모든 팀원은 이 프로젝트의 오너십을 가지게 된 것입니다. 이 일련의 거대한 성공에도 시작은 있었습니다. 그중에서 아주 중요한 한 가지 핵심 요소를 살펴보도록 하겠습니다.

그 한 가지 요소는 '비전' 혹은 '목표' 입니다. 혁신팀은 평판 TV 사상 최초로 100만 대 이상 팔릴 수 있는 TV를 만들고자 했습니다. 앞에서도 언급했듯이 당시 삼성전자의 위상으로는 꿈같은 목표였지만, 그들은 프로젝트 목표로 100만 대 판매를 꿈꿨습니다. 앞에서도 언급했지만, 처음부터 그랬던 것은 아닙니다. 많은 경우와 같이 목표를 그렇게 세웠다는 것이지 실제로 그렇게 하겠다는 것은 아니었는지도 모릅니다. 그러나 블루오션 전략과 가치 혁신 프로그램이 리드하는 대로 산업의 경계를 넘고 시간의 경계를 넘어보면서, TV의 비고객들을 이해하고 공감하면서, TV와 상관없다고 느껴졌던 청담동 가구 거리를 헤매면서 그들은 점점 그들의 꿈을 서로 공유하면서 공감하기 시작했습니다. 이런 TV를 만들어보면 어떨까? 저런 TV는 고객에게 어떤 의미가 있을까? 왜 TV에 대해 물어보면 방송에 대해서 얘기할까? TV 대신에 다른 상품으로 대체하겠다고 자신 있게 대답하면서 왜 정작 그렇게 바꾸지는 않았을까?

수많은 의문과 미스터리는 점점 확실하게 팀이 대답해야 하는 질문으로 명확하게 바뀌어갔고, 그러한 질문에 적절한 답들을 생각하면서 전략 캔버스로 그려보는 활동을 하면서 혁신팀이 함께 찾고자 했던 TV의 모습을 점점 일치시키기 시작한 것입니다. 처음엔 그 답이 무엇인지는 몰랐지만, 그들이 완성하였을 때의 모습인 비전과 이루어야 할 목표가 확실하였기 때문에 그들에게 70만 대, 혹은 80만 대의 히트

상품은 의미가 없었습니다. 무조건 100만 명 이상의 고객이 사겠다고 대답할 TV를 상상하는 일에만 집중했습니다. 결론적으로 아래의 세 가지 질문에 답할 수 있을 때 혁신의 험난하고 지난한 여정을 함께 시작할 수 있었습니다.

- 당신은 당신이 일하는 목적을 말할 수 있는가?
- 할 수 있다면, 당신은 당신의 일하는 목적을 간단명료하게 적을 수 있는가?
- 할 수 있다면, 당신의 동료들도 당신과 동일한 목적을 가지고 함께 일하는가?

이 세 가지 질문에 모두 '그렇다'라고 답할 수 있다면 당신의 프로젝트가 혁신적으로 성공할 확률은 대단히 높습니다. 왜냐하면 이 세 가지 대답을 할 수 있는 혁신팀은 팀원 모두가 오너십을 가진 사람들이기 때문입니다. 오너십을 가진 사람들은 프로젝트가 자신들의 것이기 때문에 아무리 어려운 난관이 닥쳐와도 그것을 스스로 해결하려고 끝까지 노력합니다. 오너십으로 구성된 팀은 창의력으로 서로 엮여 있고 열정으로 들끓고 있으며 추진력이 넘치는 혁신팀이기 때문입니다.

기업이든 조직이든 오너owner는 한 명입니다. 그러나 성공하는 기업이나 혁신적인 기업에서는 오너십을 가진 사람들을 찾는 게 어렵지 않습니다. 이러한 오너십은 리더가 가질 수도 있고, 팔로워가 가질 수도 있는 것입니다. 팀원 전체가 오너십을 가졌다면 그 팀엔 실패란 없을 것입니다. 그들은 때로는 엄청나게 크게 성공하고, 때로는 배우기도 합니다.

게임 체인저가 되어야 한다

— 앙트레프레너십Entrepreneurship

_____ 혁신 조직이 갖추어야 할 여섯 가지 선단(-ship)은 팀을 이루는 기본인 리더십과 팔로워십, 그리고 혁신팀으로 전환하는 언리더십과 리드십, 끝으로 혁신팀을 이끌어 나갈 오너십과 앙트레프레너십이라고 말씀드렸습니다. 이제 여섯 가지 중 마지막인 앙트레프레너십에 대해 살펴볼 차례입니다. 우선 피터 드러커Peter Drucker의 이야기[41]로 시작하겠습니다.

혁신은 조직이 부를 창출할 수 있는 새로운 역량이 있다고 믿고 맡기는 행위… 즉, '앙트레프레너십'을 위한 특별한 도구이다.

(Innovation is the specific instrument of entrepreneurship. It is the act that endows resources with a new capacity to create wealth.)

피터 드러커가 언급했듯이 혁신 활동은 자원을 활용하여 부를 창출할 수 있는 새로운 역량을 부여하는 특별한 방법으로, '앙트레프레너십'의 일환이라고 할 수 있습니다. 따라서 앙트레프레너십은 창업 정신, 창업 능력, 창업 활동 등의 의미로 해석하는 것이 적합할 것 같습니다. 이렇게 창업 활동에도 혁신이 기본적으로 필요한 것은 스마트 시대에는 과거의 기업을 존속적으로 유지하는 것만으로는 생존하기 어려울 정도로 변화의 속도가 빠르기 때문입니다. 다시 말해서 패러다임 변화 주기가 빨라져서, 패러다임 간의 불연속성을 넘어야 하는 혁신 활동이 요구된다는 의미입니다. 이러한 상황에서는 신상품 개발의 수준으로는 가속화된 패러다임의 변화 주기를 따라 가기 어렵습니다. 즉 신사업 수준의 혁신적 변화가 요구되는 환경이 도래한 것입니다. 그래서 경영혁신의 전도사라고 불리는 게리 해멀Gary Hamel은 현대 기업은 '게임 체인저game changer'가 되어야 살아남을 수 있다고 하였습니다. 이를 위하여 20세기의 방식인 관리, 통제로부터 직원을 해방시켜야 가치를 창출할 수 있다고 주장했는데, 이는 피터 드러커가 한 말과 같은 맥락이라고 생각됩니다. 게리 해멀은 지식, 근면과 순종의 범용화된 역량보다는 열정, 창의성, 추진력을 갖춘 조직으로 변화해야 할 필요성을 피력하면서, 다음과 같이 '조직에 공헌하는 인간의 능력'에 대한 피라미드 구조를 제시[42]하였습니다.

조직에 공헌하는 인간의 능력

이 피라미드에서 순종, 근면, 지식의 범용화된 역량을 갖춘 사람은 켈리[43]가 주장한 네 가지 팔로워십 중에서, 참여도는 높지만 비판적 사고나 독립적 사고는 낮은 '순응형 팔로워yes people'에 머무를 확률이 높습니다. 따라서 스마트 시대의 혁신 활동을 고민하는 사람이라면, 게리 해멀의 주장에 대하여 반론이나 이견을 제시하지는 않을 것 같습니다. 오히려 어떻게 '지식, 근면, 순종의 조직'이 '열정, 창의성, 추진력을 갖춘 조직'으로 변화할 수 있는가에 더 많은 관심을 기울일 것입니다. 왜냐하면 그런 변화를 일으킬 수 있는 방법을 아직 얻지 못하고 있기 때문일 것입니다.

그렇다면 이와 같이 변화하기 위해서는 무엇이 필요할까요? 무엇보다 '지식, 근면, 순종'과 '열정, 창의성, 추진력' 사이에는 아주 깊고 넓은 계곡과 같은 것이 존재한다는 것에 대한 이해가 중요합니다. 게리 해멀이 설명한 '조직에 공헌하는 인간의 능력'에 대한 피라미드 구조에는(그가 설명하지는 않은 것이지만), '열정, 창의성, 추진력'과 '지식, 근면, 순종' 사이에 캐즘chasm과 같은 아주 커다란 공백 지대가 존재합니다. 이는 기존의 조직을 운영하던 방식에서 일부만 변경한다고 해서 열정, 창의성과 추진력을 갖춘 조직으로 변모하기는 어렵다는

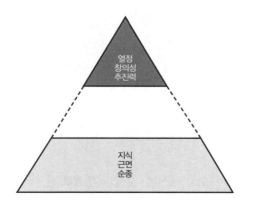

의미입니다.

그렇기 때문에 이러한 변화를 위한, 즉, 캐즘을 넘을 수 있는 조직원의 태도 변화가 우선되어야 합니다. 크게는 순종, 근면, 지식의 단계부터, 모든 조직에서 기본적, 공통적으로 리더가 가져야 할 '리더십', 그리고 팀원의 '팔로워십'을 갖추어야 합니다. 이에 더하여 혁신 조직으로 탈바꿈하기 위해서는 리더가 새롭게 취해야 할 '언리더십'과 팀원 중 선봉에 설 일부가 가져야 할 '리드십'도 필요합니다. 마지막으로 열정, 창의성과 추진력을 갖춘 혁신팀이 되기 위해서는 리더와 팀원 모두가 가져야 할 '오너십'과 팀에 가치 창출을 위한 역량을 부여할 앙트레프레너십이 필요합니다. 이 여섯 가지 혁신의 선단(-ship)을 게리 해멀의 피라미드 구조와 함께 표현하면 다음과 같습니다.

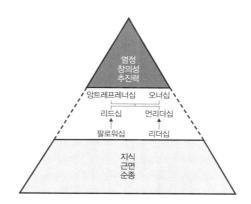

혁신팀을 만들고 싶다면 게리 해멀의 피라미드 구조 사이를 연결할 수 있는, 개인이 가져야 할 여섯 개의 역량에 대해 고민해보시길 바랍니다.

5

인간 중심의 혁신을
이끌어내는 조건
– 조직 역량, 협업

제조업의 시대에는 각자의 고정된 위치에서 본인을 역할을 다하는 팀워크의 협업을 필요로 했습니다. 반면 스마트 시대에는 각 개인이 스스로 판단하고 움직이면서 소통하는, 개인의 개성을 전면에 내세우는 팀워크가 필요합니다.

야구형 비즈니스
VS 축구형 비즈니스

저 혼자 그렇게 불리는 건 옳지 않죠.

디자인에 생명을 불어넣는 건 저희 작업자들이니까요.

오트쿠튀르는 장인들의 협업의 결과물이죠.

"패션계의 천재라는 호칭이 부담이 될 때는 없나요?"라는 질문에 대한 이브 생 로랑Yves Saint Laurent의 답변[44]입니다. '패션 혁명'을 디자인했다고 평가[45]받는 그는 패션계에서 크리스티앙 디오르Christian Dior, 코코 샤넬Coco Chanel과 더불어 20세기 최고의 디자이너로 일컬어집니다. 이브 생 로랑은 바지 형태의 여성 정장과 여성용 턱시도를 처음 선보였고, 패션쇼에 흑인 모델을 최초로 기용하는 등 선구적이고 과감한 시도를 했을 뿐만 아니라 살아 있는 패션 디자이너로는 최초로 1983년 미국 뉴욕의 메트로폴리탄미술관에 작품을 전시해 예술가의 반열에 올랐던 디자이너입니다. 1962년에는 자신의 이름을 내건 오트 쿠튀르(고급 맞춤복) 의상실을 열어 60~70년대 파리를 세계 패션의 중심지로 만든 앙트레프레너entrepreneur(창업가)이기도 합니다. AFP(아에프페) 통신은 그를 60년대 이후 세계적 경제 성장이 젊은층과 여성의 경제적 자유를 증대시킨 데 따른 수혜자라고 평가하기도 했습니다.

앞에서 인용한 그의 답변은 비록 영화의 한 대사이지만, 협업의 중요성을 잘 나타냅니다. 예술성뿐만 아니라 창조성이 아주 중요한 패션 산업에서 이브 생 로랑은 협업의 결과 디자인에 생명을 불어넣을 수 있다고 하였습니다. 그렇다면 창조성이 필요한 다른 산업 분야에서도 가치에 생명을 불어넣기 위해서는 '협업'이 필요한 것이 아닐까요? 어쨌든 이토록 위대한 천재 혁신가가 강조한 의미심장한 한 단어, '협업'이 이제부터 살펴볼 주제입니다.

앞에서는 개인적 역량으로서 가져야 할 선단(-ship)에 대해서 논하였다면, 이번 절에서는 조직의 역량인 협업에 대해서 논의할 것입니다. 당연히 개인 역량과 조직 역량과의 균형과 조화는 혁신팀에게 매우 중요한 주제입니다. 앞에서 언급한 여섯 개의 선단, 즉 리더십, 팔로워십, 언리더십, 리드십, 오너십, 앙트레프레너십이 잘 갖춰져 있다면 협업은 저절로 잘 이루어질 것입니다. 그러나 잘 진행되지 않을 경우를 대비해서 '협업'에 대한 개념적 이해를 도모해보고자 합니다.

먼저 조직 역량으로서 핵심 역량core competency에 대해 생각해보겠습니다. 앞에서 언급한 스펜서Spencer 등의 동기 이론 모델은 주로 업무, 직무 및 관리에서 나타나는 개인 수준의 역량에 대한 것인 반면에, 게리 해멀과 프라할라드C. K. Prahalad의 핵심 역량은 조직의 전략 수준의 역량에 대한 것입니다. 핵심 역량론에서는 혁신적인 창의성, 전문적 지식과 지식 자원의 활용이 성공의 요인이라고 주장하면서, 이러한 성공 요인들의 조합을 '핵심 역량'이란 용어로 표현하였습니다. 조직들 간에 제휴나 네트워킹을 할 때 각 조직의 핵심적인 기술이나 능력들을 통합하여 이용할 수 있어야 하는데, 이를 위해서는 조직간의 경계에 상관없이 개인들이 깊이 몰입하고 서로 의사소통할 수 있는 능력도 핵심 역량의 개념 속에 포함됩니다. 즉 협업 능력이 조직 핵심 역량의 중요한 요소가 될 수 있다는 의미로 해석할 수 있습니다.

▌모든 영역을 탐색하라

이제부터 '협업' 자체에 대해서 생각해보겠습니다. 비즈니스 사례는 어려운 감이 있으므로 우리에게 친숙한 스포츠를 예로 들어보면 좋을 것 같습니다. 일본의 한 작가는 그의 저서[46]에서 '야구형 비즈니스'와 '축구형 비즈니스'라는 용어를 사용하면서 다음과 같은 기사를 인용합니다.

다른 사람을 이해시키고 설득하는 힘을 쌓기 위해서는 언어 기술을 바탕으로 한 팀워크를 익힐 필요가 있다. 일본인은 '30인 31각'과 '단체 줄넘기'와 같이 옆으로 늘어서서 함께하는 팀워크에 강하다. 야구와 같이 포지션이 정해져 있는 팀워크 또한 강하다. 그러나 축구나 배구, 럭비, 아메리칸풋볼 등과 같이 개인이 스스로 판단하고 커뮤니케이션을 하면서 움직이는 경기에서는 팀워크를 발휘하는 데 상당한 약점이 있다. (중략) 일본인은 동질, 동열의 팀워크에는 강하지만 개성을 전면에 내세워 구성된 팀워크에는 약하다. 세계의 벽을 실감하고 있는 일본 축구도 일본인의 나란히 늘어서는 집단주의란 벽에 부딪쳤다.

독일에서는 축구를 지도할 때 '게임 정지!'라고 말하면서 게임을 일시 중단시키기도 한다. 아이들이 패스 미스 등의 플레이를 했을 때 게임을 멈추고 문제점을 수정한다. (중략) 독일의 감독은 아이들에게 왜 그렇게 패스했는지 묻는다. 그리고 아직 열두 살밖에 안 된 아이들과 함께 문제를 의논한다. 대화를 주고받으며 자기 스스로 (중략) 생각할 수 있도록 훈련을 시키는 것이다. 반면 일본에서는 같은 상황에서 아이들은 침묵한 채 감독을 쳐다본다. 감독이 원하는 답을 내놓지 못하면 안 된다고 생각하기 때문이다.

이 저자에 따르면 제조업이 중심이었던 일본은 '야구형 비즈니스'로 기업을 잘 이끌어왔습니다. 그러나 현재 서비스업이 중심이 된, '축구형 비즈니스'가 요구되는 시대에 일본에는 현저하게 경기 침체가 나타나고 있다고 설명하고 있습니다. 이 내용을 통하여 우리는 협업에도 종류가 있다는 것을 알 수 있습니다. 과거 생산의 시대의 협업과 오늘날 스마트 시대의 협업은 그 내용이 질적으로 다르다는 것을 직관적으로 느낄 수 있을 것입니다.

제조업의 시대에는 각자의 고정된 위치에서 본인을 역할을 다하는 팀워크의 협업을 필요로 했습니다. 반면 스마트 시대에는 각 개인이 스스로 판단하고 움직이면서 소통하는, 개인의 개성을 전면에 내세우는 팀워크가 필요합니다. 즉 스스로 답을 찾아가는 축구와 같은 협업이 필요한 것입니다. 물론 공만 보고 쫓아가는 선수들이 뛰는 동네 축구도 있습니다. 그리고 축구에도 센터포드, 미드필더, 풀백과 같이 포지션이 중요했던 시절이 있습니다. 그러나 오늘날에는 포지션이 있음에도 불구하고 전원 수비, 전원 공격을 하며 축구장 전 영역을 활용해야 하는 토탈 사커total soccer와 같은 포메이션formation이 각광받습니다. 혁신팀에서의 협업은 토탈 사커와 같이 생각할 수 있는 모든 영역을 탐색하는 것을 의미합니다. 이제 좀 더 본격적으로 혁신팀에서의 협업에 대해서 논의해보겠습니다.

비저블 이펙트의 시작

"엔지니어와 디자이너가 만나면 무슨 일이 생기나요?"

제가 평소 많이 묻는 질문입니다. 이 질문을 듣는 사람의 절반 이상은 분규와 다툼 혹은 갈등이 생긴다고 대답합니다. 여기서 엔지니어와 디자이너는 그저 서로 다른 전문 영역을 대표하는 단어일 뿐입니다. 사실 유명한 스티브 잡스의 말처럼 기술technology과 인문liberal arts의 교차점에서 애플이 이룩한 창의와 혁신을 생각할 수도 있고, 이매지너리 파운데이션Imaginary Foundation의 표현대로 과학과 예술이 만나면 기적wonder이 일어날 수도 있습니다. 그런데 왜 우리는 엔지니어와 디자이너가 만나면 갈등이 일어난다고 할까요? 과연 이 문제가 엔지니어링과 디자인의 문제일까요? 그렇지 않다고 생각합니다.

기술과 디자인이 만나면 혁신이 일어날 수 있는데, 엔지니어와 디자이너가 만나면 갈등이 일어난다는 것은 엔지니어링과 디자인이라는 학문, 즉 지식 체계의 문제가 아니라 사람의 문제입니다. 다시 말해 기술과 디자인의 지식 체계가 만나면 혁신 혹은 와우wow를 만들 수 있는데, 엔지니어와 디자이너라는 사람이 이러한 지식 체계의 융복합적 경이로움을 방해하는 것입니다. 그 이유는 전문가 간의 의사소통 혹은 협업이 제대로 이루어지지 않기 때문입니다.

만일 엔지니어와 디자이너가 나뉘어지지 않은 마음undivided mind, 공통 분모common area, 혹은 공통 감각common sense을 가지고 있다면, 우리가 혁신을 이룩하는 것은 그리 어려운 일이 아닐지도 모릅니다. 물론 같은 엔지니어 간에도 마음이 합쳐지지 않아 협업이 이루어지지 않는 경우도 있지만, 엔지니어와 디자이너, 혹은 엔지니어와 마케터 아니면 마케터와 디자이너 등 다른 분야의 전문가 집단 사이에 더욱 건너기 어려운 강이 흐르는 것 같습니다.

이들 서로 다른 전문가 집단은 서로 다른 언어를 사용하기 때문에 의사소통이 어렵습니다. 다른 언어를 배운다는 것은 불가능에 가까워 보이는 경우도 있고, 양쪽 언어를 구사하는 통역사를 구하는 일도 쉬운 일이 아닙니다. 언어가 다르니 태도, 습관, 문화도 다릅니다. 한마디로 서로 공유하고 공감할 수 있는 부분이 없을 수도 있습니다. 그럼에도 불구하고 저는 혁신팀을 운영하기 위한 조직 역량 중 협업을 첫 손가락에 꼽습니다. 그리고 기술과 디자인이 만나 혁신을 이루기 위해서는 엔지니어, 디자이너, 마케터 등 전문가들 사이의 공감이 협업의 시작입니다.

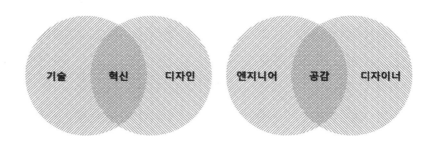

협업을 위한 공감을 좀 더 살펴보기 위하여 다음의 경우를 생각해

보면 좋을 것 같습니다.

멋진 수도꼭지를 만듭시다!

위와 같은 말을 접했을 때 여러분은 어떤 이미지를 떠올리셨나요? 어떤 수도꼭지를 머릿속에 생각하셨나요? 아마 각자의 지식과 전공 혹은 경험과 현재 일하는 부서에 따라 각자 다른 모습을 생각하셨을 것입니다.

일반적으로 엔지니어라면 기능적이고 효율적인 물이 절약되거나 획기적으로 물의 양을 조절할 수 있는 수도꼭지를 생각했을 것 같습니다. 그리고 마케터라면 수도꼭지의 니즈needs, 원츠wants를 생각했거나 혹은 수도꼭지의 매출이나 수량 같은 시장 구조를 떠올렸을 수도 있을 것 같습니다. 그런가 하면 디자이너들은 스타일이나 편리성을 생각하여 사용자가 어떻게 사용하는 것이 가장 편리할지, 혹은 수도꼭지에서 가장 불편한 것은 무엇인지를 생각해서 개선하려고 했을 수도 있습니다. 아니면 멋진 수도꼭지 라이프스타일을 만들어볼 생각을 했을 수도 있습니다.

제가 말한 것이 전부도 아니고 정답도 아니지만 분명히 말할 수 있는 것은 사람들마다 다른 수도꼭지를 생각했으리라는 것입니다. 그런데 만약 한 디자이너가 다음과 같은 수도꼭지를 보여주면서 "내가 생각한 멋진 수도꼭지야! 어때?"라고 묻는다면 어떨까요?

위의 수도꼭지는 분명 우리가 생각했던 모양의 수도꼭지는 아닐 것입니다. 뭔가 이상합니다. 세게 틀면 나에게로 물이 솟구쳐 옷을 버릴, 그래서 조심스럽게 졸졸 흐르는 물에 손을 씻게 만드는 불편한 수도꼭지입니다. 왜 이런 모양인지 쉽게 이해가 되지 않습니다.

이 디자인은 한국인 최초로 아이디오IDEO에 입사한 성정기 디자이너의 불편한 수도꼭지[47]입니다. 성정기 디자이너의 공공 디자인 콘셉트는 '불편한'입니다. 이러한 도구들이 사용하기 불편해야 사용량이 적어질 것이며, 그래야 물과 전기 등 자원을 아끼고 궁극적으로는 지구를 생각할 수 있으리라는 것입니다. 이렇게 이야기를 듣고 보면 이해가 됩니다. 결국 수도꼭지를 디자인한 목적은 물을 아끼고, 환경을 생각하자는 것이었습니다. 그렇다면 수도꼭지는 좀 불편해도 괜찮을 것 같습니다.

현재 진행된 의사소통의 상황을 단계적으로 표현하면 아래와 같습니다. 첫 번째 단계는 불편한 수도꼭지에 대한 이야기를 듣는 것입니다. 무슨 이야기인지 이해하기 어렵습니다. 그러다 수도꼭지에 대한 이야기라는 것을 이해합니다. 그런데 디자인이 이상하다고 생각하게 됩니다. 이야기를 더 들으면 불편한 디자인의 수도꼭지를 만들겠다는 주장을 하고 있다는 것을 인지하게 됩니다. 여기서 더 이야기가 진전된다면 불편하게 디자인한 의도가 물의 절약과 환경을 생각하기 위한 것임을 이해하게 됩니다. 이러한 디자인 의도에 동의한다면 서로 공감했다고 할 수 있습니다. 그리고 공감의 단계에 이르면 서로 공통된 마음의 영역이 생겼다고 할 수 있습니다. 즉 나누어지지 않은 마음 (undivided, shared mind)이 창조되었다고 할 수 있는데 이러한 현상을 비저블 이펙트Visible Effect[48]라고 합니다.

┃ 공감의 혁신

각 분야에 대한 공통 영역에 대한 논리를 이미지로 잘 해석하여 전 세계적으로 유명해진 기업은 아이디오입니다. 그들은 기술과 비즈니스 그리고 사람이 만나서 서로 공감할 때 어떤 혁신이 일어나는지를 아래 왼쪽의 이미지[49]를 활용하여 직관적으로 설명하였고, 이 주장에 동의한 많은 전문가들이 이를 활용하거나 연구하고 있습니다. 앞에서는 간단하게 기술과 예술이 만날 때 혁신이 이루어진다고 언급했는데, 아이디오는 좀 더 구체적으로 설명하였습니다. 기술의 구현 가

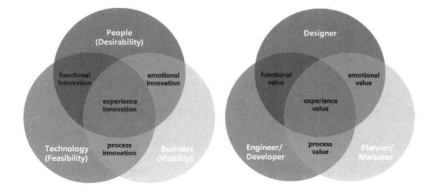

능성과 비즈니스의 실행 가능성이 함께 어우러지면 프로세스 혁신을, 사람의 욕구와 기술의 실현 가능성이 어우러지면 기능적 혁신을, 사람의 갈망과 비즈니스의 성장 가능성이 만나면 감성의 혁신을 이룰 수 있습니다. 그리고 이 세 가지가 동시에 충족되면 경험의 혁신, 즉 인간 중심의 혁신을 창출할 수 있다는 주장입니다.

이러한 지식 체계가 제대로 작동하기 위해서는 앞에서 언급한 것과 같이 사람, 전문가의 공감이 선행되어야 합니다. 다시 말해서 아무리 훌륭한 지식 체계나 혁신 방법론을 도입하여도 이를 운영하고 움직이는 사람들의 보이지 않는 마음이 서로 공통의 영역을 가지고 있지 않다면 그 지식 체계나 방법론은 무용지물이 되고 말 것이라는 의미입니다. 앞의 오른쪽 그림은 아이디오의 경험 혁신 프레임워크를 전문가의 관점으로 변형한 공감의 협업과 가치 프레임워크로 표현한 것입니다.

한 가지 더 생각해봐야 할 중요한 내용은 소비자나 사용자는 가치를 구매하거나 소비하려고 하지, 전문가의 식견이나 지식을 사용하고 싶어 하지 않는다는 것입니다. 즉 가치는 서로 다른 전문가들이 공통으로 만들어낸 곳에 있는데, 각 전문가의 고유 지식과 경험은 공통의 영역이 아닙니다. 이러한 공통 영역이 아닌 영역을 전문 영역이라고 하고, 이러한 전문 영역에 전문가가 있습니다. 그러나 고객은 전문가의 이러한 전문 영역을 구매하거나 소비하거나 사용할 의사가 전혀 없습니다. 예를 들면, 고객은 회로 기판이나 금형 혹은 소프트웨어 코드를 구매할 생각이 없습니다. 그리고 아름답고 훌륭한 디자인 아이콘을 예술 작품처럼 수집할 생각도 없습니다. 어떤 콘셉트로 만들어진 상품인가에 대한 훌륭한 보고서를 읽어볼 생각도 물론 없습니다. 이러한 전문 영역이 어우러져서 만들어진 스마트폰을 활용하여 사랑하는 연인의 목소리를 시간과 장소에 구애받지 않고 또렷하게 자연스럽고 편리한 방식으로 들으면서, 내가 이 상품과 브랜드를 구매함으로써 받은 존중과 선택에 대한 자부심을 느끼고 싶을 뿐입니다. 그리고 음악을 듣고, 동영상을 함께 보고, 게임을 하면서 즐거움을 만끽하고 싶을 뿐입니다.

이를 위해서 우리 전문가들은 고객을 이해해야 할 뿐만 아니라 우리 전문가들끼리 다름과 차이를 인정하고, 서로 존중하고 이해하면서 공감해나가야 합니다. 이것이 협업의 시작입니다. 스마트 시대의 혁신은 이처럼 상호존중과 공감이 이루어지는 창의적 협업을 통해서만 가능한 것입니다.

서로 협력하는 시대가
스마트 시대다

_____ 협업協業은 국어사전에 다음과 같이 정의되어 있습니다.

> 1. 많은 노동자들이 협력하여 계획적으로 노동하는 일
> 2. [같은 말] 분업

그리고 분업分業에 대한 설명을 다음과 같이 분업의 두 번째 뜻으로 보충하였습니다.

> 2. 생산의 모든 과정을 여러 전문적인 부문으로 나누어 여러 사람이 분담하여 일을 완성하는 노동 형태

그런데 재미있는 것은 협업의 관련 어휘로 반대말은 분업이라고 되어 있다는 점입니다. 분업의 첫 번째 뜻을 찾아보면 다음과 같습니다.

> 1. 일을 나누어서 함

외국인이라면 협업과 분업이 같은 말인지 반대말인지 도대체 알 수 없을 것 같습니다. 사실 우리도 두 단어의 뜻을 정확하게 설명하기는

어렵습니다. 그런데 이 두 단어의 의미를 좀 더 정확하게 분리해서 알 필요가 있습니다.

일단 두 단어 모두 '하나의 일을 같이 한다'라는 의미를 지닙니다. 다시 말해서, 힘을 보태어 돕는다는 협조協助, 힘을 합하여 서로 돕는다는 협력協力, 그리고 둘 이상의 조직이나 개인이 모여 행동이나 일을 함께한다는 합동合同의 뜻은 모두 가지고 있습니다. 이런 의미에서 영어로 'cooperation'이라는 단어가 적합합니다. 이런 의미로는 협업과 분업을 구분하기 어렵습니다.

그런데 분업에는 '분담分擔' 혹은 '분장分掌'이나 이라는 유의어가 있습니다. 즉 일이나 임무를 나누어 맡거나 처리한다는 뜻입니다. 반면에 협업에는 '협심協心' 혹은 '합심合心'처럼 여럿이 마음을 하나로 모으거나 여러 사람이 마음을 한데 합친다는 뜻이 있습니다. 즉 말 그대로 나눈 '분업'은 나뉘는 성격이 있고, '협업'은 합치는 성격이 있는 것입니다. '하나의 일을 함께 한다'는 큰 뜻은 같지만, 그 일을 나눠서 할지 아니면 합하여 할지의 여부로 구분할 수 있을 것 같습니다. 협업이란 뜻을 가진 또 다른 영어 단어는 'collaboration'이 있습니다. 그 의미는 '공동 작업이나 연구'입니다. 여기서 '공동共同'이란 '둘 이상의 사람이나 단체가 함께 일을 하거나, 같은 자격으로 관계를 가지는 것'입니다. 저는 '같은 자격'이란 단어에 주목하고 싶습니다. 결론적으로 저는 함께 하는 일을 다음과 같이 분리해서 생각하면 좋을 것 같습니다.

협력協力, cooperation은 분업分業과 협업協業, collaboration의 두 가지 속성이 있다.

산업혁명 이후 생산의 시대, 효율의 시대에는 많은 양의 물건을 빠르게 만들기 위해서 협력의 방법으로 분업division of labor이라는 방식을 선택했습니다. 경제에서 말하는 단순협업單純協業으로, 많은 사람이 함께 모여서 동시에 같은 종류의 노동을 하는 방식입니다. 이러한 분업 방식이 진화하면서 오늘날에는 다른 장소에서 다른 전문적인 일을 하게 되었습니다. 즉 개발, 기획, 디자인 등 각 부서를 위한 별도의 공간을 둔 건물에서 엔지니어링, 전략, 마케팅, 디자인이라는 전문적이고 고유한 업무를 하고 있습니다. 물론 이들 모두는 하나의 기업 혹은 사업을 위한 일을 합니다.

그런데 이러한 분업이 극도로 효율화되면서, 부작용도 파생되었습니다. 바로 우리 모두 잘 알고 있는 부서 장벽silo입니다. 처음부터 그렇게 된 것도, 그렇게 의도한 것도 아니지만, 일을 나누어서 하다 보니 마음mind도 나뉘어지게 된 것입니다. 한자로 '協調'라고 쓰는 협조라는 말도 있습니다. 그 뜻은 다음과 같습니다.

1. 힘을 합하여 서로 조화를 이룸
2. 생각이나 이해가 대립되는 쌍방이 평온하게 상호 간의 문제를 협력하여 해결하려 함

이제 스마트 시대에는 이 협조가 필요합니다. 힘을 합하여 조화를 이루는 것, 서로 대립하지 않고 존중하면서 문제를 함께 해결해나가는 것이 바로 스마트 시대가 요구하는 협업이라고 저는 확신합니다. 역설적으로 협업의 의미를 가진 'collaboration'이라는 단어에는 '(전시

에 자국을 장악한 적군에 대한)협력[부역]'이라는 뜻도 있습니다. 그래서 'collaborationist'는 '적과의 협력자'란 뜻이 됩니다. 같은 협업에서 파생된 cooperationist가 '협동주의자'인 것과는 사뭇 대조적입니다. 그런데 저는 이 뜻을 찾아보면서 문득 이런 생각이 들었습니다. '엔지니어가 디자이너에게 협력하거나 부역하면 collaborationist가 되는 것이네?!' 이제 사일로silo라는 적과의 경계를 넘어, 적과 경쟁하기보다는 서로 협력해야 하는 시대입니다. 부서간의 장벽뿐만 아니라 기업의 울타리, 국가의 보호 장벽도 넘어 글로벌이라는 하나의 세상에서 서로 협업하면서 새로운 시장 공간을 창조하는 시대, 그러한 시대가 스마트 시대입니다. 즉 오픈 이노베이션의 시대, 웹 2.0의 시대, 공유 가치 창출(CSV)의 시대가 도래한 것입니다.

다시 원래의 주제인 협업으로 돌아가겠습니다. 위의 제 해석대로 분업과 협업을 직관적 이미지로 표현하면 아래와 같습니다.

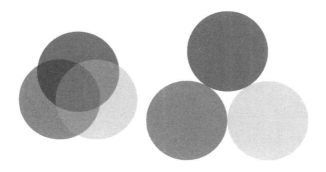

어느 쪽이 협업이고 어느 쪽이 분업을 표현한 것인지 구별하기 어렵지 않을 것입니다. 오른쪽의 분업은 많은 양을 빠르게 생산하기 위하여 각자의 역할을 정하고 서로 겹치지 않고, 즉 독립적으로 자신이

맡은 영역을 책임지는 방식입니다. 이와는 달리 왼쪽의 협업은 서로 가진 지식과 경험을 서로 연결하고 겹치고 합쳐서 새로운 가치를 창조해나가는 방식입니다. 이를 위해서 각 전문가는 독립적이어서는 안 됩니다. 상호의존해야만 합니다. 여기서 오해하지 마시길 바랍니다. 전문 영역이 없어서 상대방에게 의존하는 것이 아니라 나의 전문 영역이 확고하게 있음에도 불구하고 본인이 가지고 있지 않은 부족한 가치를 위하여 서로 의존하는 상호의존성, 즉, 협업이 필요하다는 의미입니다. 아직도 효율과 생산성이 중요한 분야에서는 분업이 최선일 수 있습니다. 그러나 새로운 가치를 창조해야 하는 창의 혹은 혁신 분야에서는 상호의존적인 협업이 필수적입니다.

▎협업을 해야 할 때, 하지 말아야 할 때

앞에서 '축구형 비즈니스'에 대해서 잠시 논했었는데, 지금까지 설명한 것을 축구에 비유해도 이상하지 않을 것 같습니다. 동네 축구는 의존적 협력입니다. 공을 따라서 이리저리 몰려다니는, 그야말로 수준 낮은 축구라고 할 수 있습니다. 좀 더 진화하게 되면 포지션 축구를 하게 됩니다. 공격수는 공격 지역에서, 수비수는 수비 지역에서 자신이 분담한 영역을 확실히 지키는 것이 중요합니다. 그러면 동네 축구처럼 우리 골대에서 적의 골대까지 다 같이 몰려다니는 비효율은 없을 것이고 생산성은 극대화될 것입니다.

그런데 여기서 더 진화할 수 있습니다. 소위 토탈 사커라고 불리는 축구로 전원 수비, 전원 공격의 형태를 지닌 것입니다. 물론 토탈 사커에도 자신의 위치는 있습니다. 그럼에도 불구하고 수비할 때는 공격수가 수비수를 돕고, 공격할 때는 수비수가 공격수를 돕습니다. 이를 위해서는 전제되어야 하는 조건이 있습니다. 공격과 수비의 상황이 너무나 역동적이기 때문에 공격수와 공격수, 수비수와 수비수끼리만이 아니라 공격수와 수비수 간에도 끊임없는 의사소통이 필요합니다. 연습한 상황이면 연습한 상황대로, 예측하지 못한 상황이면 예측하지 못한 상황대로 끊임없이 서로 존중하고 배려하면서 의사소통하는 것이 일류 프로 선수의 기본 실력입니다.

토탈 사커의 프로 선수가 된다는 것은 기본 이상의 실력과 체력을 갖추었다는 것입니다. 포지션 축구를 할 때보다 훨씬 더 강한 체력이 있어야 함은 물론이고, 공격수임에도 기본적 수비 실력은 갖추어야 합니다. 수비수는 본인 고유의 업무인 수비는 당연히 잘 해야 하고 공격을 돕는 패스나 장거리에서 골대를 향해 한 방 때릴 수 있는 공격력도 갖춰야 합니다. 최근 이러한 내용을 시각적으로 돕는 화면이 축구 중계나 해설에 자주 등장합니다. 그 화면을 보면 어느 팀이 더 협업이 잘되는 팀인지, 어느 선수가 더 협업을 잘했는지 알 수 있습니다. 또 선수가 자기 영역 이외의 영역까지 얼마나 종횡무진 누볐는지를 보면 그 선수가 팀에 기여한 정도를 알 수 있습니다. 훌륭한 일류 팀이라면 물론 각 개인의 활동 영역이 서로 많이 겹칠 것입니다.

오해하지 마시길 바라는 마음에 한 가지 말씀드리면서 마무리합니다. 아무리 스마트 시대, 창조의 시대라고 할지라도 모든 일을 협업해야 하는 것은 아닙니다. 우리는 협업을 해야 할 때인지 아닌지를 구별할 줄 알아야 합니다. 이를 위해 체계적 협업에 대한 책[50]을 쓰면서 서문에서 '협업의 함정'이라는 내용을 다룬 모튼 T. 한센Morten T. Hanse 교수의 다음 이야기에 귀 기울일 필요가 있다고 생각합니다.

잘못된 협업은 하지 않는 편이 낫다.

6

인간의 감성을 충족시킬
기술은 무엇인가

― 기술Technology

스마트 시대는 인간의 꿈을 실현하는 수단인 디지털을 활용하여, 디지털의 또 다른 이름인 유비쿼터스를 향해서 더욱 진화해가고 있습니다. 다시 말해서 진정한 이동성mobility의 시대이자 개인화의 시대인 디지털 노마드digital nomad의 시대로 더욱 가까이 다가가고 있다는 뜻입니다.

'디지털 시대'를 둘러싼
세 가지 화두

_____ 우리가 디지털 시대에 살고 있다는 사실을 부정할 사람은 거의 없을 것입니다. 그렇지만 디지털 시대가 무엇이냐는 질문을 받았을 때 잘 답변할 사람을 찾기도 쉽지는 않습니다. 우리는 너무도 당연한 사실에 대해서는 깊이 생각해보지 않는 것 같습니다.

갑자기 어느 철학과 교수님의 강연이 기억납니다. 요즘은 마케팅이 대세라서 마케팅을 전공하지 않은 사람들도 고객, 그것도 목표 고객target customer을 입에 달고 사는 경향이 있다고 하시면서, 그 고객은 고대인인지, 중세인인지 현대인인지를 물으셨습니다. 당연히 정답은 현대인이겠지요. 그런데 그다음 질문이 인상적이었습니다. 그러면 현대인은 누구냐는 질문이었습니다. 순간 흐르는 정적을 깨고 다시, 현대인은 중세인과 무엇이 다르냐고 물었습니다. 과연 현대인과 중세인은 무엇이 다를까요?

답은 숙제로 남았고 아직도 궁금한 상태인데, 지금 다시 한번 그 질문이 머릿속에 맴돕니다. 그리고 과연 디지털 시대는 무엇일까 하는 질문을 스스로에게 던져봅니다. 이제 그와 관련하여 세 가지 화두에 대해서 함께 생각해보았으면 합니다. 영화 〈매트릭스〉, 앤디 워홀, 끝으로 디지털 네이티브에 대해서 말입니다.

매트릭스 세상

영화 〈매트릭스〉를 보신 분들은 꽤 많으신 것으로 압니다. 보시지 않으셨어도 그 영화를 모르는 사람은 없으시겠죠? 혹시라도 안 보신 분을 위해 첫 편의 줄거리를 간단히 소개합니다.

배경은 매트릭스 2199년, 인공 두뇌를 가진 컴퓨터(AI: Artificial Intelligence)가 지배하는 세계에서 인간은 인공 자궁(인큐베이터)에서 키워지고 에너지원으로 활용된다. AI에 의해 뇌세포에 '매트릭스'라는 프로그램을 입력당한 인간은, 매트릭스 프로그램에 따라 평생 1999년의 가상 현실을 살아간다. 프로그램 안에 있는 동안 인간의 뇌는 AI에 의해 철저하게 통제된다. 이러한 가상 현실 속에서 진정한 현실을 인식할 수 있는 인간은 없다. 매트릭스 밖은 가상 현실의 꿈에서 깨어난 인간들이 생존해 있는 곳이다.

영화는 재미있게 봤었는데, 줄거리를 다시 생각해보니 섬뜩합니다. 제가 같이 생각해보았으면 하는 질문은 다음과 같습니다. "언제, 몇 년 후면 우리는 매트릭스 세상을 만나게 될 것이라고 생각하십니까?"

많은 다양한 대답이 있을 수 있겠지만 저는 이미 우리가 매트릭스 세상에 살고 있다고 생각합니다. 지금 글을 쓰고 있는 이 순간 저는 열 손가락으로 키보드를 두드리는 일을 하고 있습니다. 좀 더 엄밀하게 말하면 손가락에 힘을 주어 버튼을 아래로 누르는 일을 하고 있는데, 제 모니터에는 커서가 움직이면서 글자들이 적혀나가고 있습니다. 이런 일이 아날로그 시대에는 가능했을까요? 그럼 좀 더 생각을 비약해보기로 하겠습니다.

제가 좋아하는 배우인 숀 코너리와 캐서린 제타 존스가 주연한 〈엔트랩먼트Entrapment〉라는, 조금은 오래된 영화를 보면, 새로운 밀레니엄을 맞이하는 서기 2000년이 되는 순간, 당시 빅 이슈였던 밀레니엄 버그(Y2K)를 방지하기 위해 은행의 컴퓨터를 잠시 멈춘 사이 컴퓨터 이용해서 수십억 달러의 돈을 계좌이체시키는 장면이 나옵니다. 그때는 '영화니까'라고 생각했을 수도 있지만, 지금 이것이 절대로 현실이 되지 않을 것이라고 생각하는 사람이 있을까요? 개인 정보 누출이 여러 가지 면에서 문제가 될 수 있지만, 특히 금융과 관련된 정보가 잘못 누출되면 아주 큰 경제적 피해를 볼 수도 있습니다. 이렇게 많은 사람들이 현재 이용하고 있는 인터넷 뱅킹이나 모바일 뱅킹에서도 우리가 컴퓨터를 켜고 자판을 두드리거나 마우스를 클릭하면 우리가 소유하고 있던 돈이 다른 곳으로 움직여갈 수 있습니다.

과거 아날로그 시대에는 은행에 가서 돈을 인출하면 그 돈을 직접 가지고 움직여야 했습니다. 그 시절이 그리 먼 과거도 아닙니다. 아직 50세도 되지 않은 분들이 초등학생, 아니 국민학생이었던 1970년대에는 은행들, 그것도 같은 은행들끼리도 전산 시스템이 갖춰지지 않아서 다른 지점의 은행에서는 돈을 인출하지 못했다고 합니다. 저는 한 은행원의 이러한 추억담을 들었을 때 현재 우리가 〈매트릭스〉와 같은 가상현실 속에서 이미 살기 시작했다는 생각을 떨치기 어려웠습니다. 이제는 컴퓨터, 더 나아가서 인터넷과 스마트폰 등에서 일어나고 있는 일들이 가상인지 현실인지를 구별하기도 어려운 시대가 되었습니다. 한 가상현실 전문가는 가상현실이 가장 잘 구현되는 곳은 현실 세계라고까지 이야기할 정도이니 말입니다.

저는 생각합니다. 제 손가락을 누르는 역학적인 힘이 키보드를 누르는 순간 전자 신호인 '0'과 '1'로 바뀌어서 〈매트릭스〉 첫 화면에서처럼 전선을 타고 컴퓨터를 통해 모니터로 흘러들어가면 모니터에 무엇인가 출력이 되는데, 그것이 현실에 영향을 줘 내 소유에 변화가 생기고 그로 말미암은 결과를 받아들이게 되는 세상이 바로 매트릭스 세상이라고 말입니다. 아직 영화 〈매트릭스〉와 같은 수준으로 발전하지는 않았지만 개념적으로 유사한 일들이 이미 주변에서 너무나도 쉽게 진행되고 있습니다. 그리고 이러한 매트릭스 세상이 '디지털 시대'라고 생각합니다.

▎앤디 워홀이 생각한 미래

앤디 워홀에 관한 이야기를 하기 전에 잠시 최근 본 영화 중 어떤 것이 재미있었는지 떠올려보시길 권해드리고 싶습니다. 어떤 영화이든지 상관없습니다. 영화를 보시지 않았다면 컴퓨터나 스마트폰으로 본 동영상도 괜찮습니다. 제가 하고 싶은 질문은 "그 영화 혹은 동영상은 원본일까요, 복사본일까요?"입니다. 과거 영사기로 영화를 돌리던 시절에는 감독이 찍어서 편집한 첫 번째 테이프가 원본이었고, 그 이외의 모든 것은 다 복사본이었습니다. 그런데 최근 여러분이 보신 영화나 동영상은 복사본인가요? 그것이 복사본이라면 원본과 무엇이 다른가요?

제가 감히 장담하건대 그 복사본은 원본과 전혀 다르지 않을 것입니다. 다시 말해서 여러분이 보신 복사본이 원본이라는 것입니다. 이러한 사실을 가장 먼저 깨달은 사람 중 한 명이 팝아트로 유명한 앤디 워홀이라고 생각합니다. 많은 사람들이 앤디 워홀이 그린 '캠벨 수프 깡통'을 보고 왜 대단하다고들 하는지 이해하지 못한다고 합니다. 사실 저도 그중 한 명입니다. 근처 동네 수퍼 어디서나 볼 수 있을 만한 상업용 수프 깡통을 화폭에 200개나 똑같이 그것도 촘촘히 그려놓은 것이 어떤 의미가 있는지 이해하기는 쉽지 않을 수 있습니다. 하지만 앤디 워홀은 이렇게 똑같은 것이 판치는 세상이 되리라는 것을 먼저 깨닫고 보여준 선각자였습니다. 그것도 1962년에 캠벨수프 그림으로써 말입니다.

이렇게 복제가 원본과 다르지 않고 또한 계속 진화한다고 주장한 다른 상업 예술이 앞에서 이야기한 영화 〈매트릭스〉입니다. 이제 제가 요원 스미스를 이야기하려고 한다는 것을 영화를 보신 분들은 이미 짐작하셨겠죠! 스미스 요원은 처음엔 주인공인 네오보다 강했지만, 네오가 더 강해진 이후 그를 잡기 위한 방법으로 복제를 하기 시작합니다. 마치 분신술을 통해 자기를 대량으로 복제하는 손오공처럼 말입니다. 그런데 보통 이렇게 복제를 하는 경우 복제본은 원본을 제거하면 사라지게 마련입니다. 하지만 스미스는 누가 원본이고 누가 복제본인지 구별이 되지 않습니다. 바로 이것이 디지털 시대의 아주 강력한 특징이라고 할 수 있습니다. 원본과 복제본을 구별할 수 없는 시대가 된 것이지요. 게다가 이 복제의 속도가 너무나도 빨라서 온 세상을 복제물로 뒤덮는 데 크게 시간이 걸리지 않습니다.

세상을 뒤집을 만한 소식이나 소문이 전 세계를 뒤덮는 데 걸리는 시간도 과거 아날로그 시대와는 상상도 못할 정도로 빠를 뿐만 아니라 그것을 누가 통제하기도 어려운 세상이 되었습니다. 이러한 엄청난 속도는 아주 손쉬운 복제 능력으로 인한 것입니다. 이제는 모바일 세상으로 변해가고 있기 때문에 스마트폰과 페이스북 혹은 트위터를 이용하면 초등학생도 세상을 뒤덮을 소식의 진원지가 될 수 있는 시대입니다. 앞서 이야기한 현실과 가상의 불분명한 경계에 이어서 원본과 똑같은 복제와 그와 같은 복제의 엄청난 속도도 디지털 시대의 또 다른 특징입니다.

디지털 네이티브 세대

앞에서 이야기한 내용들은 사실 제게도 너무 헷갈리고 복잡한 이야기입니다. 왜냐하면 저는 아날로그 세대로 태어나 디지털 시대를 살고 있기 때문입니다. 그런데 이러한 디지털 시대가 전혀 어색하지 않은 사람들이 있는데, 그들을 가리켜 '디지털 네이티브digital native'라고 부릅니다.

'디지털 네이티브'란 개념은 2001년 미국의 교육학자인 마크 프렌스키Marc Prensky가 그의 논문 〈*Digital Native, Digital Immigrants*〉를 통해 처음 사용한 용어로, 1980년대 개인용 컴퓨터의 대중화, 1990년대 휴대전화와 인터넷의 확산에 따른 디지털 혁명기 한복판에서 성장기를 보낸 1985년 이후 출생 세대를 지칭하는 용어입니다. 이 용어는 돈 탭스콧Don Tapscott의 저서 제목 때문에 유명해졌습니다. 디지털 땅에서 태어난 원주민들인 이 세대는 엄마 뱃속에서부터 디지털 환경에 노출되어 디지털 기술을 자연스럽게 습득합니다. 이들은 태어나자마자 휴대폰을 장난감 삼아 놀다가, 걸음마를 떼고 말문이 트일 무렵부터는 컴퓨터 앞에 앉아서 글을 익히고 게임을 합니다.

이러한 디지털 네이티브의 상대 개념은 아날로그 네이티브이며, 아날로그에서 디지털의 세계로 이주한 사람들을 디지털 이주민digital immigrant이라고 합니다. 저와 같은 사람은 디지털 이주민으로 디지털 원주민을 제대로 이해하기는 어렵습니다. 아무리 지식 수준이 높을지라도 영어를 모국어로 쓰는 사람은 한국 유치원생이 구사하는 살아 있는 한국어를 구사하기 어렵습니다. 또 〈개그콘서트〉 등의 유머를 어린이와 비슷한 수준으로도 이해하기 어렵습니다. 오늘날 디지털 세상에는 아날로그 원주민과 디지털 원주민 그리고 디지털 이주민이 함께 살고 있습니다. 마찬가지로 스마트 시대인 오늘날도 우리는 아날로그 기술과 디지털 기술의 혼재 속에 살아가고 있습니다.

우리는 항상 엄청난 발전 속에서 살아가고 있습니다. 그 결과로 계속되는 혼돈의 세상에서 사는 것이 당연한 일인지도 모르겠습니다. 그래도 과거와 무엇이 같고 무엇이 다른지를 아는 것은 앞으로의 비즈니스를 위해 도움이 될 것입니다.

아날로그인가, 디지털인가

_____ 기술은 여러 종류로 분류할 수 있겠지만, 이분법적으로 아날로그 기술과 디지털 기술로 나눠서 생각해본다면 어떨까요? 스마트 시대인 오늘날 무슨 '아날로그 기술'을 논하느냐고 반문할 수도 있겠지만, 디지털 기술을 잘 이해하기 위해서 아날로그 기술을 생각해보는 것도 의미 있을 것 같습니다. 먼저 '아날로그'란 의미에 대해서 생각해보겠습니다. 사전적 정의는 다음과 같습니다.

어떤 수치를 길이라든가 각도 또는 전류라고 하는 연속된 물리량으로 나타내는 일. 예를 들면, 글자판에 바늘로 시간을 나타내는 시계, 수은주의 길이로 온도를 나타내는 온도계 따위가 있다.

위의 사전적 정의에도 표현되었듯이 생각해보면 과거 아날로그와 디지털 기술을 분리하는 대표적인 물건은 시계였던 것 같습니다. 70년대에만 하더라도 시계는 중학생이 되어서야 가질 수 있었던 물건이었고, 그 당시에는 아날로그보다는 디지털 시계가 더 좋은 것이라고 생각했었습니다. 그래서 친구가 차고 있는 시계가 아날로그인지 디지털인지 확인하던 시절이었습니다.

확인하는 방법은 아주 간단했습니다. 초침이 멈추지 않고 연속해서 움직이면 아날로그이고, 1초에 한 칸씩 움직여서 1분에 60번 움직이면 디지털 시계라고 했었습니다. 당시에는 이것을 '수정Quartz 시계'라고도 했습니다. 그러니까 회중 시계의 진자에 의한 기계식이 아니라 전자부품으로 구성된 전자회로에 의해 수정 진동자로부터 얻은 주파수를 활용하기 때문에 수정 시계는 디지털 시계라고 할 수 있습니다. 단지 표시 방식이 LCD 등을 이용해 시간을 숫자로 표현하는 디지털 방식과 펄스 모터(step motor)를 활용하여 일정한 간격을 두고 회전하는 아날로그 방식으로 구분됩니다. 이렇게 아날로그 표시 방법으로 표현되는 디지털 시계는 일반적인 모터와 같이 연속적으로 회전하지 않고, 수정의 발진 주파수를 분주회로에 의해 1Hz까지 떨어뜨린 신호에 의해 1초에 1회씩 단계적으로 회전하는 것입니다.

여기서 잠시 퀴즈 하나를 내보겠습니다. 세계 최초의 디지털 손목 시계는 언제 탄생했을까요? 그리고 그 모습은 어떻게 생겼을까요? 인터넷에서 검색해보면, 1968년 스위스에서 만들어진 세계 최초의 디지털 손목 시계의 이미지를 찾아볼 수 있습니다. 이 시계에서도 시간과 분 그리고 날짜는 숫자로 표시되어 있지만, 초는 초침으로 아날로그 표시 방식을 쓴 것을 볼 수 있습니다. 이 시계를 통해 생각해볼 수 있듯이 어떤 물건을 아날로그인지 디지털인지 명확하게 가르는 일은 참으로 어려운 일인 것 같습니다. 그럼에도 불구하고 아날로그와 디지털을 구별하는 개념을 선정하라고 하면 저는 '연속'과 '분절'을 꼽겠습니다. 앞의 사전적 정의에서도 보았듯이, 아날로그는 '연속적' 속성을 디지털은 '분절적' 속성을 가지고 있습니다.

이러한 개념을 '종이'에 적용해보면 파피루스 서적과 같이 쭉 이어

져 있는 두루마리식은 '아날로그'이고, 우리가 현재 사용하고 있는 책
은 일정한 모양으로 잘라서 분절시킨 것을 묶은 것이므로 '디지털'이
라고 할 수 있다는 것입니다.

| 파피루스에 쓰인 글 | | 양피지 문서 |

파피루스는 재료의 성질상 제본이 곤란하여 두루마리 형태로 이용
했습니다. 두루마리에서 벗어나 현재의 책처럼 제본된 종이가 얼마나
읽기 편한지는 두말할 나위가 없을 것입니다. 즉, 두루마리의 연속성
이라는 아날로그적 속성에서 분절된 묶음이라는 디지털적 속성으로의
형태적 변화가 인류가 정보를 기록하고, 읽고, 보관하고, 습득하는 속
도에 지대한 영향을 미쳤을 것 같습니다. 양피지 문서, 종이 기록, 광
디스크 등을 비교해보거나 죽간과 e-book을 비교해보면, 연속과 분
절에 대한 감을 좀 더 확실히 구분할 수 있을 것 같습니다.

재미있고 아이러니한 사실은 디지털 제품은 수명도 분절적이라서
어느 한순간에 목숨을 다한다는 것입니다.

우리는 디지털화된 세상에 살고 있다

앞에서 아날로그 기술과 디지털 기술을 비교해보았습니다. 이로써 디지털화는 기계적인 것에서 전자적인 것으로의 변화임을 알았습니다. 연속적인 것이 불연속적인 것으로 바뀐다는 의미이기도 합니다. 레버나 다이얼로 조작하면 원형의 숫자판에 바늘 표시가 나타나던 아날로그 제품들이 있었습니다. 과거 라디오의 다이얼을 돌리면 주파수가 표시되던 바늘을 생각해보시면 어렵지 않게 이해될 것입니다.

그러나 디지털 제품들은 버튼이나 키보드로 조작하고 숫자 또는 문자가 디스플레이에 직접 표시됩니다. 컴퓨터 시스템이 가장 대표적인 디지털화된 제품입니다. 조작도 키보드에 의한 분절된 디지털 방식이고, 표시도 디지털 방식입니다. 과거 전화기는 번호가 표시된 다이얼을 돌리면 연속적으로 다이얼이 돌아가면서 번호가 입력되는 형식이었다면, 디지털 전화기는 번호가 적힌 버튼을 누르는 형식이었습니다. 초기의 디지털 전화기는 누른 번호가 표시되지도 않았습니다. 자동차도 시동을 켜려면 키를 꽂아서 돌리는 방식에서 최근엔 버튼을 누르면 시동이 걸리는 형식으로 바뀌었습니다. 이렇게 연속된 형식에서 분절된 형태로의 변화가 디지털화의 시작이었습니다.

이러한 형식의 디지털화에 이어서 정보의 디지털화가 진행됩니다. 즉 정보가 0과 1로 비트bit화되기 시작했다는 의미입니다. 다시 말해서 아날로그 자료인 글자, 그림, 소리, 영상 등의 연속적인 신호가 0과 1의 불연속적인 신호로 변환되는 것입니다. 음악 콘텐츠들이 자기화된 테이프를 거쳐 CD에 광학적으로 기록되고 MP3로 메모리에 전자적으로 저장되는 것, 책에 기록된 텍스트 및 이미지 자료들이 인터넷 정보로 바뀌는 것 등이 디지털화 현상입니다. 초기에는 스캔된 이미지 형식도 많았지만, 이제는 검색 가능한 텍스트 형식으로 디지털화되었습니다. 게다가 영상과 같은 멀티미디어들도 디지털화되었습니다. 디지털화의 초창기에는 아날로그 자료들을 디지털로 변환해서 저장하는 형식도 많았지만, 이제는 자료나 정보를 생산할 때부터 디지털로 시작합니다. 이렇게 0과 1의 비트화된 디지털화의 의미는 과연 무엇일까요? 이에 대해서 이해하기 위해서는 비트의 특성에 대해 아는 것이 중요합니다. 디지털digital과 비트bit는 동의어이기 때문입니다.

비트의 첫 번째 특성은 0과 1로 이루어졌다는 것입니다. 전자적 신호는 보이지 않고, 부피도 무게도 없습니다. 즉 만져지지 않으므로 실존하지 않는 것같이 느껴진다는 것이 아날로그와 확실하게 구별되는 디지털의 첫 번째 특성입니다. 두 번째 특징은 생산, 변형, 전송, 활용이 쉽다는 것입니다. 이는 워드프로세서를 생각하면 쉽게 이해가 갑니다. 과거에는 논문이나 책을 원고지에 썼었는데, 그때에 비하면 오늘날 글을 적는 작업은 무척 쉬워졌습니다. 손으로 숙제를 하는 것은 키보드로 타이핑하는 것과는 비교가 되지 않습니다. 더욱 강력한 사용 편이성은 수정이나 삭제와 같은 변경 작업에서 드러납니다. 과거 교수님이 원고를 빨간 글씨투성이로 수정해주신 것을 보고 한숨짓던 일이 생각납니다. 이제는 원고 전송을 위해서 우체국에 갈 필요도 없습니다. 원고량이 많다고 무거워서 들기 힘들거나 우편 요금을 더 내는 일도 없습니다. 단지 이메일로 송부하면 전 세계 어디에 보내든 1분도 걸리지 않습니다. 외국에 있는 동료 혹은 외국인과 사업을 위한 서신을 주고받으면서 1주일에 끝낼 일을 과거에는 1년도 넘게 걸려 진행했을 수도 있습니다.

또 다른 디지털의 특징은 질량도 부피도 없는 네트워크화된 소프트웨어적 성격입니다. 이러한 특징은 글뿐만 아니라 이미지에서도 강력하게 작용합니다. 사진의 크기를 바꾸거나 해상도를 변경하거나 용량을 줄이거나 파일 형식을 바꾸는 일은 과거 신문 기사를 가위로 오려 풀로 정리하던 때와는 비교할 수 없이 신축성을 가진 것입니다. 더불어서 원본과 똑같은 품질로 복사도 쉽게 할 수 있습니다. 게다가 그 복사의 횟수를 무한 반복해도 원본 품질이 저하되거나 복사본의 품질이 떨어지는 일도 없습니다.

이와 같이 비트화된 디지털의 특성으로 디지털화된 자료와 정보들은 서로 이합집산하기가 너무도 쉽고, 그 비용도 상당히 저렴합니다. 결론적으로 디지털 자료나 정보가 통합되거나 융합되는 것은 너무도 당연한 현상일 뿐만 아니라 디지털 자료를 만드는 기기들도 자연스럽게 컨버전스화되었습니다. 이제 이러한 디지털 컨버전스 기술에 대해서 생각해보겠습니다.

디지털 컨버전스 혁명

_____ 디지털 컨버전스digital convergence라는 용어는 21세기에 들어서면서부터 시작된 것으로 기억되는데, 위키백과의 정의는 다음과 같습니다.

하나의 기기나 서비스에 모든 정보통신기술이 융합되는 현상을 말한다. 기본적인 통화 기능뿐 아니라 디지털 카메라, MP3, 방송, 금융 기능까지 갖춘 휴대전화, 와이브로wibro와 같은 유무선의 결합 등이 대표적인 예이다. 또 통신과 방송을 연결한 DMB 서비스가 상용화되면서 휴대전화나 차량용 리시버에서 방송을 시청할 수 있게 됐다. 이처럼 영상, 음성, 데이터 등 종류가 다른 미디어가 단말기나 네트워크에 관계없이 융합되어 새로운 서비스를 만들어낸다.

어떻게 영상, 음성, 데이터 등 종류가 다른 미디어가 하나의 기기에 모두 융합될 수 있는 것일까요? 이는 아날로그 시절에는 있을 수 없었던 현상입니다. 아날로그 부품이나 제품 하나는 하나의 조작과 기능만이 가능했습니다. 라디오는 라디오 방송을 듣는 기기로, 주파수 다이얼은 AM 혹은 FM 주파수를 맞추는 역할만을 했습니다. TV는 TV 방송을 보는 기기였고, 채널 다이얼은 방송 채널 주파수만을 조정할 수 있습니다. 소리를 조정하는 다이얼은 별도로 존재했습니다. 아날로그 시절 라디오와 TV를 하나의 기기로 활용한다는 것은 쉬운 일이 아니었습니다. 그래도 AV 기기인 이 둘을 합치는 시도는 있었습니다. 그렇지만 타자기와 TV를 합치려는 시도는 없었습니다. 왜냐하면 기기의 목적과 형태가 달라도 너무 달랐기 때문입니다.

그런데 디지털 기술은 이와는 달리 여러 기능multi-function을 가진 기기를 하나의 조작부와 표현부로 조작하고 표현할 수 있습니다. 대표적인 디지털 제품인 컴퓨터를 상상하면 됩니다. 라디오와 음악, TV와 동영상과 같은 멀티미디어뿐만 워드프로세서까지 하나의 조작부인 키보드와 표현부인 모니터로 가능합니다. 처음부터 쉬운 일은 아니었지만, 이론적으로 불가능하다고 생각할 일은 아니었습니다. 디지털 시대가 시작되면서, 언젠가는 가능해진다는 확신을 가진 사람들이 많았습니다. 디지털은 모든 것이 0과 1이라는 비트로 이뤄졌기 때문에 앞에서 설명한 대로 생산, 변형, 전송, 활용, 복제가 용이해지고 비용도 아날로그에 비하면 너무도 저렴해졌기 때문입니다.

모든 디지털은 비트로 이루어졌기 때문에 통합 및 융합이 용이하고, 그 디지털 자료의 입출력 장치인 인터페이스도 동일하기 때문에 산업계나 전문 영역에 무관하게 컨버전스할 수 있는 특성을 가지고 있습니다.

디지털 컨버전스가 되면 하나의 인터페이스로 입력을 조작하고, 출력을 표현할 수 있는데, 이러한 특성은 한편으로는 디지털 기기의 사용을 어렵게 할 수도 있습니다. 아날로그 시절에는 다이얼을 오른쪽으로 돌리면 표시도 오른쪽으로 움직이면서 소리가 커지거나 채널이 변경되었기 때문에 몇 번의 조작과 표현 결과를 보면 상당히 직관적으로 그 사용 방법을 익힐 수 있었습니다. 그런데 컴퓨터로 음악을 들으려면 컴퓨터에 대한 기본적인 사용법을 배워야 합니다. 프로그램 명령어를 배우고 익혀야 하고, 마우스를 조작하기 위해 OS와 응용 프로그램의 종류를 알고 사용할 줄 알아야 합니다. 그것을 모르면 아무 것도 할 수 없습니다. 이러한 것을 다루는 능력은 지적 역량과 크게 상관이 없습니다. 대학 교수라고 해도 독일어를 모르면 독일에서 기차표 한 장 사기 어려운 것과 마찬가지입니다. 디지털 기기를 작동시키기 위해서도 디지털 언어를 알고 있어야 합니다.

과거에는 음악이 담긴 카세트테이프를 사서 카세트 플레이어에 꽂고 'play' 버튼을 누르면 음악을 들을 수 있었습니다. 소리를 변경하고 싶으면 다이얼을 돌리면 됩니다. 이러한 조작 방법을 설명하고 배우는 데 그리 오랜 시간이 걸리지 않았습니다. 이에 반해 MP3 플레이어는 음악이 어디에 있는지 보이지 않습니다. 컴퓨터라는 공통의 인터페이스를 통해서 음악을 집어넣거나 바꿔야 하는데, 그러려면 기본적인 컴퓨터 사용법과 응용 프로그램 사용법을 배워야 합니다. 디지털의 보이지 않는 특성 때문에 조작하는 동안, 심지어는 음악이 들리는 순간에도 우리는 디지털 기기가 무엇을 하고 있는지 알 길이 없습니다. 과거에는 음악이 멈춰서 카세트 플레이어를 열면, 카세트테이프가 엉킨 걸 볼 수 있었습니다. 그리고 조심스럽게 카세트테이프를 꺼내서 카세트 안으로 돌려서 넣어주면 다시 음악을 들을 수 있었습니다. 음이 늘어지면 테이프가 늘어졌기 때문이라는 것을 쉽게 알 수 있었습니다. 그런데 컴퓨터나 MP3 플레이어에서 음악이 멈추면 무엇을 해야 할지 알기 어렵습니다. MP3 플레이어라면 배터리가 있는지, 다른 버튼이 잘못 눌렸는지 확인하고, 계속 안 되면 껐다가 켜보고, 마지막으로 전문가에게 A/S를 맡기는 것이 전부입니다. 계속 전문가에게 왜 작동이 안 되냐고 물으면, 대답을 들어도 그 대답을 이해하기 어렵습니다. 같은 현상에도 어떨 때는 그냥 저절로 된 것같이 무상으로 수리해주기도 하고, 어떤 때는 비싼 돈을 내고 부품을 바꿔야 한다고 합니다. 또 어떨 때는 고칠 수 없거나 고치는 값이 새 물건 값보다 비싸니 차라리 새 것을 사라고 합니다. 컴퓨터의 경우는 더욱 복잡합니다. 참으로 알 수 없는 세상이 디지털 세상인 것입니다.

▌생활까지 바꾸는 패러다임

그런데 왜 많은 아날로그가 디지털화되었고, 그것도 모자라 하나의 디지털 기기로 컨버전스화된 것일까요? 여기서 카메라를 예로 드는 것이 적합할 것 같습니다. 과거 카메라는 아버지나 어른만이 만질 수 있는 기기였습니다. 워낙 고가이기도 했고, 작동법이 어려웠기 때문입니다. 조리개 수치, 셔터 속도, 초점 맞추기 등은 전문가만이 알 수 있었던 탓에 카메라는 아주 조심스럽게 조작해야 하는 기기였습니다.

이러한 카메라의 디지털화는 자동 초점 기능이 큰 역할을 했습니다. 사진의 패러다임 변화는 사진을 얻기 위해 또 다른 고비용 구조를 만들던 필름을 디지털화하면서 시작된 것입니다. 아날로그 필름을 디지털 화면과 메모리 저장으로 변경하자 사진의 역사는 크게 바뀌기 시작했습니다. 일단 필름 구매와 현상 및 인화 비용이 들지 않자 가벼운 마음으로 사진을 찍기 시작합니다. 더군다나 디지털 카메라는 조리개, 셔터, 초점 등을 모두 자동으로 알아서 다 해주기 때문에 셔터를 누르는 데 거리낌이 없습니다. 게다가 그 자리에서 바로 사진을 확인할 수 있기 때문에 마음에 들지 않는 사진을 현상하거나 인화할 필요도 없어졌습니다. 즉 사용 방법은 자동화되어 너무도 쉬워졌고, 사진을 얻는 비용도 저렴해졌을 뿐 아니라, 사진을 얻는 시간도 며칠 혹은 몇 시간에서 찍는 즉시로 바뀌었습니다. 이러한 디지털의 장점으로 인해 과거 사진은 기록에 가까웠으나, 이제는 엔터테인먼트에 가깝습니다. 사진 찍을 때에도 과거에는 사람들이 뻣뻣하게 가만히 서서 찍었다면 이제는 해괴망측한 동작과 표정으로 찍기도 합니다. 즉 디지털화는 제품의 기능과 사용법만 변화시킨 것이 아니라 생활 방식과 문화까지도 변화시킨 것입니다. 이러한 디지털화에 연이은 디지털 컨버전스화의 영향력은 상상을 초월할 정도로 인류의 생활을 혁명적으로 변화시켰습니다. 이제 이러한 혁명적 변화의 이면을 설명하는 몇 가지 법칙에 대해서 생각해볼 차례입니다.

네 가지 법칙

1940년대 트랜지스터에 의한 컴퓨터의 탄생에 1990년대 인터넷 통신의 영향이 더해져서 비로소 2000년대부터는 정보혁명의 시대가 열렸다고 할 수 있습니다. 즉 디지털 컨버전스의 세상이 시작된 것입니다. 따라서 고객과 사용자들에게는 복합 기능의 편리하고 자동화된 사용 방식과 비용과 시간의 엄청난 절감을 통하여 시간과 공간의 경제적 자유를 실현할 수 있게 되었습니다. 그리고 산업계는 IT, BT, NT, ET, ST, CT 등 소위 6대 신기술 분야에 대한 새로운 산업을 태동시킵니다. 이러한 기존 산업의 해체와 재구축을 일으킨 디지털 컨버전스 혁명을 설명하는 아래의 네 가지 법칙을 들어본 적이 있을 것입니다. 이미 오래전부터 널리 알려진 내용이지만, 이를 이해하는 것이 스마트 시대에 혁신의 진화를 살펴보는 데에도 크게 도움이 될 것입니다.

- 무어의 법칙Moore's Law
- 길더의 법칙Gilder's Law
- 멧칼프의 법칙Metcalf's Law
- 코스의 법칙Coase's Law

먼저 '마이크로 프로세서(반도체) 내의 트랜지스터(TR) 수, 즉 데이터 처리 능력은 18개월마다 2배로 증가하는 반면, 가격은 동일하게 유지된다'는 것이 무어의 법칙입니다. 1971년 인텔이 처음 발표한 '4004' 마이크로 프로세서에는 모두 2300개의 트랜지스터가 있었는데, 2000년 개발된 펜티엄4 프로세서에는 4200만 개의 트랜지스터가 포함되었다고 하니 30년 동안 100만 배 이상의 발전이 있었던 것입니다. 이러한 디지털 계산 능력의 발전이 디지털 컨버전스 혁명을 이끈 첫 번째 동력입니다.

그다음은 '광섬유의 대역폭은 12개월마다 3배 증가하면서 결론적으로 통신채널의 속도는 1년 만에 2배가 증가한다'라는 길더의 법칙입니다. 이 법칙은 통신 능력에 대한 것으로, 과거에 불가능했던 대용량의 디지털 멀티미디어 콘텐츠를 전송할 수 있게 된 오늘날 디지털 컨버전스의 전달 속도를 해결한 동력에 대해 설명해줍니다. 즉, 무어와 길더의 법칙은 기술의 관점에서 기기와 정보의 융복합화를 이끈 동인입니다.

연결된 기기와 정보가 네트워크에 의한 상승 효과를 일으켰다는 설명은 바로 '네트워크 효과'로 널리 알려진 멧칼프의 법칙입니다. 통신망 사용자에 대한 효용성을 나타내는 것으로 네트워크의 가치는 대체로 사용자 수의 제곱에 비례하지만, 비용의 증가율은 일정하다는 것을 말해줍니다. 무어의 법칙은 데이터 처리 능력의 고성능화를, 길더의 법칙은 데이터 전송 능력의 비약적 성장을 말해준다면, 멧칼프의 법칙은 무어와 길더의 기술적 발전이 네트워크 규모 증가에 따른 네트워크 가치의 폭발적 상승이라는 산업적 발전으로 이어질 수 있다는 IT 현상을 설명해줍니다.

마지막으로 코스의 법칙은 '거래 비용transaction cost의 감소에 따라 기업 내 조직의 복잡성, 기업의 수는 감소한다'는 '디지털' 경제 관점에 대한 것입니다. 노벨상과 더불어 세계적인 주목을 받은 이 법칙의 내용은 〈기업의 본질The Nature of the Firm〉이라는 논문에 1937년 발표되었습니다. 개인이 시장에서 일대일로 거래하는 데 드는 비용보다는 기업을 조직하고 유지하는 데 부가되는 비용이 더 싸기 때문에 기업이 발생했다고 본다는 내용입니다. 이는 아날로그 시대에는 받아들이기 어려운 법칙입니다. 디지털 경제적 관점으로는 기본적으로 개인이 일대일로 거래할 때 드는 비용보다 기업을 조직하고 유지하는 데 드는 비용이 더 저렴하며, 이를 통해서 조직은 유지되거나 확대됩니다. 여기서 거래 비용이란 각종 거래에 수반되는 비용을 말하며 거래 전에 필요한 협상, 정보의 수집과 처리는 물론 계약이 준수되는지를 감시하는 데 드는 비용 등은 물론 처음 계약이 불완전해서 재계약할 때 드는 비용도 포함됩니다. 따라서 시장이 발전할수록 경제 활동에서 차지하는 비율이 증가하는데, 이와 같은 거래 비용를 줄이는 것이 기업의 중요한 목표가 됩니다. 이는 1990년 이후 인터넷이 등장하면서 인터넷을 활용한 시장조사, 홍보, 및 마케팅 등에 드는 거래 비용이 획기적으로 낮아지면서, 코스의 정리theorem에서 코스의 법칙law으로 그 표현이 바뀌게 된 것 같습니다.

결론적으로 이상 네 가지 법칙들이 상호 작용하고 상승 작용하면서, 기술, 산업, 및 경제적 가치의 한계가 극복됩니다. 다시 말해서 기술, 가격, 시장 및 부가 가치의 한계들이 붕괴되기 시작합니다. 이러한 장벽의 붕괴가 오늘날 우리가 현실로 맞이하고 있는 디지털 컨버전스의 혁명을 일으키게 된 것입니다. 이러한 기술, 가격, 시장 및 부가 가치의 장벽이 파괴되면서 기술, 산업, 경제 또한 융복합화와 네트워크화가 가속되었고, 그 결과 상품과 서비스 및 비즈니스에 대한 새로운 유지 및 창조의 접근 방식이 필요해졌습니다. 즉 수요와 공급의 역학 관계에 있어서 소비자, 사용자에게 주도권이 크게 증가하게 되고, 기업간의 경쟁구도는 기술, 사업, 산업의 영역이 붕괴되면서 초경쟁의 시대에 돌입하게 된 것입니다. 그 결과 기업은 해체와 재구축의 역동적 변혁을 추구하게 되었을 뿐만 아니라 비즈니스 모델의 혁신을 통하여 수확 체증과 불연속성을 돌파하기 위해 노력하게 됐습니다. 이제

기술, 경쟁, 시장뿐만 아니라 고객까지도 변화된 시점에서 기업은 새로운 정체성과 가치를 이루기 위한 정신과 전략 그리고 혁신을 필요로 하게 됐습니다. 그러한 시대를 여기서는 '스마트 시대'라고 부릅니다.

디지털 감성을 이해하는 법

_____ 컴퓨터와 인터넷에 의해 촉발된 디지털 컨버전스 혁명은 스마트폰 세상으로 진화되었습니다. 즉 스마트폰에 의해서 디지털 컨버전스화된 세상, 스마트 시대가 열린 것입니다. 이제 스마트폰으로 음악도 듣고, 동영상과 TV를 보고 인터넷 검색과 구매는 물론 웬만한 업무도 가능하게 되었습니다. 그야말로 하나의 기기로 디지털 기술이 융합되었고, 그 결과 멀티미디어의 편리한 사용은 물론 구매와 은행 업무 등의 서비스를 내 손안에서, 그것도 이동하면서 해결할 수 있게 된 것입니다. 스마트 시대는 인간의 꿈을 실현하는 수단인 디지털을 활용하여, 디지털의 또 다른 이름인 유비쿼터스를 향해서 더욱 진화해가고 있습니다. 다시 말해서 진정한 이동성mobility의 시대이자 개인화의 시대인 디지털 노마드digital nomad의 시대로 더욱 가까이 다가가고 있다는 뜻입니다. 이제부터는 디지털 노마드 시대의 두 가지 화두인 이동성과 개인화에 대해서 좀 더 생각해보도록 하겠습니다.

┃ 이동성의 시대

여러분은 모바일 기기mobile device라고 하면 어떤 것을 머릿속에 떠올리십니까? 아마 많은 분들이 스마트폰을 떠올리실 것입니다. 그런데 생각해보면 속도의 혁명은 1776년 제임스 와트가 증기기관을 만들고, 1829년 철도가 등장하면서부터 시작되었습니다. 즉 혁신적 운송 수단의 등장으로 인하여 인간의 이동 능력에도 혁명이 발생했고, 그 결과 사람들의 '정신적 지도'에도 변화가 생겼습니다. 내가 살고 자라던 고장을 벗어나 땅끝까지 세상을 밟아보겠다던 대항해 시대의 꿈을 초월하여 전 세계를 하나의 세상으로 만들고자 하는 새로운 꿈을 꾸게 된 것입니다. 그 결과 새로운 산업들과 사회 제도가 만들어졌습니다. 불과 한 세대 전인 1940년대 트랜지스터의 발명에 의해 시작된 디지털의 시대가 1990년 인터넷 시대를 거쳐 2000년대 디지털 컨버전스의 시대로 바뀌었고 2007년 아이폰이 탄생하면서 스마트폰의 시대가 시작되었습니다. 따라서 모바일 기기 하면 떠오르는 스마트폰도 아직 10년도 채 되지 않은 패러다임이고, 상용 핸드폰을 모바일 기기로 생각하면 1983년 모토로라Motorola의 다이나택DynaTAC이므로 30년 정도 된 패러다임입니다. 그리고 원천 기술인 1946년을 기준으로 생각한다고 해도 70년밖에 되지 않은 패러다임입니다. 지난 100~200년 동안은 자동차가 모바일의 대명사였습니다.

아날로그적 이동과 핸드폰 혹은 스마트폰에 의한 디지털 이동은 그 형태에서 크게 차이가 나는 것으로 함께 공존할 수 없었던 것처럼 보였으나, 이제 구글의 무인자동차 시스템과 테슬러의 전기자동차 시스템이 등장하면서 기계 시대의 마지막 거인이었던 자동차도 디지털에 그 자리를 내어주게 되었습니다. 스마트 시대의 디지털 컨버전스와 플랫폼 비즈니스 전략으로 생각해보면, 이제 자동차는 물리적 공간을 이동하는 하드웨어 플랫폼으로서 이동이라는 기본적 기능은 다른 디지털 기기처럼 자동화될 것입니다. 이렇게 이동이 자동화되면서 남는 시간과 에너지를 생산적으로나 엔터테인먼트적으로 활용하려면 지금까지 사용해오던 디지털 시스템을 자동차와 컨버전스해야만 합니다. 쉽게 말해서 컴퓨터 IT 시스템과 자동차 기계적 시스템이 융합되는 것입니다. 그러면 기본 기능이던 이동 기능은 일반화되면서 그 부가가치가 줄어들거나 공짜가 되고, 디지털 IT 시스템을 활용하기 위한 플랫폼과 앱 그리고 콘텐츠 사업은 지금 스마트폰에서 얻을 수 있는 부가가치를 훨씬 더 뛰어넘게 될 것입니다. 지금의 스마트폰은 걷는 속도 수준의 이동성을 확보한 것이지만, 자동차가 스마트 시스템과 융합되게 되면 그 이동 속도는 우리의 상상을 쉽게 부수어버릴 것입니다.

결과적으로 사용자나 소비자는 더욱 더 유비쿼터스 혹은 디지털 노마드 시대에 다가서게 됩니다. 굳이 집이나 사무실이 아니라도 전 세계 어디서나 업무와 생활이 가능해지기 때문입니다. 이때 나타날 네트워크 효과는 지난 스마트폰에 의해 창조된 네트워크 효과와는 비교도 할 수 없을 것입니다. 모든 자동차에 컴퓨터를 장착하게 될 것입니다. 그리고 자동차 OS Car OS라는 기본적인 운영 시스템부터 내비게이션을 필두로 엄청난 업무와 엔터테인먼트 프로그램과 앱도 함께 장착되며, 자동차 유리는 전부 디지털 디스플레이로 바뀔 것입니다. 이들 자동차 네트워크 시스템이 개인 스마트폰은 물론 사무실, 집, 그리고 이동하면서 주차하는 모든 공간의 시스템과 통신해야 합니다. 지금 이 정도의 연결만 생각해도 멧칼프의 법칙에 의한 네트워크 효과가 창출하는 가치는 상상할 수 없을 정도입니다. 따라서 이와 연결된 기업의 비즈니스 모델이 창출할 부 또한 지금의 상황으로는 예측 불허입니다. 단지 우리의 예측을 엄청나게 뛰어넘는 부를 창출할 수 있다는 것은 확실합니다. 그래서 스마트 시스템과 융합한 자동차 시장은 기존의 IT 강자인 애플, 구글, 마이크로소프트, 삼성전자는 물론, 아마존, 페이스북, 테슬러 등도 절대로 물러설 수 없는 시장입니다. 이제 진정한 유비쿼터스 시대를 열기 위한 게임은 자동차의 디지털화로 시작될 것이라는 전망에 전문가는 물론 일반인들도 점점 피부로 공감하게 될 것입니다. 그럼에도 불구하고 탄생부터 부자들의 장난감 역할을 하던 사치품으로서의 자동차 기능은 앞으로도 없어지지 않고 계속 유지될 것입니다.

디지털 노마드의 시대

이동성과 동시에 스마트 시대의 제일 큰 화두는 '개인화individualization' 입니다. 다시 말해서 디지털 기술이 스마트 시대에 접어들면서 사람과 사회에 가장 큰 영향력을 미치게 된 것이 이동성과 개인화에 따른 생활 양식과 문화의 변화라는 의미입니다. 체험경제experience economy 와 행동경제학behavioral economics이라는 거창한 논리를 고려하지 않아도 이미 우리는 사람의 경험이나 체험이 디지털 시대에 아주 중요한 요소라는 것을 알고 있습니다. 그래서 스마트폰은 물론 텔레비전, 세탁기, 냉장고, 에어컨에도 체험 혹은 사용자 경험UX, user experience을 고려한 설계를 위해서 많은 디자이너, 엔지니어, 마케터가 불철주야 노력하고 있습니다.

텔레비전, 세탁기, 냉장고, 에어컨 등 가전제품家電製品(home electronic

appliances, consumer electronics)이라고 불리는 것들은 가족의 생활에 도움을 주는 제품입니다. 그래서 기업에서는 이러한 제품의 가구당 보유 대수를 중요한 판매 지표로 생각했었습니다. 그런데 TV, 냉장고, 에어컨은 이미 가구당 보유대수가 1을 넘는 경우가 흔해졌습니다. 즉 더 이상 가족 전체를 위한 것이라고 하기보다는 가족 구성원 각각을 위한 제품으로 변화된 것입니다. 그래서 개인용 전자제품이란 의미로 개전제품個電製品이라는 표현이 생겨나기도 했습니다. 스마트폰을 필두로 MP3 플레이어, PMP, 선풍기, 노트북까지 이미 개인 소지품처럼 되어버렸습니다. 즉, 이것들은 개별화되었습니다. 개별화된 제품은 각자의 개성이 부각되는 것이 아주 중요합니다. 다시 말해서 나만의 제품이 많아졌고, 나만의 제품을 구매하거나 사용할 때는 나만의 개성이 아주 중요합니다.

이렇게 개인의 마음에 드는 첫 번째 관문은 바로 인간의 '감성'입니다. 그래서 디지털 세상인 스마트 시대에 감성이 중요해지는 것입니다. 이렇게 어울릴 것 같지 않은 디지털과 감성의 역설을 이해하지 못하면 스마트 시대에 기업으로 생존하기 어려워집니다. 다시 말해서, 많은 사람들이 감성은 아날로그의 대명사라고 얘기하면서, 디지털에도 아날로그적 감성을 입히려고 합니다.

디지털 감성을 이해하려면, 먼저 감정과 감성을 구별해서 생각할 필요가 있습니다. 감정은 오욕 칠정五慾七情의 칠정에 해당하는 것으로 기쁨喜·노여움怒·슬픔哀·즐거움樂·사랑愛·미움惡·욕심欲, 또는 기쁨喜·노여움怒·근심憂·생각思·슬픔悲·놀람驚·두려움恐이라는 사람의 일곱 가지 감정을 말합니다. 이러한 감정은 외부 사물이나 환경에 대한 강함 느낌으로 얼굴 표정이나 생리적인 변화를 동반하면서 발생합니다. 화가 나면 얼굴이 붉어지고 주먹을 꽉 쥐게 되면서 심장 박동 수가 증가하고 호흡이 거칠어지는 것과 같은 변화가 생깁니다. 이러한 현상은 생리학적 변화를 수반하므로 거짓말 탐지기와 같은 장비를 이용하여 객관적으로 측정할 수 있습니다. 그리고 노력에 의해서 자의적 조절이 가능합니다. 이에 반해서 감성은 외부 사물이나 환경 변화에 대한 약한 느낌으로 시각, 청각, 촉각, 향 등에 대해 반사적이며 직관적으로 반응하는 느낌으로 빠르게 발생하고 지속 시간도 짧습니다. 따라서 현재까지 객관적으로 측정할 방법이 없고, 본인도 의식하지 못하는 경우가 많은데, 바로 이러한 감성이 개인의 생각과 판단, 행동 등에 직접적인 영향을 미칩니다.

감성은 한마디로 첫인상과 같은 것입니다. 그래서 감성은 개인적입니다. 사실 대부분의 사람들은 같은 자극에 대해서 희로애락 등의 감정을 비슷하게 느낍니다. 전체 인류가 같이 느끼진 않더라도 문화나 지역에 따라 많은 수의 사람이 비슷하게 느끼는 것입니다. 그에 반해 감성은 개인의 생활 경험이 아주 크게 작용합니다. 개인의 생활 경험은 개인적·사회적·문화적 요소로 나뉘기는 하지만, 감성이 개인적이고, 직관적이며, 반사적이면서 변화의 특성을 갖기 때문에 과학적 연구의 대상이 되지 못했었습니다. 그런데 좀 전에 설명한 바와 같이 디지털 기술의 제품이 빠르게 개인화되어가면서, 그리고 제품의 디자인과 인터페이스가 중요해지면서 감성이 스마트 시대의 화두가 된 것입니다(이에 대해 보다 구체적으로 알고 싶다면 '인간을 위한 감성 디지털 강의'라는 부제로 감정emotion과 감성sensibility의 의미를 구별해서 사용해야 한다고 주장하는 이구형의 저술[51]을 참고하시길 바랍니다).

제품의 디자인과 인터페이스는 결국 각 개인의 행동 특성과 경험에 의한 행동들, 특히 제품과의 상호작용interaction이 중요하다는 의미입니다. 이렇게 제품이 개별화되고 개성화되면서, 제품과 사람, 제품과 제품 간의 인터랙션도 중요해지게 됩니다. 즉 제품 자체도 인격화personalization[52]되기 시작합니다. 이렇게 인격화된 최초의 서비스는 애플의 시리siri입니다. 영화에서는 이와 같은 인격화된 서비스, 시스템 혹은 로봇에 대한 상상력을 자주 접하게 되는데, 이러한 상상이 현실로 나타나기 시작했다는 의미입니다.

이와 같은 시스템 혹은 서비스의 인격화를 위해서는 기본적으로 기기들이 반응할 수 있도록 센싱하는 것이 무엇보다 중요합니다. 그래서 스마트 시대에는 센서 기술이 무엇보다 중요한 기술 중 하나입니다. 앞에서 정의한 대로 스마트 시대는 기계가 인간에게 적응하는 시대입니다. 이렇게 인간에게 적응하는 시스템 혹은 네트워크를 갖추기 위해서는 스마트폰이 모든 것을 다 보유하고 있어서는 불가능합니다. 이제 디지털 컨버전스에 의해서 모든 디지털 기술이 스마트폰으로 집중되었다면, 스마트 시대에는 이러한 스마트폰과 같이 개인화되고 인격화된 기기와 의사소통할 수 있는 기기, 즉 사용자가 필요로 하는 정보를 자동으로 센싱해서 알려주거나 정보를 주고받을 수 있는 다른 스마트 기기들로 분산되어야 합니다. 말하자면 디지털 컨버전스가 가속화되면서 동시에 디지털 디버전스가 일어날 수밖에 없는 시대가 스마트 시대입니다. 디버전스란 컨버전스와 반대되는 개념으로 전문적으로 사용되는 기능만을 강조하여 독립화, 단순화되는 것을 의미합니다. 예를 들면, '미아 방지' 기능만을 앞세운 스마트 밴드인 '리니어블 lineable'과 같은 것입니다.

이와 관련된 대표적인 화두가 웨어러블wearble과 IoT(사물 인터넷)입니다. 《생각하는 사물When Things Start to Think》[53]이나 《생각있는 디자인 Things that Make Us Smart》[54]과 같은 책을 통해서만 접할 수 있던 내용이 현실로 나타나기 시작한 것입니다. IoT가 수많은 생각하는 사물(things that think)로 네트워크 효과를 만들 정도로 세상에 펼쳐지게 되면 과연 어떤 세상으로 바뀔지 정말 궁금합니다. 이를 위해서 '생각 있는 디자인'을 해야 하는데, 아직 안타깝게도 이러한 원리를 알지 못하는 개인이나 기업이 많습니다.

스마트 커뮤니케이터

유비쿼터스를 이루는 방식은 크게 두 가지로 나눌 수 있습니다. 하나는 온 세상에 IoT처럼 생각하는 사물들이 펼쳐져 있어서 굳이 개인이 스마트 기기를 가지고 다닐 필요가 없게 만드는 것이고, 다른 하나는 모든 것을 개인이 다 보유하고 이동하는 방식입니다. 어떤 방식이 더 주류가 될지는 모르겠지만, 두 가지 방식이 공존하면서 조화와 균형을 이룰 것이라고 생각합니다. 그중에서 두 번째 방식, 모든 것을 보유하고 이동하는 방식으로 현실에 나타난 기술이 웨어러블입니다. 보유하고 다니는 방식 중 현재 가장 편리하고 익숙한 방식은 입는 wearing 방식입니다. 단지 입는 것에서 그치지 않고 끊임없이 다른 기기들 및 사용자와 의사소통을 하는 것으로 볼 수 있습니다. 물론 이러한 의사소통은 디지털 특성 때문에 보이지 않는 이면에서 자동으로 계속 이루어지고 있을 것입니다. 그래서 이러한 스마트 기기들은 '스마트 커뮤니케이터'라고 불러야 될 것 같습니다. 현재 이러한 스마트 커뮤니케이터의 대표 주자는 구글 글래스와 애플 워치Apple Watch입니다. 구글 글래스는 새로 시작하기로 하였고, 2014년 발표된 애플 워치는 기대 이하라는 평가를 받고 있습니다.

그러나 이 책을 읽는 독자들은 꼭 명심하시길 바랍니다. 애플의 역사는 비방과 대박의 연속이라는 것을 말입니다. 아이팟, 아이폰, 아이패드, 그리고 그 사이의 여러 제품들이 나올 때마다 전문가 혹은 일반 사용자들의 혹평을 받았습니다. 그러나 수개월, 길게는 몇 년 내에 엄청난 성공을 거두는 기적 같은 일들이 일어났습니다. 도대체 왜 그런 것일까요?

일부 전문가들이 이미 발표한 바와 같이 애플 제품들은 이전에 본 적이 없던 제품들로 이루어져 있습니다. 더불어서 그 제품들은 생태계상에서만 의미 있는 플랫폼 제품들입니다. 애플이 제품들을 발표할 때에는 플랫폼만 발표할 뿐 그 내용을 채울 콘텐츠는 물론 앱들이 제대로 만들어지지 않은 상황입니다. 그래서 제품 발표 후 앱들이 만들어지고 그에 맞는 적합한 콘텐츠들이 구성될 때까지 생태계가 시스템적으로 성정하고 안정화될 시간을 필요로 합니다. 일단 그렇게 에코 시스템이 효력을 발휘하기 시작하면, 네트워크 효과와 함께 시스템이 돌아가기 시작하므로 애플은 소위 대박을 이루고, 사용자는 그로부터 받은 혜택과 가치의 '광팬'이 되는 것입니다.

이번 애플 워치도 그렇게 될지의 여부는 아직 알 수 없습니다. 이미 보고된 대로 삼성 기어 등은 푸시push 방식의 기기인 반면, 애플 방식은 풀pull 방식의 기기입니다. 이는 스마트 시대의 디지털 기기에 걸맞게 주변 기기들로부터 정보를 센싱할 때만 의미 있는 커뮤니케이터이지 홀로 완전한 제품이 아니라는 뜻입니다. 이렇게 완벽하지 않은 기기들의 전체 시스템, 생태계가 얼마나 강력한지는 이미 알고 계시거나, 이 책을 통해 이해하셨을 것입니다. 애플은 그런 종류의 또 다른 플랫폼으로 애플 워치를 개발한 것이라고 저는 생각합니다. 그리고 그 플랫폼을 회사 내부의 효율화를 위해 전략으로 활용하는 것이 아니라 외부와 함께 다면 시장을 구축하는 플랫폼 비즈니스로 활용할 것입니다.

성장의 시간을 거쳐 그 생태계가 작동하기만 한다면, 우리는 또 한 번 애플의 신화를 구경할 수 있을 것입니다. 이젠 스티브 잡스가 아닌 팀 쿡Tim Cook 선장이 리딩하는 스마트 세상을 맛볼 수 있겠지요. 애플이 그것을 이루건 이루지 못하건 그 누군가가 그러한 세상을, 스마트 세상을 계속 진화시켜나갈 것입니다. 그러한 스마트 시대에 인간의 감성을 충족시킬 기술은 디지털 기술뿐이라는 것을 잊지 마시길 바랍니다. 왜냐하면 인간의 감성은 개인적이고, 직관적이고, 반사적이며, 변화하는 성질을 가졌기 때문입니다. 본인이 의식하지도 못하는 시간에 발생하여 감정에 영향을 미치고 사라져버리는 인간의 감성에 대응할 수 있는 것은 디지털 기술입니다. 디지털 기술은 그만큼 빠르고 보이지 않는 이면에서 엄청난 데이터 처리 능력으로 빅데이터 수준까지 순간적으로 계산하여 대응하면서 우리가 알지도 못하는 곳에 널리 퍼져 있어 우리의 감성을 충족시킬 수 있습니다.

7

혁신의 과정에서
수렴이 중요한 이유

– 논리

결국 비즈니스에서는 결과를 구현할 수 있어야 할 뿐만 아니라 성공적으로 마무리해야 합니다. 따라서 탐험을 통해 발견한 가능성을 제한된 현실의 조건에서 기회로 전환하고, 다시 현실화시켜야 합니다. 그러므로 제한된 조건하에서 문제를 효율적으로 푸는 논리적 사고가 혁신의 후반부에서는 창의적 사고보다 더 중요하다고 할 수 있습니다.

논리란 무엇일까?

　　　　　인터넷에 '게이오 초등학교 입학문제'라는 제목으로 IQ 테스트 같은 문제가 공개되어 화제가 된 적이 있습니다. 과연 초등학교 입학 문제일까 싶을 정도로 쉽지 않은 문제였습니다. 이 문제를 좀 더 생각하기 쉽게 바꿔서 살펴보면서 논리적이란 것이 어떤 것인지 생각해보도록 하겠습니다.

문제: 네 어린이가 그림과 같이 격리되어 있고, 네 어린이에게 다음의 조건이 주어졌다.

● 방 안에는 검은 모자를 쓴 사람이 두 명, 흰 모자를 쓴 두 명, 총 네 명이 있다.

- 이들은 자기가 쓰고 있는 모자의 색을 모른다.
- 자신의 모자를 벗어서 색을 확인할 수 없다.
- A와 B, C, D 사이에는 벽이 있어서 서로 절대 볼 수 없다.
- 누구도 뒤를 돌아볼 수 없다.

방 밖의 통솔자가 이 조건들을 아이들에게 알려주고, 자기가 쓰고 있는 모자의 색을 알고 있는 사람은 손을 들고 소리를 내서 대답하라고 지시했다. 잠시 정적이 흐른 후, 한 아이가 손을 들고 자신의 모자 색을 맞혔다. A, B, C, D 중 자기의 모자 색을 맞힌 아이는 누구이며 그 이유는 무엇일까?

이 문제의 제한 시간은 5분이었다고 합니다. 여러분들도 5분 정도 시간을 내서 풀어본 후 다음을 읽는다면 논리적 사고를 이해하는 데 더 도움이 될 것입니다. 생각해보셨습니까? 누가 자기의 모자 색을 맞힌 아이입니까? 답은 'C'라고 합니다. 답을 맞혔다면, 혹은 'C'라고 생각하지 않으신 분도 그 이유가 무엇인지 펜을 들고 종이에 적은 후 다음 내용을 보시길 바랍니다. 그 이유가 무엇인지 잘 모르시겠다면, 다음의 힌트를 활용해보시길 바랍니다.

- 정적이 흘렀다.
- 모든 아이는 정적이 흘렀다는 것을 알고 있다.
- 네 명의 아이들 중 가장 많은 모자를 볼 수 있는 사람은 'B'이다.
- A는 제외되어 있는 상태나 마찬가지다. 그러나 어떤 색의 모자든

쓰고 있다.

이제 그 이유를 찾으실 수 있나요? 이유는 다음과 같이 설명할 수 있습니다.

"C가 생각합니다. 만일 D와 내(C)가 같은 색의 모자를 쓰고 있다면, 예를 들어 그림과 같이 둘 다 흰색 모자를 쓰고 있다면 B는 검정색 모자를 쓰고 있을 수밖에 없고, D와 내가 검정색 모자를 쓰고 있다면 B는 흰색 모자를 쓰고 있다는 사실을 알 수 있는데, 손을 들고 소리내서 답을 말하지 않았으므로, D와 나(C)는 서로 다른 색의 모자를 쓰고 있다. 따라서 D가 흰색 모자를 쓰고 있으므로 나(C)는 검정색 모자를 쓰고 있다."

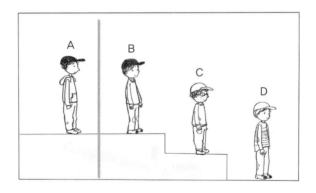

이제 왜 'C'가 답인지 이해하실 것입니다. 이 문제는 논리적 사고의 전형입니다. 누구라도 주어진 조건을 활용하여 인과관계를 따라가면 그 결과를 명확하게 알 수 있기 때문입니다.

왜 이러한 사고가 '논리적 사고'인지 좀 더 살펴보기 전에 왜 논리적 사고가 진화하는 혁신의 과정에서도 중요한지 생각해보겠습니다. 일반적으로 혁신이라고 하면 창의와 연결해서 생각하는 것이 상식적인 일인데, 왜 여기서는 논리적 사고를 강조하고 있을까요? 혁신의 초기에는 미스터리와 같은 혼돈을 직관적으로 헤쳐나가는 일에서 상자 밖의 새로운 문제를 찾는 탐험을 할 때처럼 가능성을 찾는 창의적 사고가 중요합니다. 그러나 결국 비즈니스에서는 결과를 구현할 수 있어야 할 뿐만 아니라 성공적으로 마무리해야 합니다. 따라서 탐험을 통해 발견한 가능성을 제한된 현실의 조건에서 기회로 전환하고, 다시 현실화시켜야 하는 수렴의 과정은 필수적입니다. 그러므로 제한된 조건하에서 문제를 효율적으로 푸는 논리적 사고가 혁신의 후반부에서는 창의적 사고보다 더 중요하다고 할 수 있습니다.

일반적으로 논리적 사고법으로 유명한 것은 '맥킨지식 사고'로 알려진 MECE('엠이씨이' 혹은 '미시') 혹은 '피라미드 사고Pyramid Thinking'입니다. MECE는 'Mutually Exclusive, Collectively Exhaustive'의 약자로서 그림과 같이 '상호간에 중복되지 않고 전체로서 누락이 없음'을 의미하는 것입니다.

누락   중복

'피라미드 사고'는 사고의 구조가 피라미드 모양과 같이 상하 관계가 논리적 인과관계로 묶여 있을 뿐만 아니라 같은 수준에서는 서로 중복되지 않고 그 합이 상위 구조와 동일하다는 MECE 논리로, 다음과 같은 이미지, 즉 로직 트리logic tree로 표현할 수 있습니다.

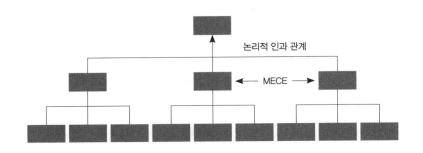

이해하기가 쉽다는 것

'논리적'이란 개념을 좀 더 쉽게 설명해보겠습니다. 아래 두 개의 네모 상자에 동그란 점이 몇 개인지 한번 각각 세어보시길 바랍니다.

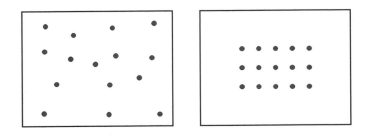

설마 오른쪽 상자 안의 원의 개수를 더 오래 센 분은 안 계시겠죠? 당연히 오른쪽 상자의 원의 개수를 세기가 편하셨을 것입니다. 왜냐

하면 오른쪽 상자가 왼쪽 상자보다 더 논리적이기 때문입니다. 정확하게는 논리적으로 정렬되었기 때문입니다. 결론적으로 '논리적'이라는 것은 단순 명료하여 착오, 누락, 중복과 비약이 없기 때문에 이해하기가 쉽다는 것입니다. 이제 '논리적'이라는 것의 개념은 이해하셨을 테니, 논리의 구조에 대해서 살펴보도록 하겠습니다.

논리는 '사실', '이유', 그리고 '결론'이라는 세 가지 요소를 가지고 있습니다. 이러한 세 가지 논리의 요소를 도식적으로 표현하면 그림과 같이 집과 같은 구조가 됩니다.

'결론'은 집의 지붕에 해당합니다. 일반적으로 우리가 집을 그리면 지붕부터 그린다고 합니다. 그것은 지붕이 삶을 영위하는 공간을 만들어주는 핵심이기 때문이 아닐까요? 어쨌든 논리적 사고의 목적은 결론을 도출하기 위한 것입니다. '사실'은 집 구조의 바닥, 즉 기초에 해당됩니다. 그리고 '이유'는 기둥으로 지붕과 기초를 연결함과 동시에 지붕을 지탱합니다. 따라서 논리적 결론에는 모두 그 이유가 있으며, 그 이유는 사실에 근거합니다. 논리적인 결론은 항상 "왜?"라는 물음에 답을 할 수 있을 뿐만 아니라, '왜냐하면because'을 설명하는 이유는 모두 사실fact에 근거하고 있어야 합니다. 사실이라는 기초가 약하면 이유가 아무리 좋아도 지붕(결론)은 무너질 것입니다. 왜냐하면 기둥(이유)은 지붕의 무게를 바닥(사실)에 전달하는 역할을 하는 것이지 기둥(이유) 자체가 지붕(결론)의 무게를 지탱하는 것이 아니기 때문입니다. 그러므로 논리적 사고는 사실 기반적 사고fact-based thinking여야만 합니다. '왜?'라는 질문에 '왜냐하면'이라고 답하는 데 필요한 사고방식이 논리적 사고입니다.

논리적 사고는 원인과 결과의 관계가 명확한, 필연성을 추구하는 사고로 그 결론이 누구에게나 객관적입니다. 그래서 논리적 사고를 하는 이들은 한 가지 사실을 깊게 파고드는 경향이 있습니다. 이 때문에 논리적 사고를 '수직적 사고'라고도 합니다. 논리적 사고를 잘한다는 의미는 생각, 말 혹은 글의 전개가 물 흐르듯이 잘 흐르고, 전체를 구성하는 사실과 이유 그리고 결론의 각 요소가 명확한 관계로 파악되도록 배열할 수 있다는 것입니다. 또 사실 속에 있는 본질을 잃지 않고 압축하여 재구성하는 능력, 즉 요약하는 능력이 있다는 것입니다.

그림에서 결론을 지지하는 이유가 한 개라면 지붕을 받치기에 모자라 보이고, 열 개라면 너무 많아서 지붕 아래 공간이 부족해 보일 것입니다. 그래서 일반적으로 이유의 개수는 세 개가 적당합니다. 이유의 수가 많든 적든 논리적 사고는 주어진 사실이 같다면 같은 결론에 도달할 수밖에 없습니다. 그러므로 논리적 사고에 익숙한 사람들은 동일한 사실 혹은 정보를 공유하는 것만으로도 같은 결론에 도달할 수 있습니다.

의사소통과 설득에 있어서 논리적이라는 것은 필요한 구성 요소가 빠지지 않고 다 존재하고, 그 구성 요소들이 인과관계로 연결되어 있으면서 중복도 없이 명백한 결론에 도달하는 방식을 갖춘 것입니다. 이런 방식은 과정과 결론이 명명백백하므로 의사소통과 설득에 있어서 효과적이고 효율적입니다. 로직 트리와 같은 논리적 사고 도구를 활용하면 문제 해결에서 가장 어려운 단계인 인과 문제에서 발견을 보다 쉽고 분명하게 할 수 있을 뿐만 아니라 문제 해결을 위한 과정에서도 아주 유용한 방법을 제시할 수 있습니다. 따라서 논리적 사고는 토론, 회의 혹은 의사결정의 효과성과 효율성 측면에서 아주 중요할 뿐만 아니라 문제 해결의 측면에서도 필수적인 요소입니다.

논리의 누락과 착오를 다루는 방법

_____ 덴마크인 친구와 있었던 에피소드 하나를 얘기해보겠습니다. 이 덴마크 친구는 컨설턴트로 덴마크 왕실에서 맡긴 'Design 2020'이란 프로젝트를 완수하기 위해 세계 여러 나라의 디자인 현황을 조사 중이었습니다. 덴마크와 이탈리아에서 교수로 재직 중인 저의 또 다른 친구인 베르간티 교수(《디자이노베이션》의 저자)의 주선으로 이 친구를 만나게 되었는데 인터뷰를 마치고 저녁 식사를 하던 중 한국 음식에 대한 이야기를 하게 되었습니다. 저는 덴마크 친구에게 비빔밥을 먹어본 적이 있는지 물어보았습니다. 예상외로 먹어본 적이 있다고 하였습니다. 그리고 자기는 위에서부터 차례차례 먹고 있었는데 종업원이 와서 비벼주었다면서, 그렇게 비벼서 먹는 것인 줄 몰랐다고 얘기해주었습니다. 많은 서양 사람들은 비빔밥을 처음 대하면 어떻게 먹어야 할지 알지 못합니다. 해외 출장 중에 비행기 안에서 옆에 앉은 비빔밥을 주문한 서양 사람들이 어떻게 먹는지 몰라서 망설이고 있을 때, 비빔밥을 비벼주었다고 얘기하는 한국 사람들을 몇몇 봤습니다.

왜 서양 사람들은 비빔밥을 대했을 때 비벼서 먹는다는 생각을 못할까요? 그것은 그들의 식생활 습관으로는 여러 가지를 하나로 섞어서 먹는 일이 거의 없기 때문인 것 같습니다. 그들은 음식을 먹을 때 우리보다 상당히 많은 절차와 순서를 밟습니다. 그리고 각자가 다 자기의 식성대로 개인화해서 먹는 것에 익숙합니다. 반대로 서양 음식을 먹을 때 불편을 느끼는 우리나라 사람들도 많습니다. 한식처럼 한상 차려놓으면 알아서 먹으면 되는 것이 아니라 순서대로 먹어야 하기 때문입니다. 스테이크를 먹다가 중간에 느끼하면 샐러드나 수프라도 먹었으면 싶지만 샐러드나 수프 그릇은 이미 치워져서, 디저트로 과일이나 커피가 나올 때까지는 기다려야 합니다.

이렇게 절차와 순서가 중요한 것은 비단 식생활뿐만은 아닌 것 같습니다. 서양의 언어들은 (제가 알기로) 대부분 순서가 무척 중요합니다. 말을 할 때 어순을 바꾸면 알아듣지 못합니다. 끝까지 들어봐야 하는 한국말과는 달리 영어와 같은 서양 언어들은 순서가 매우 중요해서 말을 하면서 끝에 가서 결론을 내는 일은 쉽지 않습니다. 그래서 논리적 사고를 하기에는 영어식 표현이 적합한 것 같습니다. 논리적 사고를 할 때 영어식으로 표현해보면 한국어 표현으로는 찾지 못하는 논리적 결함을 찾기가 수월합니다.

"잘되고 있어?"

먼저 가장 대표적인 경우가 '누락'에 대한 것입니다. 한국어는 맥락이나 배경이 중요해서 영어에서의 주어와 목적어 같은 것이 생략되어도 대화를 하는 데 크게 지장이 없습니다. 서로 앞에서 나눈 대화를 전제로 누가 주어인지 목적어가 무엇인지 아는 데 크게 지장이 없기 때문입니다. 예를 들어서 앞에서 제가 '예상외로 먹어본 적이 있다고 하였습니다'라고 썼는데, 우리는 당연히 덴마크인 친구가 예상외로 '비빔밥'을 먹어본 적이 있다고 한 것으로 생각합니다. 하지만 영어에서는 '예상외로 먹어본 적이 있다고 하였습니다'라는 표현을 글로 적으면 성립되지 않는 문장이 됩니다. 소위 얘기하는 불완전한 문장sentence fragment이 되어서 말하거나 글을 쓸 수 없게 됩니다. 우리에게는 척 하면 알 수 있는 효율적인 문장이 영어적으로는 불완전한 문장이 되어서 서로 대화가 진행되기 어려워진다는 것입니다. 그런데 비즈니스 세계에서는 이러한 불완전한 문장으로 처리되었기 때문에 서로 오해하거나 일이 잘못되는 경우가 생각보다 많이 있습니다. 예를 들어 부서장이 부서원에게 "잘되고 있어?"라고 물을 때가 많은데, '무엇'이 잘되고 있는지를 서로 다르게 생각할 경우 의사소통에 문제가 생깁니다.

말로 의사소통을 할 때는 그래도 문맥이나 상황을 같이 인지할 확률이 그래도 높지만, 글로 의사소통을 하는 경우 이렇게 주어나 목적어 같은 내용이 '누락'되면 문맥이나 상황을 인지하기가 더욱 어려워집니다. 따라서 서로 같은 글을 읽었지만, 생각하는 것이 달라질 가능성이 생깁니다. 따라서 논리적으로 의사소통을 하고 싶다면, 특히 이메일 같은 글을 쓸 때 작성한 글을 영어로 바꿔보는 것은 의미 있는 일이 될 수 있습니다. 여기서 오해하면 안 되는 것이 영어로 표현해보는 목적이 멋진 영작을 하기 위한 것이 아니라, 논리적으로 '누락'된 내용이 있는지를 확인하는 것이라는 점입니다. 최근 대부분의 보고서를 파워포인트로 작성하면서, 문장을 적기보다는 짧은 글로 표현하는 경우가 많으므로, 이런 경우에는 필히 영어식 표현으로 바꾸어서 논리적으로 '누락'된 부분이 있는지 확인해보는 것이 좋을 것입니다.

다음은 '착오'에 대한 문제입니다. 한국어를 모국어로 쓰기 때문에 우리는 익숙한 단어의 뜻은 안다고 생각하는 경향이 있습니다. 그러나 '스마트폰'을 모르는 사람은 거의 없겠지만, '스마트폰'의 정의가 무엇이냐고 물으면 답하기 어렵습니다. 만약 '스마트폰'이 '폰(전화기)'이 맞냐고 묻는다면 더욱 난감해질 수 있습니다. 왜냐하면 '스마트폰'은 이미 '폰'의 기능을 넘어 '컴퓨터' 수준에 와 있기 때문입니다. 우리가 익숙해서 놓치고 있는 내용을 우리가 익숙하지 않은 외국어로 표현해 보면 그 의미를 보다 정확하게 알게 되거나 찾을 수 있는 경우가 많습니다. 예를 들어, '창조 경영'이라는 표현은 우리에게 익숙해서 모르는 것 같지 않지만, 이 표현을 영어로 바꿔보려고 하면 단어를 모르지 않아도 참 어렵습니다. 왜냐하면 이를 위한 표현이 아래처럼 몇 가지 존재하는데, 그 의미가 상당히 다를 수 있기 때문입니다.

1. Creative Management
2. Creativity Management
3. Management for Creation

첫 번째 표현은 경영management이 창의적이라는 의미로 해석될 수 있습니다. 그래서 '창의적 경영' 정도로 표현될 수 있을 것 같습니다. 두 번째 표현은 '명사+명사 '의 표현으로, 첫 번째 '형용사+명사' 표현과는 의미가 조금 달라집니다. 경영의 속성이 창의적이라기보다는 '창의성creativity'을 위한 경영이라는 의미가 됩니다. 이와 유사한 표현으로 'Design Management(디자인 경영)'이라는 표현이 있는데, 디자인을 경영하겠다는 것인지, 경영에 디자인 방식을 도입하겠다는 것인지에 대해 그 분야 전문가가 아닌 사람은 알기 어렵습니다. 세 번째 표현은 '창조를 위한 경영' 정도로 표현될 수 있을 것 같습니다. 세 가지 표현 중 어떤 것이 '창조 경영'에 적합한 표현일까요? 최근에는 이에 대해서 정리되어가는 것 같지만, 언어 표현으로는 아직도 많이 애매해서 무엇이 답이라고 얘기하기 어렵습니다.

이와는 달리 확실하게 구분되는 표현도 있습니다. 예를 들어서, 우리가 '틀리다'라고 쓰는 표현은 아주 많은 경우 '틀린wrong'이 아닌 '다른different'을 의미하곤 합니다. '틀린 그림 찾기'가 아닌 '두 개의 그림 중 다른 곳 찾기'가 올바른 표현인 것입니다. 물론 이 표현이 바뀌기는 어렵겠지만, 이렇게 영어식 표현을 고려해보면 표현상의 비논리적인 '착오'를 방지하는 데 크게 도움이 될 것입니다.

더 이상 영어식 표현에 대해 언급하는 것은 이 책의 내용과 멀어질 것 같으므로 이 정도 선에서 마무리지으려 합니다. 그 전에 한 가지 가설을 말씀드리겠습니다. 바로 영어와 한국어를 사용하는 뇌의 활성화 영역이 다르다는 가설입니다. 따라서 한국어로 작성한 글을 영어로 확인하는 것은 다른 관점에서 같은 내용을 확인해보는 것이므로 중요한 문서라면 시간을 투자할 가치가 있는 일이라고 생각합니다. 영어식 표현으로 확인을 하면 '누락'과 '착오'로 생기는 논리적 결함을 상당 부분 제거할 수 있을 것입니다. 결론적으로 이러한 일을 계속하다 보면 논리적 사고력을 향상시킬 수 있을 뿐만 아니라 영어 표현도 향상시킬 수 있을 것입니다. 즉, 일석이조의 효과이므로 꼭 실천해보길 추천합니다.

8

상상력이 기술력보다 강하다

– 창의

창의는 새로운 일을 시작하기 위하여 매우 중요한 요소입니다. 비록 창의성이 직관이나 정성에 의존하는 경향이 커서 증명하기 어렵다 하더라도, 그것을 증명하지 못해서 시도하지 않는다면, 특히 불연속점에서 창의적인 시도를 하지 않는 기업은 사라지거나 사그라질 확률이 높습니다.

'다른' 답을 '즐겁게' 찾는 것이
창의다

_____ 앞서 다룬 '게이오 초등학교 입학 문제' 기억하시죠? 철저히 논리적 사고를 요하는 문제였습니다. 그런데 이 문제에 대한 '다른 답'은 없는 것일까요? 즉, 답이 C가 아닌 다른 사람이 될 수 있거나, 같은 C가 답이더라도 그 이유가 다르다면 아마 무척 흥미로울 것입니다. 이제부터 '다른 답'들을 찾아보도록 하겠습니다.

'다른 답'을 찾기 위한 제 첫 번째 질문은 '왜 아이들은 서로 알려주지 않았을까요?'입니다. 만일 B가 C나 D에게 어떤 색의 모자를 쓰고 있는지 알려주었다면 C와 D는 손을 들고 자신의 모자 색을 맞힐 수 있지 않았을까요? 이런 일이 일어나지 않았던 이유, 즉 '다른 답'을 찾지 못하는 이유는 크게 세 가지로 생각해볼 수 있을 것 같습니다.

▎상자 안 생각, 상자 밖 생각

그 첫 번째는 문제의 조건에 서로에게 말해도 괜찮다고 조건을 준 적이 없다는 것입니다. 이렇게 조건을 정해주지 않으면 우리는 문제를 풀 때 그 조건을 사용하지 않는 경향이 있습니다. 창의 교육을 받으면 가장 먼저 나오는 얘기 중 하나가 '상자 안 생각in-the-box-thinking'을 하지 말고 '상자 밖 생각out of-the-box-thinking'을 해야 한다는 것입니다. 그렇지만 이렇게 주어진 문제의 조건 밖에 있는 것을 활용하기는 생각처럼 쉽지 않습니다. 지금과 같은 퀴즈 문제를 풀 때도 쉽지 않은데, 더욱 더 복잡한 현실, 그것도 비즈니스 현장에서 '상자 밖 생각'을 하기는 너무도 어려운 일입니다. 게다가 15년 이상의 직장생활 경험을 생각해볼 때, 직장인에게는 그런 '상자 밖 생각'을 할 수 있는 시간적 여유가 없는 경우가 대부분입니다. '상자 밖 생각'을 할 시도를 하지 않거나, 아주 짧은 시간을 투자하고는 '거봐, 안 되는 거잖아!' 하고 포기하곤 합니다. 그러나 이러한 '상자 밖 사고'를 평소에 조금씩 연습해두면 생각보다 효과를 얻는 경우가 많을 것이고, 그 효과를 얻는 데 걸리는 시간도 점점 단축될 것입니다.

문제의 조건에 주어지지는 않았지만 우리가 활용하면 좋을 다른 전제는 무엇이 있을지 생각해봅시다. 예를 들어 이들이 움직이면 안 될까요? 조건에는 움직이면 안 된다고 한 적이 없으니 서로 움직인다면 어떤 결과가 나올까요? 계단 사이를 이동할 수도 있고, 벽도 통과할 수 있을 것입니다. 통과하기 위해 뚫고 갈 수도 있고, 아니면 우회할 수도 있을 것 같습니다. 이렇게 생각하면 움직인 사람과 방법에 따라

방 안에 있는 사람 그 누구도 정답을 맞출 수 있는 사람이 될 수 있을 것입니다. 또 다른 조건은 없을까요? 예를 들어 벽의 성질이 다르면 어떤 결과가 나올까요? 만일 벽이 거울 벽인데 A가 있는 쪽에만 붙어 있다면, 혹은 D의 앞쪽 벽에 붙어 있거나, 아니면 양쪽에 다 붙어 있다면 결과는 달라졌을 것입니다. 추가적으로 거울을 꼭 바라보는 벽이 아니라 바닥이나 천장에 붙여도 상황은 달라질 것 같습니다. 아니면 반사하는 거울 벽이 아니라 한쪽에서만 보이는 유리였다면 A가 답을 맞힐 수도 있었을 것입니다. 이런 식으로 새로운 조건이나 전제들을 만들어가면 답은 정말로 많아질 것입니다.

이렇게 주어진 조건이나 전제 이외의 것을 생각해보는 사고를 '상자 밖 생각'이라고 하며, 이러한 사고는 창의를 위한 아주 중요한 사고법 중 하나입니다. 가끔 이런 틀 밖으로 벗어나는 사고를 하다 보면 틀 자체를 깨는 사고를 하는 경우도 발생합니다. 예를 들면, 중간에 놓인 벽이 서로 볼 수 있는 유리벽이라고 주장하거나, 중간에 구멍이 있다고 주장할 경우 '절대로 서로 볼 수 없다'고 한 주어진 전제를 부정하거나 무시하는 경우입니다. 이러한 '규칙 부수기Rule Breaking'는 비즈니스 현장에서 응용될 수는 있지만, 다른 사람에게 악영향 혹은 피해를 주는 경우가 있을 수도 있으므로 앞뒤 상황과 문맥을 잘 살펴서 통용될 수 있는 범위에서 활용하는 것이 좋을 것 같습니다.

조건의 경계를 벗어나는 '상자 밖 생각'을 하기 어렵다는 것이 '다른 답'을 찾기 어려운 세 가지 이유 중 첫 번째 이유입니다. '다른 답'을 찾기 어려운 두 번째 이유로는 '자신이 답을 맞혀야 한다'는 '관념'을 들 수 있습니다. 다시 말해서 '내가 스스로 답을 맞혀야 한다'고 생각하기 때문입니다. 즉, B는 자신이 답을 맞히고 싶기 때문에 결코 C 와 D에게 자기가 본 사실fact을 알려주지 않습니다. 이러한 '관념'은 비 즈니스 현장에서는 B의 '생각' 혹은 '태도'이기도 하지만, 이러한 문제 를 풀 때는 문제를 푸는 사람의 '관점' 혹은 '태도'이기도 합니다. 이 러한 자신이 스스로 답을 맞혀야 한다는 '관념'이나 '태도'는 A의 경우 도 마찬가지입니다. 자기 혼자의 힘으로 문제를 해결하려 하기 때문 에 앞에 있는 친구들에게 묻는 '시도'조차 하지 않습니다. 당연히 A가 앞에 있는 친구들에게 상황을 묻는다고 해서 A가 답을 찾기는 어려운 상황입니다. 하지만 D가 물었다면, 그리고 B 혹은 C가 그 물음에 답 했다면 D가 자신의 모자 색을 알게 되는 순간이 있었을 것입니다. 물 론 게이오 초등학교 입학문제는 읽고 푸는 일이기 때문에 이런 상상 은 무의미할 수 있습니다. 그럼에도 불구하고 오늘날 우리의 비즈니 스 현장에서는 이와 같이 부서의 장벽 때문에, 혹은 각 개인의 이해관 계가 얽혀서, 혹은 기타 여러 가지 이유로 서로 간의 의사소통이 단절 되는 현상이 흔히 나타납니다. 그 결과, 의사소통만으로도 쉽게 해결 할 수 있는 문제를 놓치는 경우가 종종 생깁니다. 결론적으로 이와 같 은 '관점', '관념' 혹은 '태도'의 다른 형태가 '다른 답'을 찾기 어렵게 만 듭니다.

물론 여기서 D가 B 혹은 C의 말을 믿어야 한다는 전제는 있어야 합 니다. 즉 '신뢰'에 관한 우리의 '태도' 말입니다. 바로 이 '신뢰'를 하지 못하는 태도가 '다른 답'을 찾기 어렵게 만드는 세 번째 이유입니다. 창의를 생각하다 보면 좀 멀리 가는 경향(비약과 주관 등등)도 있다는 것을 인정합니다. 그럼에도 불구하고 창의에 대해 논할 때 빠질 수 없는 '태도'는 바로 '신뢰' 혹은 '믿음' 그리고 '존중'입니다. 이러한 태도가 없을 경우 우리는 '창의적 사고'를 하거나 창의적으로 일하기는 무척 어려워 집니다. 이제 그 이유를 '수직적 사고'와 '수평적 사고'가 서로 어떻게 다른 것인지를 논하면서 살펴보도록 하겠습니다.

▌ 수평적 사고의 가능성

'수직적 사고'와 '수평적 사고'에 관한 가장 유명한 질문은 다음과 같습니다.

　"얼음이 녹으면 어떻게 될까요?"

이 질문에 대한 답으로는 당연히 '얼음이 녹으면, 물이 됩니다'라고 말할 수 있을 것입니다. 이러한 사고는 '기존'의 지식과 경험을 기반으로 하는 논리적인 사고의 결과입니다. '얼음이 녹으면 물이 된다' 이외의 것은 틀렸다고 주장하는 이유는 주어진 조건으로부터 인과관계를 따져본 결과 단 하나의 정답을 찾았기 때문입니다. 즉, '단 하나'의 정답을 추구하는 사고입니다. 그러나 물리학적 체계 혹은 지식이나 상식의 체계 혹은 경험에서 벗어나서, 다시 말해 많은 사람이 아는 것보다는 자신이 알고 있는 경험을 '연결'해나간 결과로 답을 하면, '얼음이 녹으면, 봄이 된다'라고 답할 수도 있습니다. 이렇게 크게 '연관성'이 없어 보이는 것들을 '연결'시켜보면서 '새로운 관계'를 찾아가는 사고를 '수평적 사고'라고 합니다. 이렇게 사고하기 시작하면 많은 답들을 끌어낼 수 있습니다. 마치 '상자 밖 생각'을 하면 다른 많은 답을 찾아낼 수 있는 것과 같습니다. 이렇게 사고해서 찾은 답들은 이상하거나, 신선하거나, 주관적입니다. 여기서 이상하다는 것은 '논리의 비약' 때문이고, 신선한 것은 다르거나 새롭기 때문이며, 주관적이라는 것은 정립되지 않았기 때문입니다. 정리하면, 논리의 비약이 있고 정립되지 않은 주관적 생각을 하는 것이 '수평적 사고'라고 할 수 있습니다.

이제 앞에서 살펴본 '상자 밖 사고' 및 '수평적 사고'라는 방법에서 찾은 창의의 공통점을 정리하면 다음과 같습니다.

1. 다른different
2. 다양한diverse
3. 즐거운delightful

즉 창의적 사고란, 객관적이거나 논리적이어서 '하나'의 답을 찾는 것이 아닌 서로 '다른' 답을 찾는 것입니다. 그렇게 서로 다른 것을 '인정'하다 보면 '다양'하고 '많은' 답을 찾을 수 있습니다. 물론 이러한 답들은 논리적 '비약'이 있기 때문에 답이라고 주장하기 어려운 '주관적'인 것들이지만, 그렇기 때문에 새롭고 신선한 맛이 있어서 그 답을 찾는 과정이 '즐거울' 수 있습니다. 결국 창의에서 찾고자 하는 답은 정답이라기보다는 '가능성possibility'이라고 할 수 있습니다. '그렇다(as it is)'라는 인과관계에 의한 결론이 아니라, '미래에 그럴지도 모른다(might be)' 혹은 '정말 그랬으면 좋겠다(wanna be)'라는 가능성과 희망의 답입니다. 현재 입증할 수는 없고 미래에 실현하겠다는 '의지will'와

'행동'을 필요로 합니다. 그렇기 때문에 '다른 답'을 '창의적 답'이라고 해도 좋을 것 같습니다. 이렇게 다른 답을 발전시켜 나가려면 논리적 비약이 있더라도 그 답을 '인정'하거나 상대방을 '존중'해주는 '신뢰'의 문화가 있어야 합니다. 결론적으로 말하면 '다르고 다양한 답들을 즐겁게 찾는 과정'이 창의의 과정입니다.

피타고라스의 하늘

_____ 이 책을 읽는 분 중 '피타고라스의 정리'를 모르는 분은 없을 것이라고 생각합니다. 그런데 피타고라스가 음악을 연구하였다는 것을 아는 분은 많지 않을 것 같습니다. 그런데 수학자이면서 종교와 음악도 연구하였던 피타고라스가 생각했던 하늘은 오늘의 하늘과 같았을까요? 피타고라스학파는 모든 것을 수로 나타낼 수 있다고 생각했고 그러한 노력으로 하늘도 수로 표현하려고 했습니다. 그들은 하늘의 별의 위치를 수로 표현해보았고 별의 위치에 수열과 같은 패턴이 있다고 주장했습니다. 더불어서 이것은 음악의 음계의 패턴과 비슷하다는 것도 알게 되었습니다. 그래서 그들은 하늘을 보면서 음악을 들을 수 있었습니다.

하지만 피타고라스학파가 사라진 지금 전 인류 중 몇 명이나 하늘을 보면서 교향곡과 같은 음악을 들을 수 있을까요? 수년 전 대학교에 다니는 한 후배가 '상상이 현실이 되는 세상'을 이야기하면서 던진 질문입니다. 당시 저에겐 너무도 충격적인 질문이었는데 시간이 흐르면서 점점 잊혀져버린 어느 날 《시인을 위한 물리학: 우주의 신비와 잃어버린 시간을 찾아서》라는 책에서 '피타고라스의 꿈'을 다시 조우하게 되었습니다.

기원전 6세기 그리스에는 놀라운 사람 피타고라스가 살았다. (…) 피타고라스학파는 영혼이 떠돌아다닌다는 상상도 했지만, 어쨌든 가장 특이한 점은 자연과 존재의 가장 내면에 들어 있는 본질이란 숫자로 이루어졌다는 생각이었다.

피타고라스는 꿈을 꾸었다. 꿈에서 본 세계는 그가 음악의 화음에서 개발했던 수학적 법칙과 동일한 법칙이 주도하는 세계였다. 그는 현의 길이를 바꿈으로써, 듣기 좋게 울리는 음들 사이의 관계를 수학으로 서술할 수 있음을 발견했다.

2500년 전 피타고라스학파는 하늘을 보면서 멜로디를 들었지만, 오늘날 우리는 스마트폰과 귀에 꽂은 선을 통해 음악을 듣습니다. 우리는 엄청난 기술 발전에 의해 상상이 현실이 되는 세상에 살고 있지만 상상력은 예전만 못하다는 생각을 지우기 어렵습니다. 우리가 기술의 힘이 상상의 힘보다 크다고 믿기 때문일까요? 그렇다면 상상이 기본이 되는 창의성을 우리는 어떻게 다루어야 할까요? 특히 스마트 시대로 명명되는 오늘날에도 '우리는 창의성을 필요로 할까?'라는 우문을 던져봅니다.

창의성에 대한 오해와 이해

_____ 이제부터는 스마트 시대에서 창의성의 의미가 무엇인지 살펴보도록 하겠습니다. 앞에서도 언급하였듯이 혁신의 초기에는 미스터리와 같은 혼돈을 직관적으로 헤쳐나가는 일이 거의 대부분입니다. 그렇기 때문에 상자 안의 문제를 해결하는 일보다 상자 밖의 새로운 문제를 탐험하여 새로운 가능성을 찾는 창의적 사고가 아주 중요합니다. 그런데 많은 분들께서 창의성에 대해 오해를 하시는 것 같습니다. 그것이 무엇인지 같이 생각해보면서 창의에 대한 이해를 높이도록 해보겠습니다.

창의성은 타고나는 것이며 배울 수 없다

이것은 아주 근본적인 문제입니다. 창의성은 타고나는 것이기에 후천적으로 개발될 수 없다면 우리는 창의적이 되기 위해 노력할 필요가 없을 것입니다. 그러나 창의성을 연구한 많은 분들의 결과에 의하면 창의에는 선천적인 요소와 후천적인 요소가 공존한다는 것을 알 수 있습니다. 창의적인 사람이 되기 위해서 우리에게는 지식과 경험도 필요한데 이러한 요소는 결코 선천적으로 얻을 수 있는 요소가 아닙니다.

경험과 지식 이외에도 창의를 위하여 필요한 중요 요소 중 하나는 동기 혹은 의지입니다. 아무리 타고난 창의성을 가진 사람이라고 해도 활용할 동기 혹은 의지가 없으면 그것은 그 사람 밖으로 혹은 세상으로 창의성이 표출되지 않습니다. 선천적으로 타고난 창의적 재능을 후천적으로 극복하기는 쉽지 않은 것이 사실이겠지만, 그래도 방법론이나 프로세스 등을 통하여 극복할 여지는 여전히 많다고 생각합니다.

▌ 창의성은 어릴수록 좋다

아이들은 어른보다는 자유분방한 상상력을 갖고 있습니다. 그리고 호기심도 아이들이 더 강합니다. 그렇지만 그러한 이유가 무엇인지, 그리고 우리에게 왜 창의가 필요한지에 대해 먼저 알아볼 필요가 있습니다.

먼저 어린이가 더 상상력이 뛰어나 보이는 이유에 대해서 생각해보겠습니다. 많은 연구 결과에 의하면, 우리의 뇌는 체험적 과정heuristic process에 근거하여 판단한다고 합니다. 즉 과거의 경험과 학습을 통해 얻은 정보와 지식의 유사성에 근거하여 입력된 정보를 자동으로 분류하는 시스템을 가지고 있다는 의미입니다. 그래서 우리의 뇌는 유사한 내용이 입력되면, 분류 시스템에 의해 자동으로 해석하여 추후 논리적으로 되살리기 쉬운 방법으로 분류합니다. 그러나 이미 획득한 것과 다른 새로운 정보가 입력되면 분류 시스템상 가장 유사한 분류 체계에 포함시키지만, 유사성을 찾기 어려워 너무 혼돈스러운 경우에는 분류하지 않고 버린다고 합니다. 이러한 사실로 미루어볼 때, 우리는 어린 시절 호기심이 많기도 하지만, 아직 자동 분류 시스템이 미정립된 상태이며 자유분방한 사고가 가능하기 때문에 빗자루를 타고 날 수 있다는 상상을 할 수 있습니다.

반면 성인은 빗자루는 날 수 없는 것으로 분류하기 때문에 그러한 상상을 하기가 어렵게 되지요. 즉, 성인은 자동 분류 시스템이 정립되었으므로 시스템 의존적 사고, 효율 지향적이고 논리적인 사고를 추구하는 사고에 익숙해져버렸다는 것이지, 창의적 사고를 할 수 없다는 의미는 아닙니다. 창의적 사고를 할 수 있는 환경과 조건이 갖추어진다면, 성인들이 어린이보다 창의적이지 않다고 증명하기는 어려울 것입니다. 그리고 기업 등에서는 단지 상상 그 자체를 원하는 것은 아닐 것입니다. 상상을 넘어 현실로 만드는 데 기여하는 창의를 기업은 필요로 하게 됩니다. 결과적으로 기업은 어린 아이의 창의성이 좋다고 해도 그것을 현실화시킬 수 있는 성인의 지식과 경험도 동시에 필요로 하는 것입니다.

창의는 개인의 전유물이다

창의는 개인에 의해서 발현되는 것이지 팀에 의해서 발현될 수 없다고 생각하시는 분도 많은 것 같습니다. 그래서 한 사람의 천재가 10만 명, 20만 명을 먹여 살린다는 이야기도 인구에 회자되곤 합니다. 어느 정도 일리 있는 말이지만 그렇다고 천재 한 사람이 기업 전부를 움직인다고는 절대 생각하지 않습니다. 천재 한 명의 생각이 아주 커다란 영향을 끼칠 수는 있지만, 나머지 사람들의 역할도 그만큼 중요하다는 것입니다. 예를 들어, 야구에서 한 점도 내주지 않는 완벽한 투수가 있다고 해도 나머지 여덟 명이 없으면 이길 수는 없는 상황에서 나머지 여덟 명의 역할은 한 명의 투수의 역할보다 작다고 할 수 있을까요? 이와 같은 예는 아주 극단적인 예라고 저도 생각합니다. 그럼에도 불구하고 저는 팀의 창의성이 한 개인의 창의성보다 훨씬 다양하고 좋은 경우가 많다고 생각합니다. 다만 팀이 창의성을 발휘하기 위한 조건이나 환경이 한 개인이 창의성을 발휘하기 위한 조건이나 환경보다는 훨씬 더 까다롭고 복잡할 수 있다는 것에는 동의합니다. 그러나 팀이 창의성을 발휘하기 위한 수고가 훨씬 더 크기 때문에 주변에서 팀 창의성을 보기 어려운 것이지, 창의가 개인의 전유물이기 때문에 팀 창의성을 볼 수 없는 것은 아닙니다.

▎창의적인 사람은 괴상망측하다

앞에서 잠시 언급한 앤디 워홀도 그렇고 우리가 알고 있는 많은 천재들은 정말 괴상망측한weird 경우가 많은 것 같습니다. 하지만 그것이 창의적인 사람들은 괴상망측한 사람이라는 뜻은 아닙니다. 그런데 천재들 중에서 우리가 알고 있는 천재들이 몇 퍼센트나 될까요? 기준이 너무 애매모호하긴 하지만, 우리가 알고 있는 천재나 창의적인 사람들은 아마 천재들 중 아주 소수일 것입니다. 결국 제가 보기에 천재들에 대한 오해 혹은 편견은 뉴스 혹은 소문의 속성 때문에 만들어진 것이라는 것입니다. 창의의 속성상 일반적인 상식을 거스를 때가 대부분이기 때문에 창의적인 생각이 튀어 보이는 것은 사실이겠지만,

그러한 생각을 한 사람의 인생이나 일상의 대부분이 괴상망측한 것은 아닙니다. 결국 창의적인 사람은 괴상망측할 것이라는 생각은 별로 창의적인 생각이 아닌 것 같습니다.

창의성은 아주 대단한 아이디어 하나를 생각하는 것이다

'창의성은 아주 대단한 아이디어여야 한다.' 이런 생각을 하는 사람들이 많은 것 같습니다. 그래서 우리는 꼭 필요하지만 평범한 아이디어는 선택하지도 보고하지도 않습니다. 그러나 여러분이 정말 창의적이라고 생각하는 제품이나 서비스를 접하고 '나는 죽었다 깨어나도 그런 생각은 못했을 것'이라고 느끼신 적이 얼마나 있었나요? 예를 들어, 전 세계 사람들이 열광하는 애플의 제품이나 서비스 중에서 죽었다 깨어나도 생각하지 못할 것이 있습니까? 제 주변에서 소위 애플의 마니아나 팬들은, '이런저런 기능이나 서비스 혹은 디자인이 내가 정말 원했던 것인데 이제야 나왔다'라는 식의 얘기를 많이 합니다. 그러니까 보고 나서, 혹은 사용해보고 나서 내가 필요로 하던 것이 바로 이것이었다고 느꼈다는 이야기가 대부분입니다. 결국 과거에는 없던 것이긴 하지만 이제 와서 생각해보니 너무나도 상식적인 것이라는 의미입니다.

그렇다면 창의성은 현재 우리의 고정관념이나 편견 등에 갇혀서 보이지 않는 것일 뿐이지, 멀거나 가까운 미래에는 너무나도 당연해질 상식적인 것이 아닐까요? 그런데 우리는 그 누구도 생각하지 못했던 것, 미래에도 그런 생각을 하기 어려운 아이디어들을 찾아서 여행을 떠납니다. 사용자나 고객이 원하는, 정말 열광할 아이디어가 사용자나 고객 주변에 널려 있음에도 불구하고 말입니다. 다만 현재 그것이 우리 눈에 보이지 않을 뿐이죠.

아이디어 미팅이나 보고회에서 모든 아이디어를 다 꺾을, 정말 '죽여주는' 하나의 아이디어나 하나의 정답을 찾아서 헤매고 있는 경우를 저는 너무나도 많이 봐왔습니다. 그런 장면을 옆에서 지켜보면서 정말 마음이 아팠습니다. 그런데 마음 아픈 사람은 저뿐만이 아니었습니다. 그런 아이디어를 찾아 헤매는 팀원들의 마음도 아팠고, 그 아이디어 하나를 결정해야 하는 팀장의 마음도 아팠습니다. 아무런 소득도 없이 모두가 마음 아픈 일을 우리는 왜 이렇게 반복하고 있는 것일까요?

❙ 창의는 우연한 순간에 번뜩이는 것으로 찰나에 다가온다

이 글을 읽고 계신 여러분들은 언제가 아이디어가 떠오르기 가장 좋은 시간이라고 생각하시나요? 비공식적인 조사에 의하면 화장실에 앉아 있을 때, 샤워나 면도를 할 때, 출근길에, 잠이 들려고 하거나 잠에서 깰 때, 따분한 회의를 하고 있을 때 등에 아이디어가 잘 떠오른다고 합니다. 동의하시는지요? 저는 정말 동의합니다. 이렇듯 너무나도 좋은 아이디어는 번뜩이는 찰나의 순간에 다가옵니다. 이런 현상으로 우리가 모두 너무도 잘 알고 있는 에피소드는 뉴튼의 사과와 아르키메데스의 유레카입니다. 뉴튼이 사과 나무에서 사과가 떨어지는 순간 만유인력의 법칙을 발견하였다는 에피소드와 아르키메데스가 목욕탕에 들어가는 순간 욕조 물이 넘칠 때 비중의 원리를 깨달아서 '유레카Eureka(그리스어로 '찾았다' 혹은 '알았다'의 의미)'를 외치며 벌거벗은 채로 뛰었다는 에피소드는 너무나도 잘 알려져 있습니다. 그래서인지 우리 중 많은 사람들이 창의는 번뜩이는 것, 찰나의 순간에 다가오는 것이라고 생각합니다. 정말 그럴까요?

먼저 샤워할 때 좋은 생각이 떠오르는 경우를 생각해보도록 하겠습니다. 그동안 해결되지 않은 일 때문에 저녁 늦게 심신이 지쳐서 집에 와서 파김치가 되어 침대에 누웠는데 너무 피곤한지 잠도 잘 오지 않아서 새벽까지 뒤척이다가 겨우 잠든 후 핸드폰 알람에 잠도 덜 깬 상태로 샤워를 하다가 갑자기 좋은 생각이 떠오릅니다. 정말 좋은 생각 말입니다. 너무도 기뻤지만 그것도 잠시 샤워를 하고 나온 후에는 정말 좋은 생각이 났었다는 생각 이외에는 아무런 생각이 나지 않습니다. 정말 좋은 아이디어는 찰나의 순간에 지나가버리고 마는 것일까요?

또 다른 예인 뉴튼의 사과도 생각해봅시다. 뉴튼은 아무런 생각도 하고 있지 않았는데, 아주 우연히 사과 나무 옆을 지나가다가 사과가 떨어지는 찰나에 만유인력의 법칙을 발견했을까요? 아르키메데스의 유레카에 대해서 우리는 좀 더 자세한 상황을 알고 있습니다. 아르키메데스에게는 왕이 준 숙제가 있었습니다. 왕이 제작하도록 만든 금관이 순금인지 다른 불순물이 섞인 가짜인지를 구별하라는 것이었는데, 단 금관을 손상시키지 말고 구별하라는 숙제였습니다. 그러니까 아르키메데스는 유레카의 순간 이전에 고민의 시간이 있었습니다. 뉴튼의 경우는 어떤가요? 뉴튼은 그 발견의 이전부터 물체의 운동과 힘에 대한 아주 깊은 연구를 계속하고 있었다는 것입니다. 그의 저서

《프린키피아*Principia*》에서는 케플러의 경험적 법칙을 현상이라고 부르면서 수학적으로 행성 운동의 법칙에 접근하였을 뿐만 아니라, 코페르니쿠스에서 시작하여 케플러와 갈릴레오를 거쳤던 행성의 운동에 대한 천문학을 과학적으로 설명하면서 근대역학을 일궈내었습니다. 앞에서 예를 든 샤워할 때 생각난 좋은 아이디어들도 아무 일도 고민도 없는데 나온 아이디어가 아니라 어떤 고민이나 숙제가 있을 때 일어나는 현상들이라는 것입니다.

결론적으로 창의는 우연한 찰나의 순간 번뜩이며 다가오는 것처럼 보이지만, 그 찰나의 순간 이전에 깊은 고민이나 사유가 여러 단계와 시간을 거쳐 좋은 아이디어로 전환된다는 것입니다. 그렇다면 창의는 과연 무엇일까요? 이제부터 창의가 무엇인지 같이 생각해보고자 합니다.

단 하나의 정답은 없다

_____ 창의와 비견되는 중요한 단어들은 논리, 효율 그리고 최고 등이라고 생각합니다. 이제 이 단어들 각각에 대해 좀 더 살펴보기로 하겠습니다.

▌논리적 VS 창의적

먼저 논리적이라는 것이 무엇인지 같이 생각해보도록 하겠습니다. 앞에서도 언급하였듯이 기업에서 논리적이라고 하면 많은 사람들이 맥킨지의 미시(MECE, Mutually Exclusive, Comprehensively Exhaustive)를 떠올리는 경우가 많습니다. 이 말은 상호간에 중복되지 않고, 전체로서 누락이 없다는 의미입니다. 저는 이 말이 정말 논리를 잘 설명하고 있다고 생각합니다. 역시 앞에서도 살펴본 트리 구조에서는 상하간의 수직적 관계가 원인과 결과의 인과관계이고, 같은 수준의 내용들은 서로 중복되지 않으면서 그 내용을 모두 합치면 상위 구조 전체가 되는 것이 가장 이상적으로 논리적입니다. MECE와 인과관계라는 것이 논리적인 것을 가장 잘 설명하는 요소이기는 하지만, 사실 그 내용과 의미가 쉽지는 않습니다. 이 말은 간단하게 표현하면 논리적이라는 것은 '단순명료하여 누락, 중복, 착오 및 비약이 없어서 이해하기가 쉽다'는 것입니다. 즉 어떤 말이나 글이 논리적이라는 건 그 내용이 누락된 것도 없고, 중복된 것도 없고, 잘못 알고 있는 것도 없을 뿐만 아니라 비약도 없다는 뜻입니다. 결과적으로 이해하기가 쉬웠다면 논리적으로 설명한 것이고, 그렇지 않았다면 논리적이지 않거나 논리성이 떨어진다고 할 수 있을 것입니다. 앞으로 누가 논리적인지 아닌지는 이해하기가 쉬웠는지 어려웠는지로도 평가할 수 있을 것입니다. 단 한 가지 유념하실 것은 내용 자체가 아주 어렵거나 복잡하면 논리적으로 설명하여도 이해하기가 쉽지는 않을 수 있고, 듣는 사람의 논리력이나 지식 혹은 경험이 적어서 이해하기가 어려울 수도 있다는 것입니다.

이에 반해서 창의적인 것의 특징 중 하나는 논리의 비약이 있다는 것입니다. 아직 입증할 수는 없지만 그럴 수도 있다는 생각에 중간 단계를 건너뛰는 것입니다. 그래서 사실이 아닐 수도 있고, 아직 입증하지 못하는 것일 수도 있는 것이 창의성입니다.

뉴튼이 만유인력을 주장했을 때, 즉 지구가 사과를 당기듯이 지구가 달을 당기고, 이와 유사하게 모든 전체의 행성들은 서로 당긴다고 주장했을 때 당시 사람들은 이해하기가 쉬웠을까요? 지금은 인력에 대한 이 논리를 이해하지 못하면 초중고 학창시절 물리 시험에서 좋은 점수를 받기 어려울 것입니다. 그러나 당시에는 사과나무에서 사과가 땅으로 떨어지는 현상을 보고 지구가 사과를 당긴다고 생각하거나, 그래서 지구가 달도 당긴다고 생각하는 것은 논리적인 비약이 심하다고 생각하는 사람이 많았을 것입니다.

대단한 물리학적 발견에만 해당되는 얘기는 아닙니다. 우리 주변에도 상당히 창의적인 상품이나 서비스 중에 처음에는 논리적 비약이 있다고 보였던 것들이 많이 있습니다. 현재로부터 과거로 잠시 거슬러 올라가면서 생각해보도록 하겠습니다. 버튼보다는 터치가 편할 것이라는 생각, 걸어다니면서 음악을 들으면 좋을 것이라는 생각, 소리로 듣기보다는 눈으로 보는 것이 더 좋을 것이라는 생각, 모르스 부호로 신호를 전송하는 것보다 소리로 신호를 전송하면 더 좋을 것이라는 생각은 어떤 상품과 연관이 있을까요? 바로 아이폰(2007), 워크맨(1979), TV 방송(1935), 그리고 전화(1876)입니다.

이것들이 처음 나왔을 때 왜 논리적 비약이 있는 것으로 보였는지는 여러분의 나이와 경험에 따라 다르게 생각할 수도 있을 것입니다. 가장 혁신적인 상품의 자리를 아주 오랫동안 차지할 만했던 소니의 워크맨은 어떤 회사에서도 이전에는 상상할 수 없는 논리적 비약을 보이는 상품이었습니다. 마찬가지로 터치패드라서 타이핑하기도 어렵고 문자메시지(IM, instant message)도 안 되고, AT&T에서만 살 수 있는 휴대폰을 애플이 판매한다고 했을 때 그것이 상당히 논리적인 생각이고 의사결정이라고 생각했던 사람들은 많지 않았습니다. 그러나 〈타임〉지는 애플 아이폰을 2007년 최고의 혁신으로 선정했었습니다.

▎효율적 VS 창의적

효율은 논리와는 또 다른 측면에서 창의와 대립하는 성향이 있다고 생각합니다. 효율은 활용이라는 측면이 강조된 것이고, 창의는 탐색이라는 측면이 강조된 것입니다. 효율은 현재 있는 것을 세밀하게 잘 다듬는 것이 최우선의 목표인 반면에 탐색은 현재의 단계에서 다음 단계로, 혹은 현재의 패러다임에서 미래의 패러다임으로 이동하는 것이 최우선의 목표입니다. 효율과 창의의 동력도 서로 다릅니다. 창의는 직관, 느낌, 미래에 대한 가정 등이 원동력인 반면에 효율의 동력은 분석, 추론, 과거의 데이터 등입니다. 이러한 이유로 창의를 기본으로 사업을 전개할 경우 비체계적이고 잘못된 출발을 한 듯 보여도 일단 성공한다면 커다란 도약을 할 수 있습니다. 반면에 효율을 중심으로 전개하는 사업은 세심하고 점진적이면서도 정량화할 수 있는 단계를 거치면서 진행됩니다. 결국 효율에 근거하면 창의에 근거한 경우보다 리스크가 작은 만큼 보상도 상대적으로 적을 수 있습니다.

지금까지 간단히 고찰한 바와 같이 효율과 창의는 로저 마틴의 그의 저서 《디자인 씽킹》에서 주장한 바와 같이 분석과 직관, 정량과 정성, 신뢰성과 타당성이라는 양극단의 개념이라고 할 수 있습니다. 아직까지 우리 주변에서는 창의보다는 효율을 중요시하는 기업이 많은 것 같습니다. 그래서 미래를 과거의 자료에 의해 증명하고 싶어합니다. 그러한 증명은 미래가 현재의 연속선상에 있거나, 현재와 같은 패러다임 속에 있다면 가능할 것입니다. 그러나 불연속적이거나 패러다임이 바뀐다면 미래를 과거의 데이터와 정보로 예측하기는 불가능해질 수도 있습니다. 이때 필요한 것이 창의의 속성인 타당성, 그리고 미래를 창조할 수 있는 상상의 힘이 아닐까 싶습니다.

No. 1 VS 창의

우리는 어려서부터 1등이 좋은 것이라고 배웠습니다. 저도 이 주장에 반대할 의사는 없습니다. 단지 제가 가진 의문은 '1등이 아닌 것은 나쁜 것인가'입니다. 그전에 우선 1등인 회사는 어떤 것인지 생각해보았으면 합니다. 학창 시절 전교 1등은 모든 과목을 통틀어 평균이 가장 높은 학생입니다. 우리 학교에서 1등인 학생도 있고, 우리 시에서 1등일 수도 있고, 대입에서 1등일 수도 있습니다. 초등학교부터 대학을 졸업할 때까지 1등이었던 사람이 있었다면, 그 사람은 졸업 후에도 1등일까요? 졸업을 했다는 의미는 더 이상 동등한 평가 기준이 없다는 의미입니다. 그런 상황에서 1등 혹은 최고라는 것은 어떤 의미입니까?

같은 맥락에서 어떤 회사가 1등 혹은 최고라는 것은 어떤 의미일까요? 매출 금액에서 1등일 수도, 매출량에서 1등일 수도 혹은 이익률에서 1등일 수도 있습니다. 또는 이 모두에서 1등일 수도 있습니다. 그렇다고 그 회사가 1등 회사 혹은 최고의 회사일까요? 이러한 회사가 가장 존경받는 기업이라고 할 수 있을까요? 직원이 일하기 가장 좋은 회사일까요? 혹은 가장 혁신적인 회사일까요? 세계적인 잡지인 〈포춘〉, 〈비즈니스위크〉, 〈파이낸셜 타임즈〉 등에서도 이러한 순위를 발표합니다. 하지만 전 단 한 번도 이 모든 분야에서 모두 1위를 한 소위 최고의 기업을 본 적이 없습니다. 그렇다면 어떤 기업이 1등 기업 혹은 최고의 기업일까요?

올해 그런 기업이 나타났다고 가정해보겠습니다. 그렇다면 그 기업이 1등 기업일까요? 네, 1등 기업이라고 할 수 있을 것입니다. 올해에는 분명히 그렇습니다. 그렇다고 내년도 10년 뒤에도 100년 뒤에도 그럴 수 있을까요? 그런 일은 불가능한 일이라는 것을 우리 모두 잘 알고 있습니다. 그럼에도 불구하고 우리 모두는 왜 1등을 하기 위해서 그렇게 많은 시간과 노력 그리고 에너지를 쏟아붓고 있는 것일까요? 제 생각에는 창의성이 부족하기 때문입니다.

여기서 제 주장에 대한 오해가 있을 수 있으므로 정리하도록 하겠습니다. 창의성이 부족하기 때문에 1등을 하려고 한다는 의미는 창의성을 통해서 1등을 하겠다는 의미가 아닙니다. 창의성의 주요한 성질에는 다양성이라는 것이 있습니다. 이것은 어찌 보면 다른 그 어떤 성질보다 중요한 특성입니다. 창의의 세계에는 하나의 정답이라는 것은 없습니다. 우리가 원하는 목적에 대해서는 아주 많은 해결책 혹은 답이 있습니다.

"물이 끓는 온도는 몇 도입니까?" 이와 같은 질문을 접하면 우리는 당연히 섭씨 100도라고 생각할 수 있습니다. 장학퀴즈나 골든벨에서 이 문제를 냈고 답이 섭씨 100도라고 했다고 해서 반론을 제시할 사람이 우리나라에 얼마나 될까요? 그런데 영국의 학교로 유학 간 우리나라 학생은 이 문제에 대하여 섭씨 100도라는 답을 적고 빵점을 받았다고 합니다. 어떻게 이런 일이 일어난 것일까요? 섭씨 100도가 답이 아니라면 무엇이 답일까요? 우리나라 학생이 아닌 다른 학생이 제출한 답들 중 하나는 다음과 같은 내용이었습니다.

과학 시간에 배운 바로는 1기압의 순수한 물일 경우에만 섭씨 100도에서 끓는다. 그런데 우리 집의 수돗물을 받아서 끓는 온도를 측정해보니 100도가 넘었다. 그래서 그날의 기압을 기상청을 통해 알아보니 고기압이었다. 그래서 그 고기압을 적용해서 계산해보았는데, 그래도 기압의 영향에 의한 것보다 끓는점이 높았다. 물이 순수한 물이 아니었기 때문이다. 그래서 우리 지역의 수돗물의 성분을 알아보기 우리 동네 지역의 토질을 분석해보니 석회질이 많았다. 그래서 그 성분을 조사해보니······.

위와 같이 접근해가면 물이 끓는 온도를 알기 위해서는 레포트 10여 장은 족히 넘을 것입니다. 그리고 단지 물리 시간의 지식뿐만 아니라 일기 예보, 지리적 정보, 그리고 신문이나 각종 기관을 통해 알아낸 것들, 그러한 생각을 하기 위한 고민, 혹은 주변 사람들 아니면 친구들과의 대화 등 복합적이고 통합적인 사고와 행동을 동원하지 않으면 대답하기가 어렵습니다. 사실 물이 섭씨 100도에서 끓는다는 것은 교과서의 이론이고 현실의 물은 정말 다양한 온도에서 끓고 있습니다. 우리도 그러한 사실을 잘 알기에 산에서 밥을 지을 때는 돌을 올려놓고 짓지 않았습니까? 이렇듯 창의의 세계에서는 다양한 답이 나올 수 있습니다.

▎연결 그리고 관계성

마지막으로 창의 그 자체의 특성을 독립적으로 생각해보았으면 합니다. 아래와 같은 창의에 대한 설명을 살펴봅시다.

- 창의는 우리 사이에 있다. – 로버트 패브리컨트Robert Fabricant

  Creativity is between us (not within us).
- 창의는 단지 점을 연결하는 것이다. – 스티브 잡스

  Creativity is just connecting dots.

스티브 잡스는 "창의성은 단지 점을 연결시키는 것이다"라는 말도 남겼습니다. 그가 이야기한 대로 창의적인 사람들은 정말로 무엇인가 대단한 일을 한 것이라기보다는 단지 무엇인가를 보았고, 그것이 확실하다고 느꼈을 뿐입니다. 창의적인 사람들은 그들이 가졌던 경험들을 연결시켜서 새로운 것을 만들 수 있습니다. 이러한 일이 가능한 것은 창의적인 사람들이 다른 사람들보다 경험이 조금 더 많거나 그들의 경험에 대해 보다 많이 생각했기 때문입니다.

그러나 불행히도 이런 일은 지극히 드문 일입니다. 우리 업계에서는 많은 사람들이 매우 다양한 경험을 가지고 있지 않습니다. 즉 그들은 연결시킬 점을 충분히 갖고 있지 않습니다. 그들은 문제에 대한 다양한 관점 없이 단지 직선적인 해결안들로 마무리 지으려고 합니다. 사람의 경험에 대해 보다 넓게 이해하면 할수록, 우리는 더 좋은 해결책을 가지게 될 것입니다. 창의성이 경험이라는 점에 있는 것이 아니라 경험이라는 점을 연결시키는 것 자체에 있다는 의미로 '창의성은 우리 사이에 있는 것이지, 우리 내부에 있는 것이 아니다'라고 한 프로그 디자인Frog Design의 로버트 패브리컨트의 해석도 스티브 잡스만큼이나 명쾌한 것으로 보입니다.

위에서 언급한 다양성과 여기서 주장하는 연결의 관계성은 창의성

에 있어서 매우 중요한 의미를 내포하고 있습니다. 연결을 통해 관계성을 얻는 것은 여러 경험을 엮어서 만드는 스토리가 될 수 있으며, 그렇게 연결할 수 있는 스토리의 다양성에 따라서 그 역동성은 크게 증폭될 것입니다. 여기서는 많이 논의하지 못했지만, 다양성과 관계성은 창의성의 핵심이 될 수 있는 내용입니다. 그러므로 여러분들도 많이 생각하고 이해하면 할수록 더 큰 창의성을 얻으실 것입니다. 그리고 그로 인해 더 많은 해결안 혹은 대안을 만드실 수 있을 것입니다.

게임의 법칙이 완전히 바뀌는 순간

_____ 모든 것이 변한다는 것은 우리 모두가 너무나도 잘 알고 있습니다. 그렇다고 꼭 창의가 필요한 것은 아닐 것입니다. 모든 것이 변화하고 있지만 기업을 중심으로 한 세계는 진화하면서 변화하고 있습니다. 단순히 다른 것으로 변화하는 것이 아니라 그 수준이 점점 높아져가면서 변화한다는 의미입니다. 이것을 가장 잘 표현해주는 모델이 '진화의 S-곡선'이라고 저는 생각합니다. 앞에서도 언급하였듯이 S-곡선은 4단계로 분류됩니다. 하나의 S-곡선이 도입-성장-성숙-쇠퇴 단계를 거치면서 사라져가는 동시에 그다음 단계의 S-곡선이 도입-성장-성숙-쇠퇴를 계속 반복하면서 세상은 변화와 진화를 계속합니다. 그런데 최근 들어 S-곡선의 주기가 점점 짧아지기 시작하면서 S-곡선의 반복 주기도 짧아졌습니다. 그래서 우리 기업들은 더욱 빠른 주기로 그 변화에 적응하지 않으면 도태되었습니다.

▌균형 감각이 필요하다

S-곡선이 교체되는 구간이 불연속적이라는 것은 기업에게 위기일수도, 기회일 수도 있습니다. 이러한 불연속성이 기존의 영광을 누리던 기업에게는 위기로, 업계에 끼지 못했던 기업에게는 기회로 다가

오는 것입니다. 왜냐하면 그 불연속성을 기점으로 업계의 게임의 법칙이 완전히 바뀌기 때문에 기존에 강력한 힘을 발휘하던 기업들이 더 이상 힘을 쓸 수 없게 되어버리고, 새로운 승자들이 세상에 나타나기 때문입니다.

일례로 음악 산업의 경우를 살펴보도록 하겠습니다. 카세트테이프를 듣던 시절 업계의 최고는 소니였습니다. 이러한 소니의 워크맨은 CD 플레이어의 시장에서도 최고였습니다. 그런데 아날로그와 디지털, 두 시대를 풍미한 소니의 뮤직 플레이어는 이제 MP3 플레이어 시장에서 그 이름을 찾기 어렵습니다. 아직도 소니는 훌륭하고 좋은 기업이지만, 한때 뮤직 플레이어 시장의 최고의 위치에 있다가 어느 한 순간의 불연속점을 지난 후에는 완전히 다른 처지에 놓이게 된 것입니다. 워크맨을 만들었던 소니의 창의성이 왜 MP3 시대에는 작동하지 않았는지에 대한 이유는 여러 가지가 있을 수 있겠지만 분명한 것은 소비자는 소니의 MP3 플레이어보다는 애플의 MP3 플레이어를 선택했다는 사실입니다.

이러한 예로 기업의 생존을 위하여 창의성이 필요하다고 하면 창의성만 필요한 것으로 오해하실 수 있기 때문에 여기서 분명히 밝히고 이번 주제를 맺으려고 합니다. 창의는 새로운 일을 시작하기 위하여 매우 중요한 요소입니다. 비록 창의성이 직관이나 정성에 의존하는 경향이 커서 증명하기 어렵다 하더라도, 그것을 증명하지 못해서 시도하지 않는다면, 특히 불연속점에서 창의적인 시도를 하지 않는 기업은 사라지거나 사그라질 확률이 높습니다. 비록 불연속점이 아주 짧은 찰나의 순간일지라도 기업이나 산업계는 그 지점을 통과해야 하며, 통과하는 순간 패러다임 시프트를 하지 못한다면 설사 살아남는다고 해도 업계를 리딩할 수는 없습니다. 업계를 리딩하려면 그 변화의 순간을 선도할 수 있어야만 합니다. 그리고 그 이후 그 영광을 가능한 한 오래 누리기 위해서는 논리와 효율 혹은 신뢰성을 중시하며 전진해야 합니다. 이러한 창의와 효율은 S-곡선의 진화와 함께 계속 반복적으로 업계에서 반복될 것이므로 창의와 효율의 균형이 매우 중요합니다. 단지 창의만이 필요하다는 의미가 아니라는 것을 분명히 하고 싶습니다.

엄청난 속도와 주기로 변화하는 이 스마트 시대에 기업이 살아남기 위해서는, 창의성을 기업 내부의 고유한 역량으로 만들기 위하여 지금부터 노력하여야 합니다. 친구는 필요하지 않을 때 사귀어야 필요할 때 옆에 있듯이, 창의도 필요할 때 활용하기 위해서 지금부터 가꾸어야 합니다.

창의적 기업은 어떻게 일하는가

_____ 2008년 디지털 애니메이션으로 유명한 픽사PIXAR 애니메이션 20주년 기념전이 있었습니다. 영화로 돈 버는 것도 부족해서 전시회로 돈을 버는 그들의 마케팅 능력이 놀랍다고 생각하고 갔었는데, 이 전시를 최초로 연 곳은 픽사가 아니고 MoMA(Museum of Modern Art, 뉴욕현대미술관)라는 것을 알고 픽사의 위상이 새삼 더 높아 보였습니다. 그런데 그보다 더 대단해 보이는 것은 그들의 철학과 그들이 일하는 방법이었습니다. 그들이 애니메이션을 만드는 데 가장 중요하게 생각하는 세 가지 요소는 살아있는 캐릭터character, 창조적인 스토리story, 그리고 픽사 예술 정신이 담긴 세계world라고 합니다. 이러한 요소를 담기 위해 그들은 평균 4년 여의 제작 과정을 거치는데 그중에서 약 3년은 스토리에 할애합니다. 이렇게 철저하게 만든 시나리오가 감동적인 애니메이션을 만드는 것은 당연한 결과겠지요.

3년 여의 기간 동안 캐릭터, 스토리, 세계를 창조하기 위해 그들이 사용하는 방법은 소통과 협업입니다. 당연한, 아니 너무 뻔한 이야기라고 생각했지만 소통과 협업의 구체적인 예를 듣고 본 순간 그것은 당연한 것도 뻔한 것도 아니었습니다. 그들은 소통과 협업을 하기 위해 브레인스토밍 작업에서는 모두 평등하게 이야기할 수 있도록 했습니다. 회사의 환경미화원마저 그 자리에 참석해 이야기했고 그의 주장이 받아들여지기도 했습니다. 그리고 700여 명의 모든 직원이 소통과 협업을 하기 위해 〈니모를 찾아서Finding Nemo〉를 만들 때에는 직원 모두 스킨스쿠버 자격을 획득하게 했고 그들 모두 동일한 바다에서 상당 시간을 보내게 했다고 합니다. 서로 다른 분야에서 일하고 있는 픽사의 전 직원이 물고기들이 물 속에서 보는 자연과 물 밖의 인간 세계에 대해 동일한 시선viewpoint을 가져야 픽사가 표현하려는 세계를 만들 수 있다고 생각했기 때문입니다. 당연히 그 세계 안에는 살아 있는 캐릭터가 창조적인 스토리로 살아 숨쉬고 있을 것입니다.

픽사는 관객이 영화를 보며 우리가 살고 있는 '세계'를 발견할 수 있길 원했습니다. 그래서 관객이 '나는 물고기가 말할 수 없다는 것을 알고 있지만, 혹시 물고기가 말을 할 수 있다면 바로 이런 모습일 거예요'라고 말하게 되는 상품과 서비스를 창조했습니다. 픽사의 감독이며 부사장인 존 라세터John Lasseter는 아래와 같이 자신감 있게 말했습니다.

2D 애니메이션을 만드는 것이 연필이 아니듯이 3D 컴퓨터 애니메이션을 만드는 것도 컴퓨터가 아닙니다. 컴퓨터 애니메이션의 창조자는 아티스트입니다.

(Computers does not create computer animation any more than a pencil creates pencil animation. What creates computer animation is artists.)

▌상상력의 힘

현재 가장 잘나가는 IT 산업이 돈 되는 시절도 10년 정도 남았다고 미래학자들은 이야기합니다. 그리고 다음은 바이오Bio의 시대라고 이야기합니다. 그렇다면 이제 IT 기술보다는 바이오 기술을 섭렵해야 할 때가 온 것일까요? 그것이 미래를 대비하고 준비하는 일일까요? 그렇다고 생각하시는 분들은 기술의 힘이 상상의 힘보다 크다고 믿는 분들일 것입니다. 상상력이 기술력보다 더 강하다고 생각하는 사람들은 어떻게 미래를 만들어갔을까요?

"다윈의 《종의 기원》을 읽어본 적이 있으신가요? 그중에서 히말라야를 넘을 수 있는 두루미를 알고 계신가요?" 이 질문을 받고 연구원이었던 타카하라 이사무Takahara Isamu는 히말라야 두루미를 자동차와 연관시켰다고 합니다. 즉 히말라야 두루미는 몸무게를 줄여 공기 저항을 최소화하고 8000미터 상공에서도 효율적으로 산소를 흡수하며 근육에 혈류를 보낼 수 있었는데, 근육, 호흡기, 순환기 등이 동시에 발달하였기 때문이었다고 합니다. 두루미의 구조를 자동차의 구조로 상상하여, 이를 멋지게 적용한 타카하라 이사무는 토요타Toyota 자동차의 엔진 성능, 차량 경량화, 연비 개선 등을 동시에 이루어냈다고 합니다.

한편 초등학교 저학년 아이부터 할아버지까지 삼대가 거실에 모여 모두 즐거워하는 장면을 가능케 한 닌텐도 위Wii의 성공에도 상상력이 숨어 있습니다. 즉 닌텐도의 경쟁자는 다른 비디오 게임 업체가 아니라 '비디오 게임에 대한 외면'이라고 생각한 이와타 사토루Iwata Satoru

닌텐도 CEO의 상상력 말입니다.

오늘날은 기업에 타카하라 이사무와 같은 스스로 창의적이고 주인의식을 가진 직원이 필요한 시대입니다. 그리고 이제 우리 고객은 기존의 고정관념에서 벗어난 솔루션을 더 많이 선택할 수 있는 스마트 시대에 살고 있습니다. 이러한 조건들을 기업이 갖출 때 기업은 영광스럽게 생존해갈 수 있을 것입니다. 그 핵심에 창의성이 있다는 것을 의심할 분은 안계시겠죠?

9

시스템은 멈추지 말고 **흘러야** 한다

– P–Management

시스템은 입력받은 것에 부가적인 가치를 창출하여 더 높은 가치
의 출력을 만들어야 합니다. 그리고 더 높은 가치로 생성된 출력
의 일부를 다시 입력으로 투입하여 지속적인 순환 구조가 만들어
지면 시스템이 성장, 진화해나가는 것입니다. 입력이 없거나 출력
이 없거나 부가가치 생성에 의한 순환이 없다면 시스템은 정지되
어버리게 됩니다.

고객은 무엇을 원하는가

— 프로덕트 매니지먼트Product Management

_____ 이제부터는 앞에서 다룬 논리, 창의, 선단(-ship), 협업 등의 개인과 조직의 역량을 활용하여 혁신의 문제를 풀어가는 수행 과정에서 매니지먼트management해야 하는 아래 세 가지에 대해서 살펴보겠습니다.

- Product
- Project
- Process

세 가지 모두 P로 시작해서 P-Management라고 명명했으나, 앞에서 언급한 3P에서 있었던 People이 Project로 바뀌었습니다. 개인적으로 조직을 매니지먼트할 수는 있어도 사람을 매니지먼트해서는 안 된다고 생각하기에, 팀이 잠정적으로 수행하는 프로젝트project와 조직이 상시 진행해야 하는 프로세스process, 그리고 프로젝트와 프로세스의 결과로 만들어진 프로덕트product에 대한 매니지먼트에 대해 살펴볼 것입니다. 매니지먼트의 대상은 한마디로 시스템system이라고 할 수 있는데, 시스템은 멈추지 말고 흘러야 합니다. 시스템은 멈추는 순간 죽은 것이라고 해도 과언이 아닙니다. 흐르는 시스템이란 시종이 있다는 의미로 일반적으로 시스템의 시종은 입력input과 출력output이라고 표현합니다.

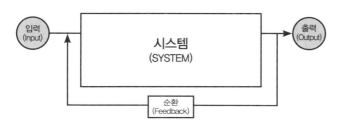

환경Environment, Surroundings

시스템은 입력받은 것에 부가적인 가치를 창출하여 더 높은 가치의 출력을 만들어야 합니다. 그리고 더 높은 가치로 생성된 출력의 일부를 다시 입력으로 투입하여 지속적인 순환 구조가 만들어지면 시스템이 성장, 진화해나가는 것입니다. 입력이 없거나 출력이 없거나 부가가치 생성에 의한 순환이 없다면 시스템은 정지되어버리게 됩니다.

그러면 이제 3P 중 첫 번째로 '프로덕트'에 대해 이야기해보겠습니다. 프로덕트는 위에서 설명한 시스템의 흐름 중에서 출력의 결과물을 의미합니다. 프로덕트 중에서도 지금까지 다루지 않았던 새로운 프로덕트, 즉 신상품 혹은 신제품에 대한 내용을 다루기 위해서 가장 먼저 생각해봐야 할 것은 '무엇이 신상품인가'에 대한 것입니다. 우리 부서가 처음 다루는 상품이 신제품일까요? 우리 회사가 처음 다룬다면 그것이 신상품일까요? 신제품 개발New Product Development 분야의 대가인 쿠퍼R. G. Cooper 박사는 그의 저서[55]에서 신상품을 다음과 같은 여섯 가지 분야로 나누어서 설명합니다.

	Low ← 기업에 대한 새로움 → High		
High	신제품 라인 20%	–	세상에 처음 소개된 제품 10%
	기존 제품의 개선 및 변경 26%	기존 제품 라인에 추가 26%	–
Low	원가 절감 제품 11%	제품 리포지셔닝 7%	–

고객과 시장을 이해하는 것이 먼저다

신상품을 기획하고 제조하고 출시할 때, 이 여섯 가지 부류 중 어떤 것이 혁신적인 것인지를 따지는 것은 의미가 없습니다. 이 여섯 가지 모두가 혁신의 대상이기 때문입니다. 이 책에서는 혁신을 다루면서 새로운 결과보다는 새로운 방식new ways에 더 초점을 맞춥니다. 예를 들어 원가 절감을 50% 이상 한다면 과정도 결과도 혁신적이라고 할 수 있습니다. 다이아몬드 반지의 경우 결혼 예물 전용이 아니라 평소에도 주고받을 수 있는 선물로 시장에서 그 위치를 재배치repositioning 할 수 있었기 때문에 '다이아몬드 산업은 아직도 영원하다'라는 혁신적인 주장을 할 수 있는 것입니다. 오히려 세상에 처음 소개된 제품을 만들려고 너무 신기술에 집착하게 되면 혁신을 이루기보다 크고 쓰라린 실패를 맛보게 될 수 있음을 명심해야 합니다.

이러한 실패의 사례 중 가장 유명하게 알려진 것은 모토로라의 이리듐iridium 프로젝트입니다. 이 프로젝트는 위성전화 서비스로 이리

듐의 전자 숫자인 66개의 위성을 지구 위에 띄워서 전 세계의 비즈니스를 단일 통화권으로 묶겠다는 야심찬 목표를 설정했으나, 50억 달러를 투입하고 실패하였습니다. 기술력의 문제도 있었지만, 건물 안에서 사용할 수 없는 전화 서비스를 비싼 돈을 주고 사용할 기업은 없었다는 것이 실패의 원인이었습니다. 거의 실외에서 활동하는 군인을 대상으로 했다면 이야기는 달라질 수 있었을 것입니다. 결국 이 프로젝트는 미군에 넘긴 것으로 알려져 있습니다. 어쨌든 여기서 프로덕트 매니지먼트의 아주 고전적인 이슈인 신제품 실패의 원인에 대한 교훈을 배울 수 있습니다. 즉 고객이나 사용자가 무엇을 원하는지 모르고는 아무리 새롭고 탁월한 기술을 가지고 시장에 도전한다고 해도 절대로 성공할 수 없다는 것입니다. 이 교훈은 아무리 강조해도 지나치지 않습니다.

상품 개발 이전에 고객과 시장에 대한 불충분한 이해는 신제품 실패의 가장 큰 요인이다.

위의 내용을 다르게, 좀 더 전문적인 용어를 활용하여 표현하면 다음과 같습니다. 고객이 가치교환을 할 시장에 제품을 제공해야 (Market-In) 되며, 좋은 물건을 만들었다고 시장이 어디 있는지 혹은 존재하는지조차 모르고 밖으로 밀어내는 것(Product-Out)은 실패의 첩경이 될 것입니다. 우리가 '마켓-인'에 해당하는지 아니면 '프로덕트-아웃'에 해당하는지를 아는 방법은 생각보다 간단합니다. 우리의 상품기획서 혹은 전략서의 첫 부분에서 고객이나 시장에 대해 언급했다면 마켓-인 쪽일 확률이 높습니다. 반면 경쟁자를 분석하고, 기술을 논하는 것부터 시작했다면 프로덕트-아웃에 해당할 확률이 높습니다. 더불어서 우리가 기술이나 상품에 대해서가 아니고 고객에 대해서 한 시간 이상 얘기할 수 있다면 보다 마켓-인에 가깝습니다. 평소 상품을 기획하거나 개발하거나 판매할 때, 고객이나 사용자에게 어떤 가치가 있는지를 생각하는 개인이나 팀이나 조직 혹은 기업도 분명 마켓-인 스타일입니다.

프로덕트-아웃은 제품중심적 사고로 기업이 제품에 맞는 시장을 일방적으로 찾거나 출시하는 일방향 현상인 반면 마켓-인은 고객과 시장 중심적 사고로 고객이 불편함이나 욕구를 알기 위해 끊임없이 고객과 소통하는, 즉 고객을 중심에 두고 그 주위로 비즈니스를 구축해가는 쌍방향 현상임을 잊지 말고 현업에서 적용하시길 바랍니다.

▎상품을 개발하기 전에 팀을 먼저 설계한다

혁신적인 상품 개발에 성공하고 싶다면 상품을 설계하기 전에 먼저 팀을 설계해야 합니다. 왜냐하면 팀이 상품을 설계할 주체이기 때문입니다. 앞에서 강조한 아래의 표현을 상기하시길 바랍니다.

Right people do right things right.
(적합한 사람이 올바른 일을 제대로 해야 한다.)

올바른 상품(thing)을 제대로(right) 개발하기 위해서는 적합한 팀(right

people)이 필요한 것은 당연한 일입니다. 따라서 프로덕트 매니지먼트 초기에는 아래의 사항을 고려하여 팀을 먼저 설계해야 합니다.

- 초기 역할을 정의한다.
- 행동 기준을 채택한다.
- 의사결정에 동의한다.
- 부정적 태도를 허락하지 않는다.
- 팀 단위로 보상한다.

팀원 각자는 본인의 역할과 책임R&R, role & responsibility이 무엇인지 확실히 알아야 합니다. 앞에서 강조한 대로 서로 존중하고 배려하며 협업하기 위해서는 본인의 자존감이 선행되어야 합니다. 무슨 일을 해야 하는지, 그리고 그 책임은 무엇이고 어디까지인지를 팀원 모두 확실히 정하는 것이 팀 설계의 첫 번째 일입니다. 이를 통해 자기 자신이 팀에 왜 존재하는지 생각하며 정체성을 바로잡을 수 있으므로, 혼돈과 미스터리의 여정을 겪어야 할 혁신팀에서는 아무리 강조해도 지나치지 않는 단계입니다.

다음으로 채택해야 하는 행동 기준은 보통 기본 원칙ground rule 혹은 규범norm이라고 합니다. 혁신팀은 보통 새로 구성되기도 하는 데다가, 새로운 환경에서 이상적 목표를 완수해야 하기 때문에 상호존중과 참여를 위한 행동 기준에 대한 약속을 만장일치로 합의하고 시작해야 합니다. 상품 개발을 진행하다 보면 의사결정의 순간을 지나칠 수는 없습니다. 행동 기준에 의사결정 원칙을 정할 수도 있고, 아니면 별도로 의사결정 규칙을 정할 수도 있지만, 어떤 경우든지 의사결정이 되었다면 그 결정사항에 동의하고 따라야 합니다. 본인과 의견이 다르다고 동의하지 않거나, 의사결정 사항에 위배되는 행동을 해서는 안 됩니다. 팀 설계 시 이러한 사항을 모든 팀원이 인지하고 이해하고 동의할 수 있도록 준비해야 합니다. 또 팀 설계 시 부정적 태도가 너무 강한 사람은 제외시키는 것이 현명한 처사입니다. 상품개발팀은 성품이나 인격을 수행하는 곳이 아니라는 것을 분명히 해야 한다는 뜻입니다. 부정적 태도나 나쁜 태도를 가진 팀원 때문에 감정이 상하고 에너지가 낭비되어 실제로 해야 할 일을 못하게 된다면, 이는 성공으로 가는 길목에 치명적인 방해가 될 것입니다. 이는 발전을 위한 비판이 없어야 한다는 뜻이 아닙니다.

끝으로 과정 중의 성공이나 결과에 대한 성공은 반드시 팀 단위로 보상하는 것이 중요합니다. 그럴 때 팀에 대한 일체감과 상호지원을 격려할 수 있습니다. 다시 말해서 사소한 아이디어 하나라도 서로 인정하고 한 그루의 큰 나무로 키워서 그 결실의 열매를 다 같이 나누는 분위기를 만들어야지, 자신의 나무를 별도로 키워서 자신만의 결실을 얻으려는 분위기로는 혁신이 결실을 맺기 어렵습니다.

지금까지의 설명을 한 문장으로 줄이면 다음과 같습니다. 잊지 마시길 바랍니다.

프로덕트 매니지먼트의 시작은 팀 설계부터 시작한다.

상품을 정의하지 못하면 혁신은 없다

프로덕트 매니지먼트의 과정 중 가장 많은 시간을 할애해야 하는 단계는 상품을 정의하는 단계입니다. 상품에 대한 정의가 구체적으로 정해지면 이후 단계들에서 많은 비용, 시간 및 에너지를 줄일 수 있을 뿐만 아니라 적기에 출시할 수도 있고, 출시 이후의 불량도 줄일 수 있습니다. 또한 위험에 대한 관리도 좋아지고, 다음 상품을 준비하기도 수월해집니다. 따라서 상품에 대해 제대로 정의하는 데 많은 시간과 에너지를 쏟아야 합니다. 상품 정의의 구성 요소는 다음과 같습니다.

- 상품의 고객: 사용자, 구매자, 영향력자
- 고객의 문제와 맥락: 니즈, 원츠, 욕구, 고충
- 상품이 고객에게 주는 가치: 경제적, 기능적, 심리적 가치 등
- 상품이 기업에게 주는 가치: 매출, 이익, 브랜드 등
- 목표 시장 혹은 지역

상품의 고객에 대한 내용은 이미 '고객과 시장을 이해하기 전에 개발을 시작하지 않는다'와 '마켓-인' 혹은 '고객 중심'으로 설명했으므로 여기서는 고객의 종류가 사용자user, 구매자buyer, 영향력자influencer로 구별하여 이해해야 한다는 것만 강조하고자 합니다. 상품에 대한 사용자, 구매자, 영향력자는 모두 다른 사람일 수도 있고, 같은 사람일 수도 있으며 일부일 수도 있습니다. 따라서 몇 가지 유형으로 분류되든지 모든 유형에 대해서 충분히 이해하여야 합니다.

이해의 대상은 사람 자체라기보다는 이러한 유형의 고객이 갖는 문제와 그 문제가 벌어지는 상황입니다. 본질적인 필요인 니즈needs, 구매나 소유의 충동인 원츠wants, 인간 고유의 욕구desires, 불편하거나 귀찮은 고충 사항pain points 등이 그 문제일 것입니다. 우리는 이러한 고객의 문제와 그 문제가 일어나는 맥락까지 잘 이해할 수 있어야, 고객을 만족시키거나 만족 이상의 놀라움을 줄 수 있는 프로덕트를 개발할 수 있습니다.

고객의 만족이나 만족 이상의 놀라움을 다르게 표현하면 '가치'입니다. 이러한 가치는 경제, 기능, 및 심리 등 크게 세 가지로 구별할 수 있습니다. 경제적 가치는 물건의 구매와 수요에 큰 영향을 미치는 요소이며, 기능적 가치는 기본적인 가치로 프로덕트 사용의 본질이라고 할 수 있습니다. 이들과는 달리 심리적 가치는 논리로는 따질 수 없는 큰 가치를 창출할 수 있습니다. 프로덕트 정의에 따라서 이 가치 모두를 가질 수도 있고, 하나만 충족시킬 수도 있습니다. 그러나 어느 쪽이 더 큰 가치를 창조하는지는 수로는 정량화할 수 없습니다. 분명한 것은 어떤 가치든 적어도 하나는 있어야 한다는 것입니다. 특히 가치에 대한 정의는 다른 어떤 요소보다 중요합니다. 상품기획이나 마케팅에서는 이것을 '가치제안Value Proposition'이라고 하며, 상품기획의 알파(α)에서 오메가(Ω)라고 가르칩니다. 그럼에도 불구하고 현장의 상품기획서에 가치제안이 정의된 경우는 찾기 어렵습니다. 가치제안이 그만큼 쉬운 일이 아니기 때문입니다. 그렇지만 상품기획의 알파에서 오메가라고 강조할 만큼 중요한 요소라는 것은 분명하므로 잊지 말고 꼭 작성하시길 바랍니다.

상품기획은 고객에 대한 가치와 기업에 대한 가치에 대해 균형과 조화를 이루는 일입니다. 어느 한쪽이 지나쳐서 고객이나 기업이 동의할 수 없게 되면 가치 체계는 무너지게 됩니다. 목표 시장이나 지역은 프로덕트의 종착역이므로 간과할 수 없는 요소입니다. 가능하면 그 장소에 가서 직접 느껴보는 것이 좋습니다.

상품의 정의를 잘못하면 혁신도, 성공도, 미래도 없다는 것을 알고 나서 이와 관련된 내용을 별도로 공부하고 싶다면 어떻게 하면 좋을까요? 저는 아마존에서 프로덕트 매니지먼트 분야에서 판매량 1위를 한 책을 참고하시라고 적극 추천합니다. 아마존에 있는 책이라 언어의 문제가 있다고 되시는 분은 걱정하실 필요 없습니다. 우리말로 번역되어 있을 뿐만 아니라 한국 저자가 지은 책이기 때문입니다. 그 책의 제목은 《블루오션 전략*Blue Ocean Strategy*》입니다. 한국 저자가 지은 책이 아마존 프로덕트 매니지먼트 분야 1위에 있다는 사실은 참으로 놀랍습니다. 더욱 놀라운 사실은 제가 2011년부터 그 내용에 대해서 가끔 모니터링을 하고 있는데, 3년이 넘도록 부동의 1위라는 사실입니다. 2015년 2월 3일이 책이 출간된 지 10주년이 되는 날이었고 확장판이 출간되기도 했으며, 하버드비즈니스리뷰 출판사HBR Press에서 출판된 최고 매출의 책이기도 하니 관심 가져보는 것도 나쁘지는 않을 것 같습니다.

수많은 시행착오를 바라보는 관점

— 프로젝트 매니지먼트Project Management

_____ 프로젝트란 말은 국어사전에서는 '연구나 사업. 또는 그 계획'이라고 풀이되어 있고, '연구 과제' 혹은 '일감'으로 순화해서 사용하길 권한다고 합니다. 그러나 이 정의를 통해 음악계에서 쓰이는 '프로젝트 그룹' 같은 말을 이해하기는 쉽지 않습니다. 프로젝트가 외래어라서 다음과 같은 영어사전의 정의가 말의 느낌을 더 잘 살려주는 것 같습니다.

1. planned work | (연구 · 생산 · 개선을 위한) 계획[기획](된 일), 프로젝트
2. school/college work | 과제, 연구 프로젝트(학교에서 한 주제에 대해 어느 정도 기간에 걸쳐 세심히 해야 하는 것)
3. set of aims/activities | (흥미 · 관심을 끄는) 목표[활동]

위의 풀이에서 프로젝트를 설명하는 중요한 단어들을 찾아볼 수 있습니다. 관심, 목표, 기간, 연구, 기획, 활동 등이 그것입니다. 연결해서 해석해보면 프로젝트란 '관심 있는 목표를 달성하기 위해 일정 기간 동안 기획하고 연구하는 활동' 정도가 될 것 같습니다. 여기서 활동이 어떤 것인지는 동사로서 프로젝트가 어떤 뜻인지 보면 알 수 있을 것 같습니다.

1. plan | [타동사][VN] [주로 수동태로] 계획[기획]하다

2. estimate | [주로 수동태로] (현 상황을 근거로 규모, 비용, 양 등을) 예상[추정]하다

3. light/image | [타동사][VN] ~ sth(on/onto sth) (빛, 영상 등을) 비추다[투사/투영하다]

4. stick out | [자동사][V + adv./prep.] (드러나게) 튀어나오다, 돌출되다

5. present yourself | [타동사][VN] ~ (yourself) (특히 좋은 인상을 주도록) 보여주다[나타내다]

6. send/throw up or away | [타동사][VN] (자기로부터 멀리) 던지다

해석해보면 '좋은 인상을 주기 위해 자기로부터 멀리 있는 미래로 투영하는 행동, 즉, 현 상황을 근거로 규모, 비용, 양 등을 추정하고 기획하는 노력'이 프로젝트 수행이라고 할 수 있을 것 같습니다. 이상의 내용을 위키피디아에서는 다음과 같이 비즈니스와 과학 분야로 한정하여 좀 더 전문적으로 표현하고 있습니다.

현 시대의 비즈니스와 과학에서 프로젝트란 특정 목표를 달성하기 위한 연구조사 및 디자인을 포함하여 신중하게 기획된 협업적 사업으로 정의된다. 더불어서 프로젝트는 시간의 제약하에서 특별한 과제를 수행하기 위하여 조직 내부 혹은 전반에 걸쳐 구성된 영구적이지 않고 한시적인 업무 시스템 혹은 사회적 시스템이다.

비즈니스에서의 프로젝트는 협업을 요하는 사업으로 특별한 목적을 달성하기 위해 연구 혹은 디자인 등을 아주 신중하게 기획해야 합니다. 좀 더 구체적으로는 프로젝트는 조직 내부 혹은 전반에 걸쳐서 구성된 팀이 특별한 과제를 달성하기 위하여 특정 기간 동안 한시적으로 활동하는 사회 혹은 업무 시스템을 의미합니다. 이러한 프로젝트가 지속적으로 운영되거나 반복되면 이를 프로그램program이라고 칭하기도 합니다. 결론적으로 앞에서 설명한 시스템은 아래와 같이 프로젝트와 프로그램으로 나눌 수 있습니다. 즉 한시적으로 활동하는 유일성을 가진 프로젝트와 지속적이고 반복적인 프로그램으로 구별할 수 있습니다.

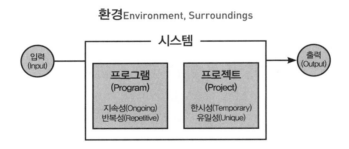

참고로 위와 같은 특성을 가진 프로젝트에 대해서 저명한 기관의 표준에서는 어떻게 정의하고 있는지 다음 표를 통해 비교할 수 있습니다.

ISO 10006	프로젝트는 일련의 조정 관리된 개시일과 종료일이 있는 활동으로서 시간, 원가 및 자원의 제약을 포함한 특정 요구사항에 적합한 목표를 달성하기 위하여 실시되는 유일한 프로세스이다.

ISO 21500	프로젝트는 프로젝트의 목표 달성을 위하여 수행되는 고유한 프로세스의 집합으로 구성되며, 프로세스는 시작일과 종료일이 정해져 있고 조정되고 통제되는 활동으로 이루어진다.
PMBOK®[56] Guide5[th]	프로젝트는 유일한 제품, 서비스 또는 결과를 창출하기 위하여 수행하는 한시적인 활동이다.
PINCE2®[57]	프로젝트는 합의된 비즈니스 케이스에 따라 하나 혹은 그 이상의 비즈니스 결과물을 산출할 목적으로 생성된 임시 조직이다.

위의 표준을 정의한 기관 중에서 프로젝트 매니지먼트로 현재 가장 일반적으로 알려진 곳은 PMI(Project Management Institute, 프로젝트관리협회)로 미국의 비영리법인입니다. 여기서 제정한 PMBOK(Project Management Body of Knowledge, 프로젝트관리 지식체계)에는 위와 같은 프로젝트의 정의뿐만 아니라 4년마다 지속적으로 개정하는 연구결과를 싣고 있는데, 다음과 같은 열 가지 주제와 관련된 프로세스 관점에서 프로젝트를 분류해서 관리하려고 합니다.

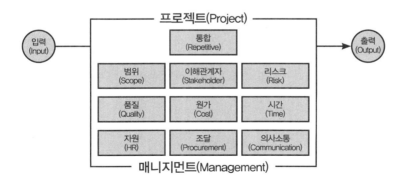

인력을 포함한 시설, 장비, 도구 등의 '자원'을 '조달'하여 정해진 '시간' 내에 '품질'과 '원가' 목표를 맞출 뿐만 아니라 다가올 기회와 위험

에 대한 '리스크'도 관리해야 합니다. 이때 '이해관계자들'의 요구 사항들도 만족시키도록 '의사소통'을 하는 일은 무엇보다도 중요합니다. 이 여덟 가지 주제의 '범위'를 정의하고 관리하면서 전체적으로 '통합'하는 활동을 프로젝트 매니지먼트라고 합니다. 팀의 리더라면 이에 대해 당연히 숙지하고 잘 활용할 수 있는 역량을 가지고 있어야 하며, 팀원도 본인이 관련된 분야에 응용할 수 있을 정도의 역량은 갖춰야 할 것입니다. 이 중에서 '의사소통'과 '이해관계자'에 대한 내용은 비즈니스뿐만 아니라 일상 생활에서도 아주 중요한 주제이므로 반드시 숙지하고 응용하시길 바랍니다.

▎프로젝트의 적응성adaptability

프로젝트의 정의와 특성을 염두에 두고 프로젝트를 진행한다고 해서 프로젝트가 반드시 성공하는 것은 아닙니다. 더군다나 혁신팀이 수행하는 프로젝트에서는 일반적인 프로젝트보다 훨씬 더 혼란스러운 일이 많이 발생하기 때문에 프로젝트의 적응성 혹은 융통성은 그 무엇보다 중요합니다. 일반적으로 프로젝트 매니지먼트는 조각이나 건축에 비유됩니다. 다시 말해서 청사진이나 계획을 완성하지 않은 상태에서 돌을 쪼거나 건물의 기초 공사를 시작하면 나중에 되돌릴 수 없는 아주 큰 일이 발생할 수 있다는 의미입니다. 그런데 혁신 프로젝트는 누구도 그 미래를 예측할 수 없는 혼돈의 터널을 지나야만 하므로 미리 청사진을 완성하고 프로젝트를 실행할 수는 없다는 것이 큰 난관입니다. 그래서 혁신 프로젝트는 돌을 쪼는 조각이 아니라 뼈대에 진흙을 입히거나 도자기를 굽는 작업에 비유하는 것이 더 어울립니다. 수도 없이 붙였다 띄었다 할 수 있다는 데서, 그리고 가마에서 구워봐야 그 결과를 알 수 있다는 점에서 그러한 비유가 가능하겠습니다. 혁신 프로젝트는 진행 과정에서 수도 없이 시행착오를 겪으면서 프로젝트 진행 과정을 수정하곤 합니다. 빌딩이나 댐을 공사하면서 이렇게 한다면 큰 낭패를 보겠지만, 혁신 프로젝트에서는 이러한 일이 병가지상사兵家之常事입니다.

▎적응성을 특별히 고려해야 하는 두 가지

첫 번째는 '사명 지체mission creep' 현상에 대한 것입니다. 사명 지체란 사명이 당초 계획보다 확장되는 현상입니다. 예를 들어서 초기 설계나 개발 목적에 없었던 기능이 추가되면서 프로젝트 전체 진행이 지연되는 현상입니다. 일반적으로 프로젝트를 진행할 때 예기치 못한 외부의 변화뿐만 아니라 내부 압력에 직면하거나, 이해관계자들이 변화를 요구한다면 어떻게 해야 할까요? 변화가 프로젝트에 미치는 비용, 시간 품질의 영향을 명확히 알려서 확정된 프로젝트 범위 밖에 있는 문제들을 해결하는 데 골몰하지 않도록 해야 합니다. 만약 비합리적 요구를 한다면 어떻게 해야 할까요? 사실 이런 상황에는 정답이 없습니다. 하버드 비즈니스 스쿨의 팀장 워크북 시리즈[58]에도 재치 있게 대응하거나, 상식을 갖고 대처하라는 정도의 가이드만 있을 뿐입니다. 하지만 혁신 프로젝트에서는 이런 문제가 아주 자주 발생합니다. 그러나 비용, 시간, 품질의 영향을 명확히 알 수 없을 경우가 많을 뿐만 아니라 안다고 해도 알려서 해결할 문제는 아닙니다. 왜냐하면 기업이 이루려고 하는 수준이 소비자나 사용자가 받아들이기 어려운 수준이라면 기업이 들여야 하는 비용과 시간의 영향이 고객에게는 전혀 중요하지 않기 때문입니다.

이러한 종류의 딜레마는 일반적인 프로젝트에서는 기업이 상식적으로 받아들이기 어렵습니다. 그렇지만 소비자나 사용자 입장에서는 기업의 이러한 합리적 의사결정을 이해해주지 않습니다. 예를 들어, 피처폰 시절 터치 인터페이스를 적용한 핸드폰이 상당히 많이 시장에 출시되었고 광고도 만들어졌습니다. 현존하는 최고의 기술을 적용한 제품이라고 내세웠습니다. 그래서 '전지전능 옴니아폰' 같은 제품이 출시되고 광고도 제작되었습니다. 그런데 당시 최고의 핸드폰 제조 업체인 삼성전자와 최고의 소프트웨어 업체인 마이크로소프트의 합작품이 어떤 결과를 시장에서 얻었나요? 결과는 우리 모두 잘 알고 있습니다. 당시 쏟아지는 악평에 한 개발자는 분노하며 블로그에 길게 울분을 쏟아냈습니다. 몇 달 동안 연구실 바닥에서 밤잠 설쳐가며 노력했다며 열변을 토했습니다. 같은 회사에 근무하던 입장으로 충분히 공감이 가는 내용이었지만, 이를 이해하거나 동감하거나 동의한 소비자나 사용자가 있었는지 의문입니다. 이후 출시된 아이폰은 터치감이 어느 정도여야 하는지를 포함해서 제품의 품질 수준이 왜 중요한지를 세상에 알렸습니다. 이에 대한 고객의 반응은 우리가 다 알고 있는 사실입니다.

혁신 제품에서 기업이 얼마의 비용과 시간을 들여야 하는지는 소비자의 기대 수준에 달려 있지 기업의 현실이 말해주지 않습니다. 혁신을 통해 신시장을 창출하거나 신상품을 알리는 프로젝트에 기업의 현실을 적용하려고 하면 참으로 곤란한 현상이 벌어지게 됩니다. 생전에 스티브 잡스는 원하는 수준에 도달하지 못하면 제품을 출시하지 못했다고 합니다. 그리고 이후 출시된 제품은 우리의 기대 수준 이상이었고 애플의 성장은 멈출 줄 몰랐습니다.

'사람'에 관련된 문제가 두 번째로 중요한 고려 사항입니다. 우리는 항상 인사人事가 만사萬事라고 말하면서도 한편으로는 사람에 대한 문제에 그다지 신경 쓰지 않습니다. 특히 계획 수립 초기에 일어나는 사람 관련 문제를 무시하거나 부정하거나 회피하는 경향이 강합니다. 사람 문제는 사실 프로젝트 리더가 대면해야 하는 '가장 어려운 도전 과제'입니다. 혁신팀의 구성원은 여러 유형의 사람들로 구성되어 있으므로 문제가 모두 똑같은 조치를 필요로 하지 않습니다. 프로젝트 초기 팀을 설계할 때 이러한 문제를 각별히 고민해보시길 바랍니다. 이와 관련하여 팀장으로서의 역량이나 방법은 데이비드 시벳David Sibbet의 비주얼 시리즈[59]를 참고하시면 좋을 것 같습니다.

프로젝트 적응성에 대한 짧은 의견은 다음 글로 마감하고자 합니다. 하버드 MBA 셀프 마스터 시리즈 중, 프로젝트 매니지먼트에 대한 책[60]에 실린 글의 일부로 날로 증가하는 전문성을 어떻게 프로젝트에서 다루어야 하는지 잘 보여줍니다.

프로젝트 매니지먼트에 대한 전문성이 날로 증가한다는 사실과 프로젝트들이 어떻게 운영되어야 하는지에 대한 합의가 지니는 유일한 어두운 측면은, 사람들이 작업을 어떻게 계획하고 해나가야 하는지에 관해 너무 잘 익혔다는 점에 있다. 여기서 문제는, 사전에 모든 일을 상세히 열거하는 것은 매우 어렵다는 것이다. (중략) 결국 잘못될 일을 예상하고 계획을 세우는 리스크 관리에 더 많은 관심을 기울여야 한다. (중략)

안타깝게도 인간은 잘못될지도 모를 모든 일들을 예측할 수도 없거니와 그들이 여정을 계속해나가는 동안 마주치게 될 모든 기회들, 즉 새로운 계획을 위해 낡은 것을 폐기해야 하는 모든 상황들을 예상할 수도 없다. 더욱 심각한 점은 일단 계획들과 일정들이 합의되고 계획 문서에 기록되고 나면, 그것들이 접근 불가가 되어버린다는 점이다. (중략) 때때로 경영진은 부지불식간에 기능장애적인 행위를 보인다. (중략) 문제점들은 대부분 손을 쓰기에는 너무 늦어버린 마지막 주나 마지막 달에 반드시 드러난다.

이 책에서는 이러한 문제점과 가장 큰 관련이 있는 두 부분, 즉 계획 짜기와 적응력 부분에서 그 문제점에 관해 설명할 것이다. 프로젝트 매니저들은 프로젝트 초기에 형성된 기대들을 충족시키는 법을 익혀야 하고 프로젝트 도중 궤도를 수정하는 방법을 익혀야 한다.

프로젝트 공간 Project Space

가끔 주목받을 뿐 프로젝트 매니지먼트의 주요 주제는 아닌데 혁신 프로젝트에서 반드시 신경 써서 제공해야 하는 것이 있습니다. 바로 '프로젝트를 위한 전용 공간'입니다. 제가 근무했던 삼성전자 VIP센터[61]는 인원이 수십 명밖에 안 되고 조직도에도 없는 센터이지만, 국내뿐만 아니라 해외에서는 〈포춘〉[62], 〈비즈니스위크〉[63], 〈파이낸셜 타임즈〉[64] 등의 유명 잡지에 기사화되었고, 마케팅의 대부 필립 코틀러 Philip Kotler의 저서[65]나 P&G 회장인 래플리A. G. Lafley와 하버드대 교수 람 차란Ram Charan의 공저서[66]에도 혁신 사례로 소개되었습니다. 십여 개의 프로젝트를 동시에 운영할 수 있는 프로젝트 공간을 보유했다는 것이, 이곳이 유명세를 탄 원인 중 하나일 것입니다.

프로젝트 공간과 관련된 유명한 의사소통 이론으로 1970년대부터 알려지고 1984년에 토마스 앨런Thomas Allen의 저서[67]에 실린 'Allen Curve' 혹은 '15m의 법칙'이 있습니다. 내용은 엔지니어들의 의사소통 빈도수는 아래 그림처럼 그들이 떨어져 있는 거리에 따라서 지수적으로 감소한다는 내용이었습니다.

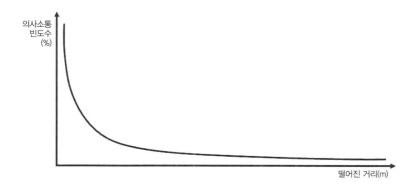

즉, 바로 옆에 가까운 거리에 있을 때 일주일 내 의사소통의 가능성은 25% 정도인 반면에, 10m 정도 격리되면 10%, 15m 정도면 5%, 30m 이상 격리되면 수 km 떨어진 것과 동일하다고 합니다. 또한 같은 복도를 사용하는 사람들끼리는 동일 층의 다른 사람들보다 다섯 배 이상 의사소통의 가능성이 높다는 발표도 있었습니다. 효과적으로 의사소통을 하기 위해서는 배치 거리가 중요하며, 공동 배치의 효과적인 거리의 한계는 15m라는 것입니다. 즉 15m 이상으로 멀어지면 의사소통의 빈도수는 5% 이하로 급감하게 되므로 의사소통이 거의 없다고 생각하면 됩니다. 그러므로 팀을 공동 배치하는 것만으로도 의사소통의 빈도수가 증가하면서 팀의 목표 달성이 효과적이고 효율적으로 진행된다고 할 수 있습니다.

그런데 이후 발견된 다른 현상도 살펴볼 만합니다. 엔지니어들을 한데 모으는 것처럼 동일한 집단을 한 공간에 모으면 그 자체만으로 프로젝트 목표 달성에 기여를 하지만, 서로 다른 전문가들이 모이면 같은 집단이 모일 때처럼 초기 의사소통 빈도수와 더불어 서로간의 갈등 또한 증가한다는 것입니다. 따라서 이러한 갈등의 문제를 해결하기 위해서는 프로젝트 리더의 의사소통과 중재 역량이 중요해집니다. 팀의 의사소통과 방법론 진행 과정을 전문으로 하는 전문가의 도움을 받을 수도 있습니다. 이러한 전문가들은 일반적인 컨설턴트처럼 해결안을 제시하거나 함께 만들지 않고, 프로젝트 팀원이 스스로 해결할 수 있도록 돕는 사람들로 퍼실리테이터facilitator라고 부릅니다. 특별히 저와 같이 창의와 혁신 방법론을 전문적으로 하면서 현장 프로젝트 경험이 풍부한 프로젝트 진행 방법론과 협업을 촉진하는 사람들은 캐털리스트catalyst라고 합니다.

각설하고 최근 혁신 프로젝트에서는 위에 언급한 물리적 거리뿐만 아니라 사회적 거리나 심리적 거리도 중요하다는 것을 깨달아 이와 관련된 방법들을 혁신 프로젝트에 적용하고 있습니다. 예를 들어, 혁신 프로젝트는 창의성과 사회성을 동시에 요구하기 때문에 프로젝트 진행 기간 동안은 각 전문가의 직급을 사용하지 않는다든지, 더 나아가 영문 닉네임을 활용하여 좀 더 수평적인 분위기를 만들려고 하는 것도 노력의 일환이 될 수 있습니다. 물론 물리적 공간을 창의적이고 융통성 있게 만들려는 노력은 기본적으로 수행하여야 합니다. 그리고 혁신팀이 함께하는 것이 중요하다고 해서 항상 함께 있어야 한다고 강요하는 것은 절대 금물입니다. 창의도 혁신도 홀로 스스로 생각을 정리할 명상의 시간을 필요로 할 때가 있습니다. 경우에 따라 팀원이 팀으로부터 자유로이 이탈할 수 있도록 사생활privacy을 존중해주는 것도 공동 배치만큼이나 중요합니다. 더불어서 존중, 배려, 책임과 관련된 허용의 문화도 반드시 있어야 하는 요소입니다.

정리하면, 프로젝트 협업을 위한 3요소는 접근성proximity, 사생활 privacy, 허용 문화permission입니다. 이들의 영어 단어가 모두 P자로 시작하기 때문에 저는 이를 협업의 '3P'라고 부르기도 합니다. 이에 대해 궁금하신 분은 HBR 논문[68]을 참고하시는 것도 좋을 것 같습니다.

의사결정의 타이밍을 놓치지 마라

– 프로세스 매니지먼트Process Management

_____ '프로세스'는 외래어이지만 많이 활용되는 단어라 국어사전에도 그 정의가 있는데, 아래와 같습니다.

일이 처리되는 경로나 공정. '경과經過', '과정過程', '절차節次'로 순화.

영한사전의 정의는 다음과 같습니다.

1. (특정 결과를 달성하기 위한) 과정[절차]
2. (자연스러운 변화가 일어나는) 과정
3. 공정工程

결국 프로세스는 과정, 절차, 혹은 공정 등을 뜻합니다. 즉 한 제품이 완성되기까지 거쳐야 하는 하나하나의 작업 단계로 일을 치르는데 거쳐야 하는 방법이나 순서라고 할 수 있습니다. 프로세스에는 이러한 명사적 의미뿐만 아니라 '가공하다' 혹은 '처리하다'의 동사적인 의미도 있습니다.

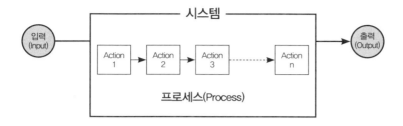

위의 그림에서처럼 입력물을 받아서 일련의 행동인 프로세스를 거치면 목적하는 결과인 출력물이 생성되어야 합니다. 따라서 프로세스에서 가장 중요한 것은 행동이 어떤 순서로 일어나는가입니다. 요리를 할 때, 고기를 구운 다음 자를 것인지, 고기를 먼저 썰고 구울 것인지는 어떤 요리를 만들려고 하는 것인지에 따라 달라집니다. 즉 목표에 따라 결정됩니다. 여기서는 고기라는 입력물이 요리라는 결과물로 변화되게 하는 자연스러운 행동의 순서가 프로세스라고 할 수 있습니다. 요리에서는 이러한 프로세스를 레시피라고 하는데, 이러한 순서는 요리가 아니라 컵라면같이 아주 간단한 결과물을 만들 때에도 아주 중요합니다. 만일 컵라면에 수프를 넣고 물을 끓이지 않은 채로 컵에 부었다면 맛있고 따끈한 국물의 컵라면은 기대할 수 없을 것입니다.

이렇게 요리에서의 레시피와 같이 비즈니스에서도 프로세스라는 일련의 활동 순서를 무척 신경 써야 합니다. 비록 치명적인 결과를 수반하지 않더라도 입력 대비 출력의 효율이라는 측면에서 프로세스의 중요성은 아무리 강조해도 지나치지 않은 요소입니다.

▎ 프로세스의 중요성: 순서 및 타이밍

앞에서 프로세스를 정의하기 이전에 시스템과 프로젝트를 설명하면서, 지속되는 프로젝트를 프로그램이라고 칭한다고 언급한 것을 기억하시는지요? 프로그램은 TV나 공연 프로그램처럼 미리 정해놓은 대로 진행된다는 의미로, 비즈니스에서 일상적으로 운영되는 모든 일들이라고 생각하시면 어렵지 않을 것 같습니다.

보고서나 품의를 작성하고 결재를 받는 프로세스, 출장을 가기 위해 예산을 확보하고 출장 후 결산하는 프로세스, 업무나 연구를 위해 물품을 구매하는 프로세스 등등 우리 기업의 현장에서 지속적이고 반복적으로 일어나기 때문에 순서에 따라 효율적으로 운영해야 하는 프로세스를 우리는 운영operation이라고 합니다. 이런 일상의 운영은 비교적 안정적인 조직이 수행하므로 조직 유지에 중점을 두는 반면, 일시적 팀에 의해 수행되어 비반복적인 유일한 결과를 산출하는 프로젝트는 결과와 효과를 중시합니다. 그런데 운영에 익숙한 우리는 프로젝트 수행 시에도 순서와 효율을 중시하기 때문에 많은 문제를 발생시킵니다. 혁신팀 관점에서 프로세스에 앞서 프로덕트와 프로젝트 매니지먼트의 중요한 사항을 먼저 다뤘지만, 그렇다고 프로세스 매니지먼트가 덜 중요하다는 의미는 아닙니다. 이제부터는 일상의 효율을 다루는 프로세스 매니지먼트에서 잊지 말아야 할 것에 대해 이야기해 보겠습니다.

프로세스는 기업의 기본적인 활동을 표시하거나 혹은 활동과 성과의 패턴을 표시하는 것으로도 정의할 수 있습니다. 가장 기본적인 프

로세스는 SIPOC(시폭)이라고 불립니다. 상자 안의 IPO는 시스템에서 설명한 Input(입력), Process(프로세스), Output(출력)을 뜻합니다. 시스템 내의 일상 운영을 프로세스라고 생각하면 쉽게 이해할 수 있는 내용입니다. 여기에 입력을 공급하는 Supplier(공급자)와 결과를 제공받는 Customer(고객)까지 더한 다섯 가지 요소가 SIPOC이라고 불리우는 기본적인 프로세스로 아래와 같이 표현할 수 있습니다.

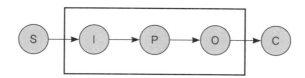

　SIPOC이라는 기본적인 프레임워크를 기업에서 일어나는 통상의 업무 흐름, 즉 원재료 구입, 상품 개발, 제조, 판매 등의 가치 체인value chain의 흐름에 따라 살펴보기로 합시다. 여기서 관리라는 표현은 프로세스를 관리한다는 의미로 생각하시면 됩니다. 즉 공급 프로세스, 개발 프로세스, 고객 프로세스가 기본적인 관리 대상입니다. 공급자가 입력하는 것으로는 제일 중요한 사람을 비롯하여 자본, 기술, 정보, 시간 등이 있습니다. 결과를 제공받는 고객은 협의의 의미로는 소비

자 혹은 사용자이고, 광의로는 주주와 사회뿐만 아니라 기업에서 일
하는 전문가들도 포함됩니다. 기본적인 공급(구매), 개발, 고객 프로세
스는 기업에 따라서 경영 관리 조직에 의해 영향을 받기도 하는데, 이
를 4대 메가 프로세스로 구별하기도 합니다.

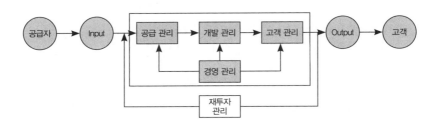

이와 같은 4대 메가 프로세스는 마케팅, 개발, 구매, 제조, 서비스,
지원, 물류 등의 7개 단위 프로세스로 세분할 수도 있는데, 이러한 7
개의 프로세스들을 상호 연계하여 혁신 활동을 전개하기도 합니다.
어쨌든 이렇게 자원과 프로세스를 관리하고, 각 프로세스를 지속적으
로 혁신하여 자원과 프로세스를 최적화하는 것을 경영 활동이라고 합
니다. 이는 삼성전자와 같은 기업에서도 예외가 아니어서, 윤종용 전
삼성전자 부회장은 '경영은 지속적인 프로세스 혁신과 변화 관리이다'
라고 강조하기도 했습니다. 여기서 하나 더 강조하고 싶은 것으로는
재투자 관리를 들 수 있습니다. 재투자 관리는 순환의 사이클에서 무
척 중요한 요소인데, 이것은 경쟁력 강화를 위한 단기적 투자와 성장
발전의 동력을 위한 장기적 투자로 구분하여 관리해야 합니다. 경쟁
력 강화에 너무 집착한 나머지 장기적 성장 동력을 잃어버려서도 안
되고, 또 너무 장기적 성장 동력을 중시한 나머지 단기 경쟁력을 잃어

도 기업의 생존과 지속 성장에 치명적인 결과가 나타납니다.

'타이밍' 또한 절대로 간과하면 안 되는 요소입니다. 라면을 끓일 때에는 계란을 언제 넣느냐가 중요할 수 있습니다. 닭을 튀긴다면 온도를 160~170도로 높인 기름에 닭을 넣어야 합니다. 이와 같이 비즈니스 프로세스에서도 타이밍이 중요한 순간들이 있습니다. 특히 중요한 타이밍은 의사결정의 순간입니다. 의사결정에는 두 가지 종류가 있습니다.[69] 하나는 순간적인 판단을 요하는 것이고, 다른 하나는 철저하게 검토하고 숙고하여 결정해야 하는 것입니다. 철저하게 검토하고 숙고하는 경우보다는 순간적인 판단을 해야 할 때 타이밍이 아주 중요합니다. 이때는 결정을 미루어서는 안 됩니다. 예를 들어 급하게 빠른 속도로 운전하던 중 교차로 바로 직전에서 신호등이 바뀌면서 다른 차량도 급하게 교차로로 진입한다면, 엑셀을 더 밟을 것인지 브레이크를 밟은 것인지를 즉시 결정하여야 합니다. 이때 머뭇거린다는 것은 결정을 미룬다는 것인데, 이렇게 아무런 조치를 취하지 않으면 사고를 피할 수 없습니다.

비즈니스에서도 회의 중이라 더 이상의 준비를 할 수 없는 상황에서 가부에 대한 대답을 해야 하는 경우는 종종 발생합니다. 이 경우 좀 더 좋은 답을 찾으려고 대답을 하지 않으면 신뢰도 기회도 모두 잃게 되는 극단적인 경우마저 발생합니다. 일단 '네' 혹은 '아니오'라고 답을 했다면, 좀 더 생각할 수 있는 시간을 얻을 수 있는 기회의 확률이 50%는 발생하게 됩니다. 그러므로 올바른 의사결정을 하는 것보다 적절한 타이밍에 의사결정을 하는 것이 더 중요할 수도 있음을 기억하시길 바랍니다. 그렇지만 확률 50% 때문에 매번 도박을 하는 것은 추천할 만한 일은 아닌 것 같습니다. 이러한 순간적인 의사결정을 잘하기 위해서는 다음의 세 가지가 아주 중요합니다.

● 습관
● 준비
● 행동 기준

첫째, 습관은 의사결정의 순간에 판단을 미루지 않는 습관을 말합니다. 이러한 습관을 키우기 위해서는 아무것도 하지 않는 것이 가장 나쁩니다. 비록 잘못된 판단일지라도 의사결정의 순간에는 의사결정을 해야 합니다. 의사결정은 주로 의사결정권자인 관리자 혹은 리더가 하게 되는데, 의사결정을 받으러 온 팀원에게 의사결정을 하지 않는 행위가 반복되면 존경과 신뢰는 물론 권위마저 사라져버릴 수 있습니다. 잘못된 결정이라도 미루지 않는다면 이후 올바른 방향으로 전환할 기회는 얼마든지 있습니다. 이때 리더가 그에 대한 책임을 회피하지만 않는다면 잘못된 의사결정도 오히려 기회로 전환될 수 있습니다. 둘째, 준비가 중요합니다. 반복 훈련을 통해 경험을 축적하는 것입니다. 축적된 경험은 장기 기억에 저장되기 때문에 준비된 상황이 닥쳤을 때 즉각 대처가 가능합니다. 예를 들어 심폐소생술을 평소 잘 훈련해두었다면 심폐소생술이 필요한 상황에서 주저 없이 조치할 수 있지만, 평소 훈련하지 않았거나 생각만 했다면 위기 상황이 닥쳤을 때 아무런 행동도 할 수 없을 것입니다.

셋째, 행동 기준을 평소에 명확하게 세워두어야 합니다. 예를 들어 프로세스를 지키기 위하여 남녀노소 직급에 상관없이 누구나 존중받아야 한다는 판단 기준을 세웠다면 어떤 상황에서도 상대방을 무시하거나 비난하지 않게 될 것입니다. 이것은 리더로서 아주 훌륭한 태도와 철학을 보여주는 것이기 때문에 그 이후 존경은 물론이고 팀의 몰입과 헌신을 이끌어내는 데 아주 중요한 역할을 하게 됩니다.

2013년 11월 25일 오바마 미국 대통령이 이민개혁법안에 대한 연설을 진행하던 중 갑자기 한국 출신 이민자인 20대 대학생이 끼어들어 소리를 지르기 시작했습니다. 이때 오바마 대통령은 이를 저지하려던 경호원들에게 오히려 이렇게 말했습니다. "마무리 좀 합시다. 그 청년을 그대로 두세요." 그리고 이 대학생에게 이렇게 설명하기 시작했습니다. "제가 행정을 하려 할 때, 국회 입법 절차 없이 맘대로 하면 좋겠지만 모든 건 법을 따라야 하고 그게 우리가 살아온 역사입니다." 이 말은 리더가 갖춰야 할 좋은 태도로 많은 사람들에게 회자되었을 뿐만 아니라 프로세스를 지키는 것이 얼마나 중요한지에 대해서도 일깨워준 사례가 되었습니다. 사실 이러한 말과 행동은 오바마 대통령만이 할 수 있는 것이 아닙니다. 평소 세워둔 행동 기준과 철학이 있고 평소 반복적으로 훈련하여 준비한다면 누구나 할 수 있습니다.

프로세스 시작의 의미

이제 다시 앞에서 언급한 SIPOC에 대해 좀 더 생각해보도록 하겠습니다. 프로세스에 있어서 순서와 타이밍 외에도 강조하고 싶은 것은 어떻게 SIPOC과 같은 기본 프로세스를 고객 중심의 프로세스로 전환할 것인가에 관한 문제입니다. 결론은 너무도 간단합니다. SIPOC의 순서를 COPIS로 바꾸라는 것입니다. 다시 말해서, 프로세스의 생명은 '순서'라고 말할 수 있는데, 그 순서의 처음과 끝을 100% 바꾸는 것이 혁신팀이 반드시 수행해야 할 프로세스의 순서입니다. 이미지로 표현하면 아래와 같습니다.

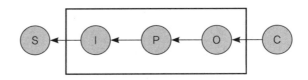

많은 사람들이 말장난처럼 순서만 뒤집은 이 내용이 무슨 효과가 있겠냐고 반문할 수도 있겠지만, 실제 구현에서는 너무나도 중요한 실천 사항이기 때문에 강조하지 않을 수가 없습니다. 단지 이렇게 순서만 바꾸어 생각해도 앞에서 말한 마켓-인의 프레임워크를 활용하는 것이 됩니다. 즉 SIPOC은 프로덕트-아웃 관점의 프로세스이고, COPIS는 마켓-인 관점의 프로세스입니다. COPIS의 순서대로 프로세스를 진행하게 되면, 제일 먼저 이 프로세스의 결과에 대한 혜택을 누릴 사람이 누구인지를 생각하게 됩니다. 즉 고객 중심의 사고를 할 수 있게 되는 것입니다. 고객이 누구인지 파악되었다면 다음으로 고객의 니즈나 문제를 해결해줄 결과물이 무엇인지를 다뤄야 하는데 그것이 아웃풋output이라는 산출물 혹은 결과물에 대한 것입니다. 이제 고객(who)이 원하는 최종 결과(what)가 무엇인지 알았다면, 어떻게(how) 그 결과를 만들지 고민해야 합니다. 방법(how)을 결정하였다면, 어떤 자원(input)이 필요한지 확인하고, 그 자원을 가진 사람과 조직을 확보하면 COPIS라는 기획 프로세스가 마무리되는 것입니다. 이후에는 SIPOC의 순서대로 실천하면 됩니다.

　고객을 먼저 생각해서 성공한 사례는 아주 많겠지만, 여기서는 싸이월드의 성공 경험담을 살펴보고자 합니다. 싸이월드의 창업주 중 한 사람인 이동형 대표는 싸이월드의 성공에서 가장 중요한 순간은 싸이월드의 고객이 누구인지를 파악한 때였다고 이야기합니다. 당시 이미 '아이러브스쿨'이나 '프리챌'과 같은 아주 막강한 일반 커뮤니티 사이트가 있는 상황이었지만, 싸이월드의 고객이 누구인지 제대로 알게 되는 순간 인터넷 기반의 인맥 서비스의 핵심 성공 요소인 '미니홈피' 서비스를 개발하게 되었다는 것입니다. 유전공학을 전공한 공대생이 부모님 일을 도우면서 백수로 지내다 보니 소속감과 유대감이 아주 중요하다는 것을 경험해서 '사이 좋은 사람들'을 모토로 한 인터넷 기반의 인맥 서비스를 야심 차게 시작했고, 결국 서울의 홍대, 신촌, 대학로 등을 수도 없이 돌아다니면서 '자기 표현을 중시하는 20대 여성'이 '사이 좋은 사람들'의 진정한 고객이라는 것을 깨달은 순간, 그들과 공감하기 위해 노력했습니다. 그리고 그들을 이해한 결과, 여학생들의 일기장과 같은 '미니홈피'라는 서비스를 만들어야겠다는 마지막 시도가 폭발적 인기로 이어진 것이라고 합니다. 여기서 '20대 여성'이 COPIS의 고객(C)에 해당하고, '미니홈피'가 고객이 원하는 결과물인 아웃풋(O)에 해당한다는 것을 이해하기는 어렵지 않습니다. 그러나 실제 현업에서 이와 같은 프로세스로 업무를 진행하는 것은 말처럼 쉽지 않습니다. 따라서 이와 같이 프로세스를 무엇으로 시작하는가는 프로세스 매니지먼트에서 아주 중요합니다. 특히 고객을 먼저 생각하는 프로세스는 무엇보다 중요합니다.

비즈니스 프로세스에서 많이 접하게 되는 보고서에서도 고객 중심의 프로세스를 가진 조직인지 아닌지를 아주 쉽게 판단할 수 있습니다. 실제로 고객 중심의 프로세스가 잘 운영되고 있는 조직이라면, 보고서에서 고객에 대한 사항이 먼저 등장하게 됩니다. 반면에 고객이 아니라 제품이 중심인 회사는 고객이 아닌 다른 요소가 먼저 등장하게 됩니다. 아래의 마케팅 계획의 개요에 대한 예시[70]에서도 어느 조직이 고객 중심의 회사이고 아닌지를 쉽게 판단할 수 있습니다.

제품 중심의 마케팅 계획	고객 중심의 마케팅 계획
I. 주요 요약 II. 상황 분석 　A. 카테고리/경쟁자 정의 　B. 카테고리 분석 　C. 자사 및 경쟁자 분석 　D. 고객 분석 　E. 상황에 대한 몇 가지 가정 III. 제품 관련 목표 IV. 제품/브랜드 전략 V. 마케팅 프로그램 VI. 재무 자료: 제품 기반 VII. 모니터링 및 관리 VIII. 상황 대응 계획	I. 주요 요약 II. 상황 분석 　A. 고객 분석/고객 생애 가치 　B. 경쟁자 분석(지갑 점유율) 　C. 제품 분석 　D. 상황에 대한 몇 가지 가정 III. 고객 관련 목표 IV. 고객 전략 V. 마케팅 프로그램 VI. 재무 자료: 고객 기반 VII. 모니터링 및 관리 VIII. 상황 대응 계획

이렇듯 고객 중심의 프로세스 매니지먼트는 행동 혹은 판단의 기준이 몸에 밴 습관처럼 흘러나오게 되는 것이라 당사자들은 정작 본인이 어떻게 말하고 쓰고 행동하는지조차 인지하지 못하는 경우가 많습니다. 많은 기업이 우리는 고객 중심의 기업이라고 강조하고 광고하

지만, 그 회사들의 보고서에서도 고객은 다루어지지 않거나 다른 요소에 우선순위가 밀려서 언급되거나 별첨 거리로 전락하는 경우가 많습니다.

프로세스, 즉 일련의 활동을 할 때 그 시작을 무엇으로 하는지는 그 활동을 하는 사람의 행동 기준이나 태도 혹은 철학을 반영하는 것으로 혁신의 진화 과정에서도 아주 중요한 요소입니다. 다음에서 다룰 혁신 프레임워크도 사고 방식과 행동 방식에 대한 것으로 프로세스 매니지먼트와 아주 밀접한 연관성이 있습니다. 예를 들어 혁신 프레임워크 중 하나인 비즈니스 모델을 디자인할 때 가장 먼저 어떤 요소로 시작하는지가 그 조직이 지난 철학과 사고 방식을 반영합니다.

10

어떻게 **가치**를 **창조**하고
전달하고 **유지**할 것인가
– 혁신 프레임워크Innovation framework

혁신을 현실화하는 방법론이란 모든 비즈니스 과정을 디자인적인 시각으로 사고하는 것입니다. 디자인이 구체적인 물질의 세계부터 추상적인 정신 세계까지 포괄할 수 있는 이유는 디자인이 '창조성'을 근간으로 삼고 있기 때문입니다. 디자인은 창조성을 근간으로 물질과 정신의 세계를 융합적 관점에서 조화롭게 배열하여 시각화까지 할 수 있는 학문 혹은 방법론입니다.

혁신을 위한 세 가지 프레임워크

_____ 지금부터는 스마트 시대의 혁신을 위한 세 가지 프레임워크framework에 대해 생각해보겠습니다. 프레임워크로 살펴볼 대상은 비즈니스 모델, 전략, 그리고 디자인입니다. 전략은 생산과 경쟁의 시대부터 중요했던 화두이고, 비즈니스 모델과 디자인은 창조와 스마트의 시대에 급부상한 이슈입니다. 이러한 주제에 대해 토론하기 전에 먼저 프레임워크가 무엇인지 살펴보는 것이 좋겠습니다. 프레임워크의 사전적 정의는 다음과 같습니다.

- 복잡한 문제를 해결하거나 서술하는 데 사용하는 기본 개념 구조
- 특정한 목적에 사용되는 사고 체계

▌비즈니스 모델, 전략, 디자인

여기서는 스마트 시대의 혁신이라는 특정한 목적을 달성하기 위한 사고 체계에 대한 것으로 비즈니스 모델, 전략, 그리고 디자인이라는 복잡한 문제를 해결하기 위한 기본 개념 구조에 대해서 이해하고자 합니다. 정치, 경제, 사회, 문화 등 세상 전체가 더욱 복잡해지면서 비즈니스 세상도 복잡해지고 기업도 발전했습니다. 또 각 전문 분

야도 깊고 넓어지면서 다양한 사고 체계, 즉 학문 혹은 방법론들이 탄생하게 됩니다. 한편 기업이나 조직이 성장하면서 상품이나 서비스가 개발되고 전문가의 수도 따라서 증가하면서 상품이나 서비스 혹은 시스템의 통합성과 일관성이 부족하게 되는 현상도 발생합니다. 따라서 전문가들이 공통적으로 사용할 수 있는 원칙 혹은 가이드라인을 제시하기 위해서 공통의 프레임워크가 필요해집니다. 결론적으로 혁신을 위한 프레임워크의 특징을 요약하면 다음과 같습니다.

- 혁신 전문가들이 활용할 수 있는 철학, 원칙 및 가이드라인
- 혁신 전문가들이 활용할 수 있는 다양한 도구

여기서는 스마트 시대의 혁신을 위해 모든 혁신 전문가가 이해하고 잘 활용할 수 있어야 하는 도구인 비즈니스 모델, 전략 그리고 디자인에 대한 철학과 원칙 및 가이드라인에 대해서 논해보겠습니다. 이와 같이 혁신을 위해 꼭 필요한 프레임워크는 비즈니스 모델, 전략, 디자인을 도출하는 시간을 줄일 수 있을 뿐만 아니라 도출 과정 중에 발생할 수 있는 생략, 중복, 반복, 비약 등의 오류를 감소시킬 수 있습니다.

그러나 프레임워크에 지나치게 의존하면 창의성과 같은 역량에 제약을 받거나 고정관념에 빠질 수 있습니다. 또 프레임워크 혹은 프로세스가 없으면 일을 하지 못하는 매너리즘에 빠질 수도 있습니다. 즉 혁신에는 치명적인 결과를 가져올 수 있는 것입니다.

비즈니스 모델, 전략 및 디자인 각각에 대한 프레임워크를 살펴보

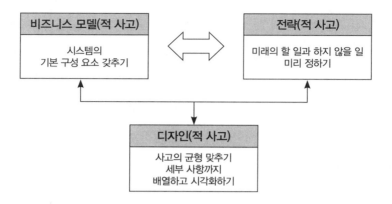

기 전에 이 세 가지가 어떤 연관관계가 있는지 먼저 살펴보는 것이 각
각을 이해하는 데 도움이 될 것입니다.

기본적이고 본질적인 것을 갖춰야 움직일 수 있다

— 비즈니스 모델(적 사고)

_____ 비즈니스 모델business model은 '사업 모형' 혹은 '수익 구조'라고도 불리며 다음과 같이 정의되기도 합니다.

● 기업 업무나 제품 및 서비스의 전달 방법 혹은 이윤을 창출하는 방법을 나타낸 모형이다.
● 기업이 지속적으로 이윤을 창출하기 위해 제품 및 서비스를 생산하고, 관리하며, 판매하는 방법을 표현한다.
● 제품이나 서비스를 소비자에게 어떻게 제공하고 마케팅하며, 어떻게 돈을 벌 것인지에 대한 계획 혹은 아이디어를 말한다.

이들 표현은 기업중심적이고 판매지향적 표현으로 느껴져서 뭔가 부족하며 객관적이지 않은 것으로 보입니다. 영문 위키디피아의 비즈니스 모델에 대한 표현은 다음과 같습니다.

비즈니스 모델은 경제, 사회, 문화 등의 문맥하에서 조직이 가치를 창조하고 전달하고 유지하는 방법에 대한 근거를 표현한 것이다. 이러한 비즈니스 모델을 디자인하는 것은 비즈니스 전략을 수립하는 과정의 일부이다.

(A business model describes the rationale of how an organization creates, delivers, and captures value, in economic, social, cultural or other contexts. The process of business model construction is part of business strategy.)

다시 말해 비즈니스 모델은 '특정한 결정, 행동 방침, 신조 등의 이유나 근거'라고 표현할 수 있습니다. 결정, 행동, 신조의 대상은 조직이 가치를 창조하고, 전달하고, 지속하는 데 필요할 것입니다. 여기서 가치란 경제적, 사회적, 문화적인 맥락 속에 있는 것들입니다. 요약하면 기업과 같은 조직이 경제, 사회, 문화 등과 관련된 가치를 창조하고, 전달하고, 지속 발전하는 데 필요한 결정, 행동, 신조의 근거가 비즈니스 모델이라는 것입니다. 이러한 이유로 '비즈니스 모델'은 창업을 하는 벤처 기업부터 일류 대기업까지 시스템을 구성하고 지속, 발전시키는 기본으로 생각하여야 할 뿐만 아니라 조직에서 활동하는 누구나 그 내용을 숙지하고 적용해야 합니다.

그러나 불행히도 "당신의 기업, 조직, 혹은 팀의 '비즈니스 모델'이 무엇인가요?"라는 질문에 대답하지 못하는 경우가 많습니다. 혹은 대답한다고 해도 창업주나 CEO 혹은 팀장들만 알고 있는 기업 비밀처럼 느껴집니다. 이래서는 비즈니스 모델이 가치를 창조하고, 전달하고, 유지하는 행동의 근거가 될 수 없습니다. 많은 기업에서 매년 초에 경영 방침을 선언하여 배포하는데, 그것은 벽에 걸린 액자 이상의 의미가 없는 경우가 많습니다. 왜냐하면 그 내용을 알지 못하는 사람이 많을 뿐만 아니라 그 내용을 현업에 적용하는 경우는 거의 없기 때문입니다. 이러한 비효율과 비합리를 없애는 데 '비즈니스 모델'을 적극 활용하기를 강력히 추천합니다.

앞에서 살펴본 위키피디아의 정의 중 두 번째 문장은 비즈니스 모델을 만드는 것이 비즈니스 전략의 일부분이라고 표현합니다. 그런데 우리 주변에서 전략서에 비즈니스 모델에 대해 표현한 것을 보기는 쉽지 않습니다. 왜 이론적으로는 존재하는 것이 우리의 현업에서는 존재하지 않는 것일까요? 그동안 우리 기업의 비즈니스 모델에 변화가 없었기 때문입니다. 신생 기업이든 30년 이상 된 기업이든 비즈니스 모델에 변화가 없다면, 전략서에 굳이 비즈니스 모델을 표현할 필요를 느끼지 못했을 것입니다. 그러나 앞에서 논의한 대로 최근 스마트 시대에 들어서면서 비즈니스 모델의 혁신에 따라 급부상하는 신생 기업들이 탄생하고 있고, 신생 기업이 아닌 대기업들도 새로운 비즈니스 모델로 혁신과 성장을 이어가고 있습니다. 이러한 스마트 시대의 변화 때문에 과거에는 비중 있게 다루지 않던 비즈니스 모델이 최근 인구에 회자되고 있습니다. 따라서 스마트 시대 혁신의 프레임워크로 비즈니스 모델을 이해하고 활용하는 것은 아주 중요한 혁신 활동의 일부가 되는 것입니다.

▎ 비즈니스 모델 캔버스

비즈니스 모델을 디자인하는 데는 다음과 같은 세 가지 관점이 있습니다.

- 경제적 관점
- 전략적 관점
- 구성요소적 관점

우선 경제적 관점으로의 비즈니스 모델은 '어떻게 기업이 재화를 획득하고 시간에 따른 지속적 이윤을 유지하는가'에 대한 표현[71]'입니다. 수익 구조를 디자인한다는 의미가 강한 것입니다. 또한 전략적 성과로서의 비즈니스 모델은 '경쟁력 있는 비즈니스를 창조하고 지속시키는 상호의존적 주요 시스템들을 디자인하는 것'으로 표현[72]됩니다. 마지막 구성적 관점에서의 비즈니스 모델은 고객 선정, 고객에게 제공할 가치offerings 정의, 기업 및 외부 활용 자원 확보, 진입 시장 결정, 그리고 이윤 창출 등에 대한 총체적 디자인[73]을 의미합니다. 즉 비즈니스를 경쟁력 있게 만들기 위해 상호의존적 구성요소를 연결해 하나의 시스템으로 디자인해야 한다는 의미입니다. 여기서는 세 번째 관점인 구성요소적 관점과 관련된 비즈니스 모델에 대해 좀 더 자세히 살펴볼 예정입니다.

이러한 구성적 요소로서뿐만 아니라 비즈니스 모델이라는 단어로도 우리에게 가장 친숙한 것은 《비즈니스 모델의 탄생》이라는 책[74]일 것입니다. 이 책은 아마존에서 비즈니스 분야 40주 연속 1위를 달성하기도 했습니다. 저자 오스터왈더 등은 비즈니스 모델을 가리켜 기업과 고객 사이에 흐르는 모든 것을 표현하는 '청사진'이라고 하면서, 아래 그림과 같은 아홉 가지 구성요소로 설명했습니다.

8. 핵심 파트너십	7. 핵심 자원	2. 가치 제안	4. 고객 관계	1. 고객 세그먼트
	6. 핵심 활동		3. 채널	
9. 비용 구조			5. 수익원	

위의 비즈니스 모델은 한마디로 아홉 가지 상호의존적인 시스템들로 이루어진 하나의 커다란 기업 시스템입니다. 이 시스템을 크게 양분하면 다음 그림과 같이 이성의 영역과 감성의 영역으로 나눌 수 있습니다. 왼쪽 이성의 영역은 생산자의 영역으로 상품과 서비스를 만드는 효율 중심의 세상이고, 오른쪽 감성의 영역은 북적대는 시장과 같이 감정과 감성이 살아 숨쉬는 공간입니다. 당연히 이 양자는 하나의 시스템 안에 있기 때문에 이성과 감성의 균형과 조화가 중요합니다. 마치 사람의 두뇌 시스템과 비슷합니다.

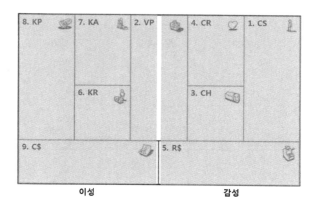

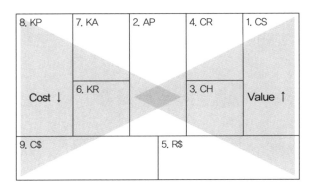

또 다른 양분 구조와 균형에 대한 표현은 위의 그림과 같습니다. 이는 고객의 가치는 올리고 비용은 절감하는 것에 관한 표현인데, 여기서 중요한 것은 가치 증가와 비용 감소를 동시에 이루는 균형과 조화입니다. 이 내용은 블루오션 전략의 가치혁신에 대한 프레임워크로 이후에 다룰 전략과도 연계되는 내용이므로 잘 기억해두시길 바랍니다.

비즈니스 모델 캔버스라는 시스템을 일반적인 사고 체계에 따라 나누면 아래와 같이 4요소로 구분됩니다.

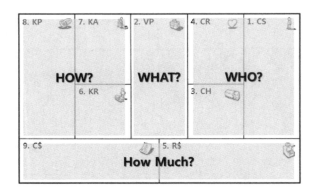

간단히 설명하면 누구(who)에게 무엇(what)을 어떻게(how) 창조하

고 전달할 것인가에 대한 것과 그렇게 하기 위해서 얼마(how much)의 비용이 소요되고 수익이 얻어지는가에 대한 것입니다. 비즈니스 모델을 캔버스로 그리기 어려운 초기 단계라고 할지라도 적어도 '누가, 무엇을, 어떻게, 얼마나'의 네 가지 요소에 대해 모르는 것이 있다면 비즈니스를 실행에 옮길 때 아주 어려운 난관에 봉착하게 될 것입니다. 그만큼 비즈니스에서 기본적이고 본질적인 것이므로 비즈니스 활동을 하면서 절대로 잊지 마시길 바랍니다.

계속 반복해서 강조하는 것처럼 비즈니스 모델은 시스템이므로 시스템을 둘러싼 환경의 영향을 받을 수 있습니다. 그러므로 그 환경이 어떤 것으로 이루어졌는지를 아는 것은 중요한 일입니다. 비즈니스 모델을 둘러싼 환경은 방금 언급한 네 가지 구성 요소에 따라 다음 그림과 같이 네 가지로 이루어져 있습니다.

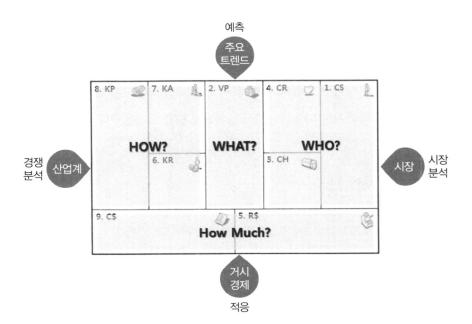

고객이 모이는 곳은 시장이므로 시장 환경에 대한 분석이 필요합니다. 또 가치들이 모이면 트렌드가 되므로 주요 트렌드 및 메가 트렌드에 대해 예측해보는 것도 필요합니다. 그런가 하면 파트너들을 좇아가면 산업계가 있고 거기에는 경쟁자들도 함께 있으므로 경쟁에 대해 분석함으로써 위험과 기회에 대해 준비할 수 있을 것입니다. 끝으로 돈이 모여서 커진 곳에는 거시 경제가 있습니다. 비즈니스 세상에 있으면서 경제에 적응하지 못한다면 지속적 성장은 불가능한 일입니다.

혁신의 여정에서 이와 같은 환경 분석은 먼저 시스템이 구축된 다음에 고려하는 것이 일반적입니다. 성숙 시장에서는 환경 분석부터 시작하는 것이 상식이지만, 혁신은 새로운 방식으로 판을 짜는 것이므로 제일 먼저 자기 자신이라는 시스템에서부터 시작해야 합니다. 이미 시스템이 있다면 거대한 환경에 어떻게 적응해야 하는지가 큰 과제이겠지만, 창조의 시점에서는 새싹을 틔우는 것이 먼저입니다. 이렇게 창조되는 시스템의 씨앗은 가치입니다. 비즈니스 모델 캔버스에서도 가치(what)를 만들고, 전달하고, 유지하는 흐름이 중요합니다. 그렇게 기업과 고객 사이의 흐름에 대한 것이 비즈니스 모델이기 때문입니다. 이 가치에 대해서는 다음에 좀 더 논의해보도록 하겠습니다.

▌ 가치 제안 캔버스

이미 프로덕트 매니지먼트에서 언급했듯이 고객에게 가치는 크게 경제적 가치, 기능적 가치, 및 심리적 가치 세 가지로 구분됩니다. 고객은 이러한 가치를 얻고자 비용, 에너지 및 위험을 감수하게 됩니다.

즉 얻는 것과 감수하는 것이 평형을 이루게 되면 고객은 구매를 결정할 수 없습니다. 비록 그 값이 상대적일지라도 얻는 가치가 투자한 것보다는 커야 가치 교환이 이루어집니다. 이에 대한 이미지적 표현은 다음과 같은데, 이를 '가치 제안 저울'이라고 합니다.

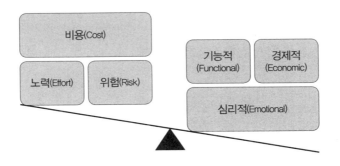

여기서 지렛대는 현재의 상태, 현재의 상품, 경쟁 대안 등 차별화의 대상들이라고 할 수 있습니다. 이러한 차별화 대상들이 고객이 얻을 가치와 투자를 올려놓고 저울질하게 하는 역할을 합니다. 더불어서 받침대는 인프라, 브랜드, 인증과 같이 지지 역할을 하는 것들입니다. 받침대의 위치에 따라 적은 가치로도 많은 투자를 들어올릴 수도 있고, 많은 가치를 창출해도 고객의 투자를 이끌어내지 못할 수도 있습니다. 이러한 가치 제안의 지렛대 원리를 모르면 세상이 불공평해서 할 수 있는 일이 없다고 생각하는 반면, 원리를 알고 있으면 적은 가치로도 큰 투자를 얻을 수 있습니다.

가치 제안의 저울을 문장으로 표현한 '가치 제안문'은 다음과 같습니다.

(브랜드/상품/서비스명)은 (　　　　　) 필요와 욕구를 가지고 있는
(　　　) 사람들을 위해 (　　　)를 제공함으로써 그들의 니즈를 충족
시켜주는 제품/서비스이다.

　　　그리고 (브랜드/상품/서비스명)은 (　　　) 점에서 경쟁 제품이라고
할 수 있는 (　　　)과 확실히 차별화된 가치를 제공한다.

이러한 가치 제안의 저울 혹은 가치 제안문을 구현하기 위해서 만들
어진 프레임워크 중 하나가 아래와 같은 '가치 제안 캔버스'[75]입니다.

이는 비즈니스 모델 캔버스와 유사한 프레임워크로 이루어졌기 때
문에 이해하기도 편하고, 실전에서 활용할 때도 같은 맥락으로 작용
하므로 함께 사용하면 더 효과적일 것입니다.

가치 제안을 위해서는 먼저 고객이 누구인지 알고, 그의 행동이나
느낌과 같은 경험 중에서 문제 및 욕구를 이해하고, 공감하고, 정의하
는 것이 중요합니다. 정의한 고객의 문제와 욕구를 해결할 안을 도출
하는 것이 그 다음 단계이고 이것을 제공하고자 하는 가치와 연결하

는 것이 마지막 단계입니다. 이렇게 제공된 가치는 비즈니스 모델 캔버스에서 표현한 채널을 타고 고객에게 전달될 것입니다. 그러나 이렇게 고객에게 가치만을 전달하는 것이 아니라 고객과 관계를 형성하고 유지하고 돈독히 하는 것 역시 중요합니다. 이와 같이 가치를 창조하고, 전달하고, 지속적으로 유지하는 세 가지 단계의 흐름을 비즈니스 모델 캔버스에 표현하면 다음과 같습니다.

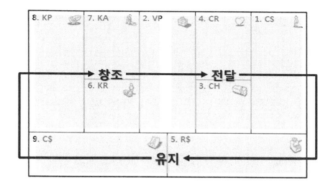

처음 비즈니스 모델의 정의에서 강조한 것처럼 이러한 활동은 비즈니스 시스템의 아주 기본적인 것들입니다. 이러한 요소들을 잘 구성하면 성공한다는 뜻이라기보다는 이러한 기본적인 요소들이 갖춰지지 않으면 비즈니스를 시작할 수 없다는 의미에 가깝습니다. 마치 엔진, 조향 장치, 제어 장치 등 기본적인 요소는 다 갖춰져야 자동차가 움직일 수 있는 것과 같습니다. 이렇게 기본을 갖춘 후 성능, 기능, 디자인, 옵션 등을 따지듯이 비즈니스 모델을 갖추었다는 것은 가장 기본적인 구성 요소를 갖춘 것입니다.

미래의 일을 지금 결정하고
가시화하라

- 전략(적 사고)

_____ 비즈니스에서 전략戰略이 중요하지 않은 적이 없었고, 이 책을 읽는 분 중에 전략과 연관된 적이 없는 분은 없을 것입니다. 그러나 전략의 정의가 무엇인지를 얘기할 수 있는 사람도 많지 않습니다. 사전에서는 아래와 같이 전략을 정의하고 있습니다.

- 〈군사〉 전쟁을 전반적으로 이끌어 가는 방법이나 책략. 전술보다 상위의 개념
- 정치, 경제 따위의 사회적 활동을 하는 데 필요한 책략
- (특정 목표를 위한) 계획
- 특히 장기간에 걸쳐 무엇인가를 달성하기 위해 의도한 일련의 계획들 혹은 기본 기획(a general plan or set of plans intended to achieve something, especially over a long period) = policy, 정책
- 특히 전쟁에서 목표를 달성하거나 이익을 얻기 위해 최선의 방법을 기획하는 기술(the art of planning the best way to gain an advantage or achieve success, especially in war)
- 본래 군사에서 쓰이는 낱말로, 특정한 목표를 수행하기 위한 행동 계획을 가리킨다. 군사 전략은 교전의 수행에 관련한 전술(military tactics)과는 구별한다. 전략은 각기 다른 교전을 어떻게

연결시킬지와 관련되어 있다. 전략은 전통적인 분야인 군사를 넘어서서 사업, 경제, 게임 이론 등의 분야로까지 확장되고 있다.

전략은 단어 자체가 내포하고 있듯이 군사 혹은 전쟁과 관련 있는 용어입니다. 전략의 가장 중요한 의미는 활동이나 행동하기 위한 계획plan입니다. 그런데 전투에서의 구체적인 행동 수칙인 전술tactics과는 구별됩니다.

즉 전략이란 작은 계획들이 모인 큰 계획으로 특정 목표를 성취하기 위한 최선의 '아트art'−예술 혹은 기술−라고 할 수 있습니다. 그래서 전략에 대해 경영전략의 대가 헨리 민츠버그Henry Minzberg는 '연속되는 의사 결정의 패턴a pattern in a stream of decisions'이라고 정의했고, 혁신전략으로 유명한 맥스 맥케온Max McKeown은 '가용한 수단available means을 활용하여 바라는 미래상desirable ends을 빚는 것shaping the future'이라고 정의했습니다. 이제 전략이 어떤 것인지 감을 잡을 수 있을 것입니다. 그렇지만 비즈니스 현장에서 어떻게 활용해야 할지 아직 막막할 수 있습니다. 그래서 저는 전략을 아래와 같이 정의하고, 현장에서 활용하고 있습니다.

전략은 미래에 할 큰 일들을 지금 결정하여 가시화한 것이다.

전략을 만들거나 작성할 때에는 첫째로 고려해야 할 사항은 우리가 다루고 있는 일이 현재의 일인지 미래의 일인지를 자문해보는 것입니다. 많은 경우 전략을 다루면서 너무 현실에 묻혀서 미래의 가능성을 놓치는 경우가 많습니다. 피터 드러커의 표현을 빌리면 의사 혹은 행동을 결정할 때에는 문제가 아닌 기회에 초점을 맞춰야 합니다. 두 번째로 유념해야 할 사항은 아주 세세한 행동 수칙은 큰 그림을 그리고 난 후 전략을 정해야 한다는 것입니다. 동서남북의 갈 방향이 정해지지 않았는데, 걸을지 뛸지 쉴지를 결정하는 것은 목표 달성에 도움이 되지 않습니다. 셋째, 일반적의 전략 수립에서 우리가 가장 곤혹스러워 하는 것으로 '지금' 결정하는 것이 중요합니다. 현재의 불확실한 상황에서 미래에 할 행동을 '지금' 결정하는 것은 물론 어렵습니다. 미룬다고 더 좋은 미래가 오는 것이 아닐뿐더러 결정하지 않아서 아무런 행동도 하지 못한 상황에서 미래가 현실이 되는 것은 최악이라는 점을 상기할 필요가 있습니다. 힘들더라도, 정답이 아니더라도 '지금' 결정하고 실행하는 것이 중요합니다. 이러한 자세는 특히 혼돈의 길을 걷는 혁신의 여정에서 전략을 수립하고 수행할 때는 필수 요건입니다. 입증해야 하거나 신뢰성을 검증하기 전에는 전략을 수립하지 않겠다는 것은 혁신하지 않겠다는 것과 동일합니다.

마지막 네 번째로 고려할 사항은 전략은 가시화해야 한다는 것입니다. 전략은 보이지 않는 행동에 대한 계획입니다. 보이지 않을 뿐만 아니라 불확실한 미래에 할 행동에 대한 것이므로 충분히 가시화하지 않으면, 미래에 계획한 상황에 도달했을 때 우리는 아무런 행동도 못할 수 있습니다. 예를 들어, 소방 전략은 미래의 화재가 있을 경우를 대비해서 미리 결정한 행동 방법들입니다. 1층에서 화재 발생시에는 어떻게 행동하고, 옥상에서 화재가 발생했을 경우에는 어떻게 움직여야 하는지를 미리 정해둔 것입니다. 우리는 과거 이러한 행동 방법을 말로 설명하고 끝내는 경우가 많았습니다. 그 결과 많은 인명이 희생되기도 했습니다. 서양에서는 이러한 소방 전략에 대한 훈련을 확실히 합니다. 유치원 아이들에게도 화재가 나면 낮은 자세로 걷게 하기 위해서 오리걸음으로 교실에서 밖으로 빠져나오는 것을 실제로 연습시킵니다. 그것도 한두 번 하는 것이 아니라 아주 많이 반복하도록 합니다. 그래야 실제로 화재가 발생했을 때에 당황한 상태에서도 무의식적으로 행동할 수 있기 때문입니다.

비즈니스 혁신 전략의 경우는 전술 훈련까지는 준비하지는 않더라도, 전략의 내용을 모두 공유하고 이해하고 공감하고 숙지해야 합니다. 그리고 어떤 방식으로든지 가시화해야 합니다. 가시화의 수단은 글, 그림, 멀티미디어, 혹은 그 이외의 어떤 것이라도 괜찮습니다.

▌ 전략을 표현하는 일

전략이 수립되면 가시화를 위하여 전략서를 작성하게 됩니다. 전략서를 작성하기 전이든 이후든지 그 전략서를 한 장으로 표현해보는 것은 전략 수립의 필수 요건입니다. 저는 어떤 내용이든지 한마디로 표현할 수 없다면 그것은 모르는 것이거나 잘못된 것이라는 잭 웰치 J. F. Welch Jr.의 말에 동의합니다. 특히 전략서까지 완성되었다면 반드시 그 전략의 모든 내용을 하나의 문장 혹은 하나의 이미지로 표현할 수 있어야 합니다. 여기서는 아래에 가시적으로 표현한 '전략 캔버스 Strategy Canvas'[76]를 이용해보길 여러분께 적극 추천합니다. 한 장으로 표현할 수 있는 방법이면서, 직관적인 이미지와 전략의 콘셉트를 한 문장으로 표현할 수 있게 도와주는 것이기 때문입니다.

짐 콜린스는 그의 저서[77]에서 혁신을 위한 'Great'를 위해 가장 조심해야 할 것은 'Good'이므로 우리는 할 일To-Do을 정하는 것만큼, 하지 않은 일Not-To-Do을 정하는 것도 중요하다고 했습니다. 전략 캔버스에는 해야 할 일과 하지 않을 일을 명확하게 표현합니다. 이를 경영전략 분야의 용어로 표현하면 '선택과 집중'입니다. 하지 않은 일은 버리고 할 일을 선택하여 집중한다는 전략적 원칙에 동의하지 않을 사람은 없지만, 정작 전략서에 하지 않을 일을 언급하거나 정하는 일도 거의 없습니다. 선택에는 포기와 희생이 반드시 뒤따르는데, 이러한 포기와 희생을 수반하는 용기와 책임이 부족하거나 부재하기 때문입니다. 전략 캔버스에서는 선택과 포기를 한 장의 전략도에 명확하게 표현해야 합니다. 방법론적으로는 ERRC라는 프레임워크를 전략 캔버스와 같이 활용하여 표현할 수 있습니다.

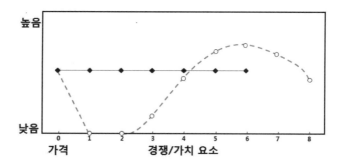

위의 그림에서 1과 2처럼 제거eliminate하거나 3과 4처럼 감소reduce 시키는 요소는 행동하지 않는 Not-To-Do의 영역에 속합니다. 그리

고 5와 6처럼 증가raise시키거나 7과 8처럼 창조create하는 영역은 반드시 행동할 'To-Do' 영역에 속합니다. 이렇게 전략 캔버스는 제거를 통한 창조를 주장하는데, 이것은 '창조적 파괴'라는 유명한 말과 일맥상통합니다. 즉 제거나 감소와 같이 스스로 하는 파괴적 행동이 결과적으로 창조라는 혁신적 결과를 이끌어낸다는 의미입니다.

'전략 캔버스'를 추천하는 또 다른 이유는 이것이 '비즈니스 모델 캔버스'와 연계되어 있기 때문입니다. 이미 언급한 대로 비즈니스 모델은 전략 수립의 일부이지만, 전략에 관한 책에서 비즈니스 모델을 구체적으로 별도로 다루지 않는 경우가 많습니다. 따라서 전략과 비즈니스 모델을 공부하고 연구해야 하는 입장인데, 별도의 저자가 자신의 주장을 각각 펼친 책을 공부하기 어렵다면 같은 맥락으로 쓰여진 내용을 공부하는 것이 이해와 활용에 좋을 것입니다. 저는 블루오션 전략과 비즈니스 모델의 탄생이 전략과 비즈니스 모델이라는 학문적으로나 실용적으로도 다른 전략서나 비즈니스 모델 관련 서적과 마찬가지로 훌륭하다고 확신하지만, 이에 대해 이견이 있으신 분들도 많으므로 여기서는 그에 대한 논의는 하지 않도록 하겠습니다. 또한 제가 혁신의 여정에서 전략을 다룰 때 '전략 캔버스'로 전략을 확인해보라는 의미로 이 내용을 강조하고 있음을 인지하는 것도 중요합니다. 블루오션 전략을 활용해야 한다거나 전략 캔버스를 수립하는 과정이 전략의 수립이라는 말이 아닙니다. 다만 전략이 수립되었거나 전략서까지 완성되었다면, 전략을 한마디 혹은 한 장으로 정의하는 용도로 전략 캔버스를 활용할 수 있다는 의미입니다.

세상에는 좋은 전략론이 많이 있습니다. 그러나 어떤 것이 모든 기업에 항상 좋을 수는 없다고 생각합니다. 각 전략론마다 말 그대로 장단이 있기 때문입니다. 훌륭한 전략은 어떤 전략론 혹은 전략 프레임워크로도 표현 가능합니다. 따라서 전략을 수립한 방법론이 아닌 다른 방법론의 프레임워크를 사용해서 수립한 전략을 확인해보면 현재 전략의 강약을 인지할 수 있고, 향후 전략의 보완이나 전술 수립의 과정에서 활용할 방법을 많이 배울 수 있습니다.

'전략 캔버스'는 디자인적 사고 방법론과 관계가 깊은 '가치 제안 캔버스'를 함께 사용할 수 있다는 점에서도 추천할 만합니다. 현재 다루고 있는 혁신 프레임워크인 비즈니스 모델, 전략, 디자인을 하나로 꿰는 캔버스라는 프레임워크를 활용하는 것은 이미 숲과 나무를 동시에 볼 수 있는 역량의 소유자를 제외하고는 누구에게나 도움이 될 것입니다.

▌ 전략의 여러 갈래 길

혁신의 여정이 아니더라도 전략적 목표에 이르는 길은 여러 가지가 있습니다. 이를 도식적으로 표현하면 아래 그림과 같습니다.

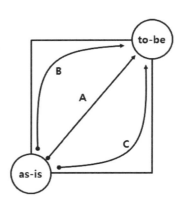

일반적으로 현재 상태(as-is)에서 목적지(to-be)까지 가장 빠르고 향상이 직선적으로 보이는 A경로를 선호할 수 있지만, 초반에 빠른 향상을 보이다가 나중에 진전이 더딘 B경로도 현실에서는 많이 볼 수 있습니다. 혁신의 바닥 구간을 상기하면, 혁신에서는 C경로로 목표(to-be)를 달성하는 경우도 많습니다. 따라서 목표를 달성하는 전략적 경로는 여러 갈래임을 인지하는 것이 첫 번째입니다. 이와는 달리 여러 갈래의 길을 한꺼번에 생각할 수 있게 하는 다음 그림과 같은 방식도 있습니다.

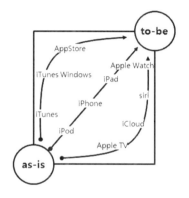

전략은 여러 가지 작은 계획의 큰 그림이라고 할 수 있습니다. 그 표현을 도식화한 것이 위의 그림입니다. 먼저 주축인 아이팟, 아이폰, 아이패드와 같은 제품을 다루는 HW 전략도 세우고, 아이튠즈iTunes와 앱스토어 같은 콘텐츠 매니지먼트를 다루는 SW 전략, 그리고 이들과 상호작용하는 애플 티비Apple TV, 아이클라우드iCloud, 시리, 애플 워치 등과 같은 옵션을 다루는 통합 전략도 있을 수 있습니다. 물론 애플이나 우리가 처음부터 이렇게 거대한 전략적 큰 그림을 만들고 사업을 시작했다고 하기는 어렵지만, 아이팟 혹은 아이폰 등과 관련하여서는 이러한 생태계eco-system에 대한 전략 수립이 있었을 것이라고 추측할 수 있습니다. 바로 이렇게 여러 갈래의 길을 한꺼번에 생각하는 사고 체계가 생태계 차원의 전략 프레임워크라고 할 수 있습니다.

이러한 생태계 전반에 대한 전략을 구상하고 수립하기 위해서는 플랫폼을 디자인하는 것이 무엇보다 중요합니다. 바로 이것이 플랫폼을 비즈니스 생태계 차원에서 활용하는 플랫폼 비즈니스 전략입니다.

앞의 그림에서 가로축과 세로축은 각각 시간과 수준일 수도 있지만, 고객과 역량의 관점에서도 생각할 수 있습니다. 애플의 전략을 형상화한 그림은 고객과 시장의 관점에서 현존하는 것인가 새로운 것인가를 X축에 놓고 보유하고 있는 역량인가 확보해야 할 새로운 역량인가를 Y축으로 고려한 전략도라고 할 수 있습니다. 따라서 시간의 순서에 맞지 않는 이상한 도식이라고 생각하지 않으시길 바랍니다. 이렇게 여러 갈래의 길로 현재(as-is)에서 원하는 미래상(to-be)으로 다가가는 방법을 블루오션 전략에서는 전략적 이동strategic move이라고 표현합니다. 제가 네트워크 파트너로 있는 게리 해멀이 공동 창업했던 스트래티고스[78]에서는 이행 경로migration path라고도 합니다. 무엇이라고 부르던 전략은 원하는 미래상desirable ends을 만들고 현재의 상태를 인지하여 가용한 수단available means인 역량을 활용, 현재의 상태(as-is)에서 미래의 상태(to-be)로 이주하는 방식을 지금 결정하도록 하는 큰 그림입니다.

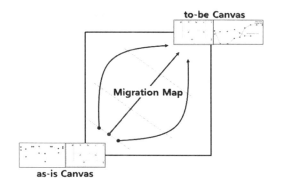

to-be Canvas

Migration Map

as-is Canvas

원하는 미래상을 정하고 정확한 현재 상태를 인지할 때 활용할 수 있는 것이 '비즈니스 모델 캔버스'와 '전략 캔버스'입니다.

여기서 분명히 짚고 넘어가야 할 것은 현재와 미래의 비즈니스 모델 캔버스와 전략 캔버스를 수립하였다고 해서 이행 경로migration path 혹은 전략적 이동strategic move 경로가 확정된 것은 아니라는 것입니다. 이에 대한 전략은 별도로 수립하여야 합니다. 주변에서 많은 분들이 이러한 사실을 간과하거나 이러한 내용에 대해서 자세한 내용이나 프레임워크가 없다고 블루오션 전략을 가볍게 생각하는 경향이 있는데, 이는 별도로 다뤄야 하는 주제라는 것이 제 생각입니다. 비즈니스 모델과 전략이라는 두 가지를 모두 다루다 보면 아주 총론적인 소개 수준에 그치거나 너무 방대한 양이 될 것입니다.

어쨌든 결론은 전략이나 일반적인 문제 해결 프레임워크나 동일하게 목적과 현상 차이를 좁히는 문제해결의 과정에 대해서 생각해야 한다는 것입니다. 이때 제일 먼저 목표를 정하고, 다음으로 현실을 분석하고 이해한 후, 둘 사이의 격차인 문제를 정의하는 것이 창의적 문제해결의 과정이고 혁신 전략 수립의 과정입니다.

위대한 디자이너처럼
생각하고 행동하라

— 디자인(적 사고)

_____ 스마트 시대에 들어서면서 디자이너처럼 일해야 한다는 말을 자주 들을 수 있습니다. 아직 디자이너의 세상 밖에서는 디자이너들이 협동적이란 생각에는 의문을 던지는 것 같습니다. 그럼에도 불구하고 상당수의 디자이너들은 협업을 통하여 디자인 업무를 하고 있을 뿐만 아니라 혁신을 현실화하는 방법론으로서의 디자인을 추구하면서 구현하고 있는 것도 사실입니다. 여기서 혁신을 현실화하는 방법론이란 모든 비즈니스 과정을 디자인적인 시각으로 사고하는 것입니다. 디자인이 구체적인 물질의 세계부터 추상적인 정신 세계까지 포괄할 수 있는 이유는 디자인이 '창조성'을 근간으로 삼고 있기 때문입니다.

디자인은 창조성을 근간으로 물질과 정신의 세계를 융합적 관점에서 조화롭게 배열하여 시각화까지 할 수 있는 학문 혹은 방법론입니다. 혼돈의 세상을 새로운 방식으로 정렬하고 정의해야 하는 스마트 시대의 혁신팀에게 디자인적 사고는 너무나도 소중한 사고 체계이자 방법론이 되었습니다. 스마트 시대에는 디자인과 혁신은 동의어라고 생각해도 무방할 정도입니다. 디자인이라는 단어가 어색하고 받아들이기 어려운 분들은 '디자인'이란 단어를 '혁신'이라는 단어로 바꾸어 쓰면 직관적으로 받아들이기 쉬울 수도 있습니다. 예를 들어 내가 왜

'디자인적 사고'를 해야하는지 이해가 되지 않는 사람이라면, '혁신적 사고'를 해야 한다고 생각하면 보다 쉽게 받아들일 수 있을 것이라는 의미입니다.

- 제1개념, 시각적 개념(visible): 물질적, 기능적, 외형적, 표면적
- 제2개념, 이미지적 개념(invisible): 비물질적, 비가시적, 이미지 구축
- 제3개념, 융합적 개념(harmony): 융합, 조화, 통일체의 창조, 조화로운 창조와 비전 제시, 다른 다양한 분야와 유기적으로 협동하는 방향
- 제4개념, 혁신적 개념(innovation(value)): 새로운 가치 창출, 인간이 가치 있는 목적을 가지고 계획하여 행하는 모든 행위

디자인적 사고란 무엇인가

스마트 시대에 왜 디자인이란 단어가 그렇게 인구에 회자되는지에 대해서 이해했다면, 이제는 디자인적 사고의 세상으로 좀 더 깊이 들어가보도록 하겠습니다. 최근 인터넷에 '훌륭한 디자이너들의 여섯 가지 생각과 행동'이라는 제목의 글[79]이 이슈가 된 적이 있습니다. 이 글의 원래 제목은 '위대한 디자이너처럼 생각하고 행동하는 여섯 가지 방법'이라는 글[80]입니다. 왜 제목을 의역했는지를 이해하기는 이제 어렵지 않을 것입니다. 그 내용을 제 식으로 표현하면 아래와 같습니다.

1. 디자인을 하려 하기보다는, 문제를 해결하려 합니다.

2. 그림보다 생각이 먼저라는 것을 명심하고 있습니다.

3. 항상 완벽할 수는 없다는 것을 잘 알고 있습니다.

4. 디테일에 집착합니다. 이유는 이미 잘 아실 겁니다.

5. 자신의 제품을 남에게 판매(홍보)할 줄 압니다.

6. 파도를 거스르는 것을 두려워하지 않습니다.

이 내용들을 수행하면 훌륭한 디자이너가 될 것이라는 데 저는 전적으로 동의합니다. 그런데 이 내용이 디자이너에게만 해당된다고 보기는 어렵습니다. 예를 들어 첫 번째와 두 번째 표현의 디자인과 그림을 각각 설계와 설계도로 바꾸면, '훌륭한 엔지니어(개발자)들의 여섯 가지 생각과 행동'이라고 해도 절대 이상하지 않습니다. '기획과 기획서'라고 바꾸면 기획자들의 여섯 가지 훌륭한 생각과 행동이 될 것입니다. 과연 이것이 무엇을 뜻하는 것일까요?

위에서 말한 여섯 가지 생각과 행동은 모든 전문가들이 성공하거나 훌륭해지기 위해서 갖추어야 할 옵션(추가 조건)이 아니고, 전문가라면 누구나가 가져야 할 기본 요건fundamentals이라고 생각합니다. 특히 비즈니스 혁신 전문가라면 위의 여섯 가지 조건을 기본적으로 갖추지 않으면 성공하기 어려울 것입니다. 이 책도 생각하고 문제를 해결하는 것을 기본으로 강조하고 있습니다. 완벽할 수 없지만 디테일에 집착하는 것은 모든 혁신가가 받아들여야 하는 숙명과도 같습니다. 더불어서 자신의 생각이 아직 세상에서는 정립되지 않은 혼돈이므로 동료와 고객들에게 설명하고 이해시킬 줄도 알아야 합니다. 이해를 얻지 못한다고 도전하지 않는다면 혁신이라 할 수 없을 것입니다. 이러한 디자인과 혁신에 대한 이해를 바탕으로 다음엔 디자인적 사고가 무엇인지 생각해보겠습니다.

여기서는 두 명의 디자인적 사고에 대해 생각해볼 것입니다. 두 명 중 한 명은 경영학 관점에서 시작하여 디자인적 사고의 대가가 된 로저 마틴교수이고, 다른 한 사람은 디자이너로 시작해서 최고의 경영학 잡지 중 하나인 〈하버드 비즈니스 리뷰〉에 디자인적 사고에 관련된 글을 실은 아이디오의 CEO 팀 브라운Tim Brown입니다. 먼저 로저 마틴은 '분석과 직관의 균형'을 강조하며 디자인적 사고에 대해 다음과 같이 정의합니다.

생각의 가장 완벽한 방식은 분석적analytical 사고에 기반을 둔 완벽한 숙련과 직관적intuitive 사고에 근거한 창조성이 역동적으로 상호작용하면서 균형을 이루는 것이다. 이를 '디자인적 사고design thinking'라고 한다.

한편 팀 브라운은 다음과 같은 특성으로 디자인적 사고를 설명합니다.

- 단순한 스타일 그 이상
- 욕구를 수요로 전환시키는 방법
- 발산과 수렴의 사고
- 손으로 사고하기
- 제품에서 행동으로
- 혁신의 포트폴리오도 디자인적 사고로 수립하고 운영하기

이러한 디자인적 사고를 비즈니스 전반에 확산해야 한다고 주장하면, 일반적인 기업의 MBA에 출신의 기획자나 마케터 혹은 박사 학위를 지닌 엔지니어는 어떻게 반응할까요? 아마 순순히 받아들일 가능성은 낮을 것입니다. 디자이너가 손으로 사고함으로써 욕구를 수요로 전환시켜 혁신 포트폴리오를 수립할 뿐만 아니라 운영까지 한다고 하는데 적극 찬성할 기획자나 엔지니어를 찾기 쉽지 않을 것이라는 의미입니다. 그런데 이런 일을 혁신적으로 운영하여 성공한 유명한 글로벌 기업이 있습니다. 바로 P&G입니다. 래플리 회장이 앞장서서 P&G를 가장 혁신적인 디자인적인 회사로 변모시켰고, 로저 마틴 교수가 당시에는 컨설턴트로 그 과정에 깊숙하게 관계했습니다. 그래서 로저 마틴 교수는 디자인적 사고가 혁신적 사고라는 것에 의심이 없는 것 같습니다. 이러한 그의 확신은 그의 저서 《The Design of the Business》[81]에서도 확인할 수 있습니다.

이러한 디자인적 사고를 아주 많은 사람들에게 널리 알린 것은 역시 현존하는 최고의 디자인 컨설팅 회사인 아이디오의 공이 큽니다. 그들은 그들의 홈페이지[82]에서 자신들을 소개하며 자신들의 접근법을 '디자인적 사고'라는 제목하에 다음과 같이 표현하였습니다.

디자인적 사고는 인간 중심적으로 혁신에 접근하는 방법으로 사람들의 니즈, 기술적 가능성 그리고 사업적 성공을 위한 요구 사항들을 통합시키기 위하여 디자이너의 도구들을 활용하는 것이다. – 팀 브라운, IDEO CEO

(Design thinking is a human-centered approach to innovation that draws from the designer's toolkit to integrate the needs of people, the possibilities of technology, and the requirements for business success.

– Tim Brown, president and CEO)

디자인적 사고는 혁신으로 향하는 인간 중심의 접근법으로 사람의 욕구와 기술의 가능성 그리고 비즈니스 성공을 위한 요구 사항들을 통합하는 디자이너의 도구 상자에서 시작된다는 말입니다. 사실 저는 현재의 이 표현보다는 과거에 그들이 밝혔던 표현이 디자인적 사고를 더 잘 나타냈다고 생각합니다. 그 내용은 다음과 같습니다.

디자인적 사고는 기술적으로 실현 가능하고 사업적으로 성공 가능하면서도 사람의 니즈를 충족시키는 수준으로 문제를 해결하기 위하여 디자이너의 감수성과 방법을 활용하는 접근 방법이다.

(Design thinking is an approach that uses the designer's sensibility and methods for problem solving to meet people's needs in a technologically feasible and commercially viable way. In other words, design thinking is human-centered innovation.)

상기 내용을 아이디오와 밀접한 관련이 있는 스탠포드대학교의 디스쿨[83]에서는 다음의 이미지로 표현합니다.

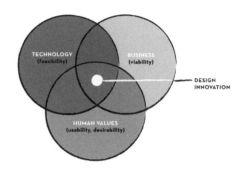

이제 디자인적 사고를 정리해보겠습니다. 로저 마틴 교수에 의하면 분석과 직관이라는 사고 방식에는 격차가 있는데 이들 양자간에 균형을 잡는 것이 생각의 가장 완벽한 방식입니다. 제가 생각하기에 디자인적 사고란 것은 미스터리를 풀 수 있는 직관과 알고리즘을 만들 수 있는 분석적 사고 사이의 동적 균형을 이루는 것입니다. 동적 균형이란 항상 직관과 분석 사이에 50 대 50을 유지하는 것이 아니라 경우에 따라서 직관으로 쏠릴 수도 있고, 분석으로 치우칠 때도 있지만, 그것이 필요할 때 그렇게 한쪽으로 쏠리거나 치우칠 수 있는 능력이 있어야 함과 동시에 전체적으로는 조화를 이룬다는 의미입니다. 사실 어느 한 사람이 직관과 분석을 완벽하게 50 대 50으로 조화롭게 균형을 이루는 것은 불가능할 것입니다. 그럼에도 완벽에 도전하는 것은 혁신에서 아주 중요한 일이므로, 그렇게 도전하는 자세로 협업을 통한 조화와 균형을 이루시길 바랍니다.

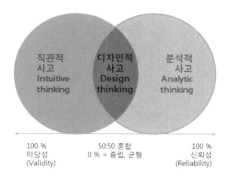

직관적 사고 Intuitive thinking	디자인적 사고 Design thinking	분석적 사고 Analytic thinking
100 % 타당성 (Validity)	50:50 혼합 0 % = 중립, 균형	100 % 신뢰성 (Reliability)

위의 그림은 직관과 분석의 균형인 디자인적 사고가 양자 간에 겹치는 영역, 공통의 영역이라는 것을 보여줍니다. 이 프레임워크를 앞서 설명한 비즈니스, 기술, 그리고 사람에 대한 공유 영역으로 확장할 수 있습니다. 그렇게 하면 협업에서 설명한 프로세스, 기능, 감성의 혁신을 통한 체험의 혁신을 디자인적 사고라는 프레임워크를 통해서 이룰 수 있습니다. 이를 사람인 개발자, 기획자, 디자이너로 변환하여 생각하면 그 공유 영역은 나뉘어지지 않는 마음이고, 그것이 곧 '가치' 인 것입니다. 결론적으로 협업과 융합을 통하여 혁신의 과정을 성공으로 이끄는 프레임워크가 바로 디자인적 사고이며, 그 성공의 결과는 체험의 혁신 혹은 경제적, 기능적, 심리적 가치 창출입니다. 이러한 비즈니스적 프레임워크를 경제·사회·문화적 측면까지 확정하면, 경제·사회·문화적 가치를 창출할 수 있습니다. 최근 디자인의 진화는 이렇게 비즈니스를 넘어 사회와 문화 전반에 커다란 영향력을 미치고 있습니다. 혁신의 성격을 지닌 디자인의 제4개념이 말해주듯 이러한 디자인의 결과는 혁신적이라고 할 수 있습니다.

우리는 혁신의 프레임워크에 대해 살펴보며 비즈니스 모델, 전략, 그리고 디자인에 대해 생각해보았습니다. 비즈니스 모델(적 사고)은 비즈니스 시스템의 기본을 구성하기 위한 것이었습니다. 전략(적 사고)은 남과 달라지기 위한 것으로 혁신적 관점에서는 남과 다른 나만의 길을 걷는 것입니다. 다시 말해서 남과는 다르지만, 시간이 흘러도 자기자신의 속성을 유지하는 정체성을 찾는 것이 혁신 전략이라고 할 수 있습니다. 끝으로 기본과 다름과 일관성에 있어서 직관과 분석의 동적 균형을 유지하는 것이 디자인(적 사고)의 프레임워크입니다. 이는 단지 개념적 조화와 균형이 아니라 디자인의 기본 속성인 창의성을 활용한 독특한 방식의 배열이나 패턴을 시각화까지 이르게 하는 것입니다. 이러한 이유로 비즈니스 모델, 전략과 디자인을 혁신 프레임워크의 대표적인 세 가지로 소개하였습니다.

혁신은 목적이 아니라 수단이다

컨설팅을 위한 프로젝트 혹은 배움을 위한 강단에서 제가 아주 자주 하는 말이 있습니다.

"혁신이 좋으신 분 계신가요? 계시면 손 좀 들어주세요."

이렇게 말했을 때 몇 분이나 손을 들고 있을까요? 지금 이 글을 읽고 계신 분은 손을 들고 계신가요? 지금 에필로그를 읽고 있음에도 불구하고 손을 드는 분이 안 계신다면, 비즈니스의 현장에서 손 드는 분을 기대하기는 매우 어려울 것입니다. 그런데 제가 1시간 특강부터 며칠간 이루어지는 것까지 1년에 100회가 넘는 강의를 합니다. 다시 말해서 혁신이 좋다고 손 드시는 사람은 없는데, 혁신에 대한 이야기를 하라고 부르는 사람은 있다는 뜻입니다. 이러한 아이러니는 왜 생기는 것일까요? 프롤로그에서 '혁신은 일하는 방법의 변화'라고 했던 것을 기억하시나요? 여러분에게 변화는 설렘입니까, 두려움입니까? 이 대답에 따라서 혁신이 좋은 사람과 싫은 사람이 나뉜다고 저는 생각합니다. 우리는 초등학교에 입학하기 전, 첫 소풍을 가기 전, 처음 이성 친구의 손을 잡기 전, 원하는 대학에 입학하기 전, 원하는 회사에 취업하기 전, 과장으로 승진하기 전, 임원이 되기 전에 설렘을 느낍니다. 설마 이 순간에 두려움이 더 컸던 분은 없으시지요?

그런데 비즈니스에서는 어느 순간부터 변화가 두렵거나, 싫거나, 번거롭거나, 불편한 대상이 되었습니다. 이유는 아주 간단합니다. 일을 배우기 위해서 아주 많은 시간과 노력을 들여서 이제 쓸 만한 데다 인정까지 받고 있는데, 무언가를 바꾸라는 것이 마냥 좋기만 할 수는 없기 때문입니다. 만일 바꾸지 않아도 된다면 바꾸지 않는 것이 더 편한 것이 사실입니다. 그런데 우리의 비즈니스 현장에서 생각하고 행동하는 방법을 바꾸지 않아도 될까요? 그렇게 생각하는 사람은 분명히 여기까지 읽지도 않으셨을 겁니다. 여기까지 읽은 분들께 제가 특별히 드리고 싶은 말씀은, 혁신은 목적ends이 아니라 수단means이라는 것입니다. 분명 일에는 목적이 있습니다. 그 목적을 달성하는 것이 기쁘지 않은 사람은 없습니다. 단지 그 목적을 달성하는 과정이 어려울 뿐입니다. 목적을 분명히 하면 할수록 일하는 과정은 어렵더라도 즐길 수 있게 됩니다. 그러므로 목적을 달성하려는 과정 중에서 일하는 방법을 바꿀 필요가 있는지 없는지를 스스로 생각하고 선택하시길 바랍니다. 비록 변화가 어렵다고 할지라도 내가 스스로 선택하면 훨씬 더 잘 견딜 수 있을 뿐만 아니라 즐길 수도 있기 때문입니다.

───※───

그런데 이렇게 스스로 선택한 변화라고 할지라도 우리는 변화하기로 한 것을 아주 자주 잊어버립니다. 예를 들면 고객 중심으로 일하기로 결정하고 조사를 하거나 보고서를 쓰면서도 문득 팀장이 경쟁자가 누군지를 물을 때도 있고, 보고서 첫 번째 목차를 환경 분석이나 경쟁 분석으로 적을 때도 있습니다. 더 심한 경우에는 일주일 내내 고객의 행동을 관찰하고 이해하고 분석하여 고객이 진정으로 원하는 것과 불편해하는 사항을 연구하다가 갑자기 경쟁 분석은 언제 하냐는 독촉을 들을 때도 있습니다. 이렇게 기존에 행하던 사고 방식과 행동 방식은 바꾸기로 결심했다고 바뀌는 것이 아닙니다. 누군가는 담배를 끊겠다고 10년째 결심하기도 하고, 살을 빼겠다고 피트니스 클럽에 열 번째 등록하기도 합니다. 또한 영어를 잘하겠다고 학원에 몇 달째 같은 과목을 신청하는 사람도 있고, 메모를 꼼꼼히 하겠다고 매년 프랭클린 플래너를 반복해서 사는 사람도 있습니다. 이런 것을 상기해보시면 변화가 얼마나 어려운 일인지는 쉽게 이해할 수 있습니다.

그래서 저는 방법, 다시 말해서 도구를 바꿀 것을 제안하는 것입니다. 지금까지는 말로 토론을 했다면, 이제부터는 포스트잇을 사용해보시길 바랍니다. 여태까지 문제가 발생하면 그래서 답이 무엇이었는지를 찾았다면, 지금부터는 그렇다면 무엇이 문제였는지를 물어보는 것입니다. 성공했다고 축하했다면, 정확히 왜 성공했는지 분석해보아야 합니다. 제 생각에는 실패를 분석하는 것보다 성공을 분석하는 것이 더 중요합니다. 비즈니스 모델을 배우면서 베스트 프랙티스 best practice 혹은 우리 업계의 케이스case를 찾지 말고, 우리의 현재와 미래를 직접 그려야 합니다. 그것도 아주 많이 그려야 감이 잡힙니다. 이런 설명은 이해가 어려울 수 있으니 골프를 예로 들어서 다시 설명

드려 보겠습니다. 골프를 즐기기 위해서는 골프채라는 도구를 잘 활용할 수 있어야 합니다. 그러기 위해서는 도구를 잘 쓰건 못 쓰건 써봐야 합니다. 골프채를 휘둘러봐야 나에게 맞는 골프채를 선택할 수 있습니다. 전문가조차도 사람만 보고 어떤 골프채가 좋은지 선정해주기는 어렵습니다. 게다가 몸에 꼭 맞는 골프채를 선정했다고 하더라도 연습을 하지 않고서는 그 도구를 잘 쓰지 못할 것입니다. 타이거 우즈 같은 위대한 골퍼도 평소에 연습을 하지 않으면 시합에서 제 기량을 내기 어려운 것을 우리는 잘 알고 있으면서도 비즈니스의 현장에서는 1~2시간 강의를 들은 후 어떤 방법이나 도구가 좋은 것인지 나쁜 것인지 판단하려는 경향이 있습니다. 저 같은 컨설턴트나 강사가 그것은 조건과 역량에 따라 다르다고 답한다면, 바로 실력 없는 컨설턴트나 강사가 되기 십상입니다. 그런데 역설적으로 그렇게 절대적인 도구가 있다고 생각하는 사람이 도구를 잘 선택하거나 잘 활용할 확률은 거의 없습니다. 이 책을 읽으신 분들은 이 점을 가슴 깊이 명심하시고 현업에서 도구를 배우시고 활용하셨으면 좋겠습니다.

도구를 잘 활용하기 위해서는 도구 자체도 중요하지만, 도구를 활용할 줄 아는 기술과 기량도 중요합니다. 기술과 기량을 익히려면 연습이라는 시간과 노력이 필요합니다. 이런 연습은 보통의 도구를 가지고도 일류의 실력을 뽐낼 수 있게 해줍니다.

이 책은 골프를 예로 든 것과 같이 비즈니스를 하는 데 필요한 아주 간단한 이론과 여러 도구들을 설명한 것입니다. 이 책을 읽은 여러분이 하실 일은 책에서 언급한 혁신 이론과 도구를 이해한 후 현장에서 이해한 생각과 행동의 도구들을 활용해보는 것입니다. 그래서 골프장과 같이 다양하고 예측할 수 없으며 위험이 도사리는 비즈니스의 현장에서 5번 아이언인 논리적 사고를 할 것인지 6번 아이언인 창의적 사고를 할 것인지를 결정하고 잘 활용할 수 있어야 합니다. 아주 가끔 드라이버 하나로 홀인원을 달성하는 경쟁자를 보실 수도 있겠지만 그 것에 연연해하지 말고 나의 도구를 잘 활용하는 데 집중한다면, 혁신의 여정도 즐겁고, 혁신의 결과도 얻으실 수 있을 것입니다. 그 여정 중에서 아주 작은 격려나 위로의 말이나 이야기가 듣고 싶다면 아래의 주소를 연락을 주시거나 방문해주시길 바랍니다. 혁신의 동지로서 언제든지 환영하고 대접하겠습니다. 고맙습니다.

ic@innoCatalyst.com
www.facebook.com/innoCat
www.facebook.com/innoCatalyst
www.innoCatlyst.com
www.innvationby.me

1. 최계영, 스마트 시대 ICT 패러다임의 변화, TTA Journal Vol. 143, 2012

2. 김홍남, 스마트 코리아를 위한 IT R&D 추진전략, 정보와 통신, January, 2012

3. 크리스앤더슨(Chris Anderson), 2011

4. 조성원 외, 2015년 스마트 시대의 3대 변화 동인: Mobile−Intelligence−Social, KT경제경영연구소, 2011

5. Donald A. Norman, Things That Make Us Smart: Defending Human Attributes In The Age Of The Machine, William Patrick Book, 1994; 도날드 노먼, 생각있는 디자인, 학지사, 1998

6. Donald Norman, Emotional Design: Why We Love (or Hate) Everyday Things, Basic Books, 2005; 도널드노먼, 감성 디자인, 학지사, 2010

7. Nicholas Negroponte, Being Digital, Vintage Books, 1996; 니콜라스네그로폰테, 디지털이다, 커뮤니케이션북스, 1999

8. Pine, B. Joseph, II & Gilmore, H. James, The Experience Economy: Work Is Theater & Every Business a Stage, Harvard Business School Press, 1999; 조지프 파인 & 제임스길모어, 체험의 경제학: 비즈니스는 마음을 훔치는 연극이다, 21세기북스, 2010

9. http://en.wikipedia.org

10. http://ko.wikipedia.org

11. Scott D. Anthony and Clayton M. Christensen, Innovation Handbook: A Road Map to Disruptive Growth, "The Road to Disruption," Harvard Business School Publishing, 2005.

12. http://en.wikipedia.org

13. www.time.com: Invention Of the Year: The iPhone − Best Inventions of

2007

14. 김동준, 비저블이펙트 VISIBLE EFFECT: 아이디어는 머리가 아니라 눈(eye)이 만
든다, 지식공간, 2013

15. www.thinker50.com

16. Roger Martin, The Design of Business: Why Design Thinking Is the Next
Competitive Advantage, Harvard Business School Press; 로저마틴, 디자인 씽
킹 : 아이디어를 아이콘으로 바꾸는 생각의 최고 지점, 웅진윙스, 2010

17. http://revisionlab.wordpress.com/that-squiggle-of-the-design-process

18. Alexander Osterwalder et al., Business Model Generation: A Handbook for
Visionaries, Game Changers, and Challengers, Wiley, 2010; 알렉산더 오스
터왈더 외, 비즈니스 모델의 탄생: 상상과 혁신, 가능성이 폭발하는 신개념 비
즈니스 발상법, 타임비즈, 2011

19. 김동준, 비저블이펙트VISIBLE EFFECT: 아이디어는 머리가 아니라 눈(eye)이 만든
다, 지식공간, 2013

20. 이명호 외, 경영학으로의 초대, 박영사, 2014

21. Roger Martin, The Design of Business: Why Design Thinking Is the Next
Competitive Advantage, Harvard Business School Press; 로저마틴, 디자인 씽
킹 : 아이디어를 아이콘으로 바꾸는 생각의 최고 지점, 웅진윙스, 2010

22. http://revisionlab.wordpress.com/that-squiggle-of-the-design-process

23. 이홍, 지식점프: 지식창조의 금맥을 찾아서, SERI 연구에세이 009, 삼성경제연
구소, 2004

24. 이홍, 지식점프: 지식창조의 금맥을 찾아서, SERI 연구에세이 009, 삼성경제연
구소, 2004

25. Alex Lowy/Phil Hood, The Power of the 2 x 2 Matrix: Using 2 x 2 Thinking
to Solve Business Problems and Make Better Decisions, Jossey-Bass, 2008;
알렉스 로위/필 후드, 2X2 매트릭스: 핵심을 꿰뚫는 단순화의 힘, 2005

26. 김익철, 지혜로움의 비밀: 트리즈의 사상과 방법, MJ미디어, 2012

27. McLagan(1982); 김경한 재인용: 기업 가치실현 및 인재육성을 위한 역량모델의
중요성에 관한 연구, 경영학석사(MBA) Workshop 결과 보고서, 서강대학교 경
영대학원, 2006

28. L. M. Spencer & S. M. Spencer, Competence at Work: Models for Superior Performance, Wiley, 1993

29. Sparrow(1996); 박동건 재인용: 역량과 역량모델링의 정체 및 활용, 한국인사관리학회 발표논문집, 2001

30. L. M. Spencer & S. M. Spencer, Competency at Work, Wiley, 1993; 김경한 재인용: 기업 가치실현 및 인재육성을 위한 역량모델의 중요성에 관한 연구, 경영학석사(MBA) Workshop 결과 보고서, 서강대학교 경영대학원, 2006

31. Robert E. Kelley, Power of Followership, Doubleday, 1992

32. 송인혁, 창조력 주식회사, 아이앤유, 2013

33. http://www.youtube.com/watch?v=GA8z7f7a2Pk; Sasquatch music festival 2009 – Guy starts dance party

34. http://www.youtube.com/watch?v=hO8MwBZl-Vc; Leadership From A Dancing Guy

35. http://www.edaily.co.kr; [Zoom人] '샤오미 돌풍' 뒤엔 그들이 있었다, 2014. 8. 26

36. http://biz.chosun.com; [Weekly BIZ] '경영 혁신 전도사' 게리 해멀 교수, 2012. 6. 16

37. Niels Pflaeging, Die 12 neuenGesetze der Führung, Campus Verlag GmbH, 2009; 닐스플레깅, 언리더십: 자본주의 4.0시대의 새로운 리더십 12, 흐름출판, 2011

38. 조진서, 언리더십: 직원을 경영의 대상으로 보지마라, 동아비즈니스리뷰, No. 110, 2012

39. Scott D. Anthony and Clayton M. Christensen, Innovation Handbook: A Road Map to Disruptive Growth, "The Road to Disruption," Harvard Business School Publishing, 2005.

40. Clayton Christensen et al., Seeing What's Next: Using the Theories of Innovation to Predict Industry Change, Harvard Business School Press, 2004; 클레이튼크리스텐슨 외, 미래 기업의 조건, 비즈니스북스, 2005

41. Peter F. Drucker, Innovation and Entrepreneurship, Collins, 1993; 피터 F. 드러커, 기업가 정신, 한국경제신문사(한경비피), 2004

42. http://biz.chosun.com; [Weekly BIZ] '경영 혁신 전도사' 게리 해멀 교수, 2012. 6. 16

43. Robert E. Kelley, Power of Followership, Doubleday, 1992

44. 영화〈이브 생 로랑(Yves Saint Laurent) 2014〉중에서

45. http://www.hani.co.kr; '패션혁명' 디자인한 이브 생로랑 떠나, 2008. 6. 2

46. 사카이 조, 한 권으로 끝내는 비즈니스 사고법의 모든 것: 실제 비즈니스 현장에서 쓰이는 3가지 아이디에이션 툴, 지식공간, 2012

47. http://www.junggisung.com

48. 김동준, 비저블이펙트VISIBLE EFFECT: 아이디어는 머리가 아니라 눈(eye)이 만든다, 지식공간, 2013

49. www.ideo.com

50. Morten T. Hansen, Collaboration: How Leaders Avoid the Traps, Create Unity, and Reap Big Results, Harvard Business Review, 2009; 모튼 T. 한센, 협업COLLABORATION: 협업적 리더는, 어떻게 장벽을 극복하고 통합을 이끌며 훌륭한 성과를 거두는가?, 교보문고, 2011

51. 이구형, 디지털 제대로 이해하기: 인간을 위한 감성 디지털 강의, 지성사, 2004

52. 김재범 외, 삼성은 지갑속에 살고 애플은 마음속에 산다, 지식공간, 2012

53. Neil Gershenfeld, When Things Start to Think, Henry Holt and Co, 1999; 생각하는 사물, 닐거센펠드, 나노미디어, 1999

54. Donald A. Norman, Things That Make Us Smart: Defending Human Attributes In The Age Of The Machine, William Patrick Book, 1994; 도날드 노먼, 생각있는 디자인, 학지사, 1998

55. Robert G. Cooper, Product Leadership: Pathways to Profitable Innovation, Basic Books, 2005; 로버트쿠퍼, 수익창출을 위한 제품혁신 전략의 열쇠, 한국산업기술진흥협회, 2010

56. http://www.pmi.org

57. http://www.prince-officialsite.com

58. 하버드 비즈니스 프레스, 프로젝트 관리의 기술, 하버드 비즈니스 스쿨 팀장 워크북 시리즈, 한즈미디어, 2008

59. David Sibbet, Visual Meetings: How Graphics, Sticky Notes and Idea

Mapping Can Transform Group Productivity, Wiley, 2010; Visual Teams: Graphic Tools for Commitment, Innovation, and High Performance, Wiley, 2011; Visual Leaders: New Tools for Visioning, Management, and Organization Change, Wiley, 2012; 데이빗시벳, 비주얼 리더, 아르고나인미디어그룹, 2015

60. 하버드경영대학원, 프로젝트 매니지먼트: 성공을 약속하는-하버드 MBA 셀프 마스터 04, 웅진윙스, 2008

61. Value Innovation Program Center의 약자, 가치혁신프로그램센터

62. www.fortune.com; A Perpetual Crisis Machine(2005)

63. http://www.businessweek.com; Camp Samsung(2006)

64. http://www.ft.com; Samsung sows for the future with its garden of delights(2008)

65. Philip Kotler & Gary Armstrong, Principles of Marketing, 12th Edition, Prentice Hall, 2007; 필립코틀러& 개리 암스트롱, Kotler의 마케팅 원리(제12판), 시그마프레스, 2008

66. A. G. Lafley& Ram Charan, The Game-Changer: How You Can Drive Revenue and Profit Growth with Innovation, Crown Business, 2008; A. G. 래플리 & 램 차란, 게임 체인저: 시장을 통째로 바꾸는, 21세기북스, 2009

67. Thomas J. Allen, Managing the Flow of Technology: Technology Transfer and the Dissemination of Technological Information Within the R&D Organization, MIT Press, 1984

68. http://www.hbr.org; Anne-Laure Fayard and John Weeks, Who Moved My Cube?, 2011

69. 산업능률대학종합연구소, 지적 사고의 기술, 미래의 창, 2008

70. Sunil Gupta and Donald Lehmann, Managing Customers as Investments: The Strategic Value of Customers in the Long Run, FT Press, 2005; 서닐굽타& 도널드레흐만, 당신의 고객을 업그레이드하라: 고객 가치 기반의 기업 성장 전략, 워튼스쿨 경제경영총서 9, 럭스미디어, 2006

71. G. K. Lee and R. E. Cole, Internet Marketing, Business Models and Public Policy. Journal of Public Policy and Marketing 19 (Fall) 287-296, 2003

72. Mayo, M. C. and G. S. Brown. Building a Competitive Business Model. Ivey Business Journal63 ⑶ 18-23, 1999

73. A. J. Slywotzky, Value Migration, Harvard Business Review Press., 1996

74. Alexander Osterwalder et al., Business Model Generation: A Handbook for Visionaries, Game Changers, and Challengers, Wiley, 2010; 알렉산더 오스터왈더 외, 비즈니스 모델의 탄생: 상상과 혁신, 가능성이 폭발하는 신개념 비즈니스 발상법, 타임비즈, 2011

75. Alexander Osterwalder and Yves Pigneur, Value Proposition Design: How to Create Products and Services Customers Want, Wiley, 2014

76. W. Chan Kim, Renee Mauborgne, Blue Ocean Strategy: How to Create Uncontested Market Space and Make the Competition Irrelevant, Harvard Business School Press, 2005; 김위찬 & 르네마보안, 블루 오션 전략, 교보문고, 2005

77. Jim Collins, Good to Great: Why Some Companies Make the Leap...and Others Don't, Harper Business, 2001; 짐 콜린스, 좋은 기업을 넘어 위대한 기업으로, 김영사, 2002

78. www.strategos.com

79. http://blog.witstudio.net/m/post/260

80. http://99designs.com/designer-blog/2014/03/26/6-ways-think-act-like-great-designer

81. Roger Martin, The Design of Business: Why Design Thinking Is the Next Competitive Advantage, Harvard Business School Press; 로저마틴, 디자인 씽킹 : 아이디어를 아이콘으로 바꾸는 생각의 최고 지점, 웅진윙스, 2010

82. www.ideo.com

83. http://dschool.stanford.edu

미래를 만드는 기업은 어떻게 일하는가

초판 1쇄 발행 2015년 7월 7일
초판 6쇄 발행 2018년 12월 14일

지은이 김동준

펴낸이 박선경
기획/편집 • 김시형, 권혜원, 김지희, 한상일, 남궁은
교정/교열 • 권혜원
마케팅 • 박언경
표지 디자인 • 공중정원 박진범
본문 디자인 • 김남정
제작 • 디자인원(031-941-0991)

펴낸곳 • 도서출판 갈매나무
출판등록 • 2006년 7월 27일 제395-2006-000092호
주소 • 경기도 고양시 일산동구 백석동 1324 동문굿모닝타워2차 912호
전화 • (031)967-5596
팩스 • (031)967-5597
블로그 • blog.naver.com/kevinmanse
이메일 • kevinmanse@naver.com
페이스북 • www.facebook.com/galmaenamu

ISBN 978-89-93635-59-1/03320
값 16,000원

이 도서의 국립중앙도서관 출판예정도서목록(CIP)은 서지정보유통지원시스템 홈페이지
(http://seoji.nl.go.kr)와 국가자료공동목록시스템(http://www.nl.go.kr/kolisnet)에서 이용
하실 수 있습니다. (CIP제어번호: CIP2015016774)